Wie das Glück mich fand

Lisa Eberherr

novum 🔷 pro

Dieses Buch ist auch als
e-book
erhältlich.

www.novumverlag.com

Bibliografische Information
der Deutschen Nationalbibliothek:

Die Deutsche Nationalbibliothek
verzeichnet diese Publikation in
der Deutschen Nationalbibliografie.
Detaillierte bibliografische Daten
sind im Internet über
http://www.d-nb.de abrufbar.

© 2015 novum Verlag

ISBN 978-3-99048-320-6
Lektorat: Susanne Schilp
Umschlagfoto: Lisa Eberherr
Umschlaggestaltung, Layout & Satz:
novum Verlag

Gedruckt in der Europäischen Union
auf umweltfreundlichem, chlor- und
säurefrei gebleichtem Papier.

www.novumverlag.com

Vorwort

Traurige Schicksale haben schon viele von uns ereilt. Das Wichtige dabei ist zu erkennen, dass man sich nicht aufgeben darf, dass man kämpfen und nach vorne blicken muss, denn das Leben hält noch so viel Wunderbares für uns bereit.

Auch wenn wir uns in den Momenten der Trauer nicht vorstellen können, dass es irgendwann auch mal wieder bergauf geht und dass sich irgendwann einmal wieder ein Lächeln über unser von Tränen gezeichnetes Gesicht schleicht. Wir werden irgendwann wieder glücklich sein.

Kapitel 1

Ich werfe einen Blick auf die Uhr am Armaturenbrett. Es ist 14:07 Uhr. Wir liegen gut in der Zeit. Meine Mutter trällert lauthals und voller Vorfreude die Lieder im Radio mit. In dröhnender Lautstärke schmettert uns Rupert Holmes den Pinacolada-Song entgegen. Meine Mutter liebt diesen Song, und immer wenn er läuft, wird das Radio voll aufgedreht. Grinsend beobachte ich sie. „Du solltest lieber deinen Blick der Straße zuwenden, Schätzchen!", sagt sie und wirft mir dabei einen gespielt tadelnden Blick zu. Wo sie recht hat, hat sie recht.

Am Himmel türmen sich dicke schwarze Regenwolken auf. Und leider lässt der Regen auch nicht lange auf sich warten. Laut fallen erste dicke Regentropfen auf mein Autodach. Wir befinden uns im Moment auf der A 7 kurz vor Hamburg, die Hälfte der Strecke ist schon geschafft.

Plötzlich tut sich eine Regenwand vor mir auf, und von einem auf den anderen Moment bin ich blind. Hilfe. Mit klopfendem Herzen verringere ich meine Geschwindigkeit und fahre langsam auf dem rechten Fahrstreifen dahin. Ich kann es nicht leiden, wenn ich vor lauter Regen fast nichts mehr erkennen kann. Noch schlimmer als Regen ist Nebel. Da fühle ich mich total beklemmt.

Nach einigen Minuten lichtet sich der Regenmantel etwas, und ich kann wieder besser sehen.

Allerdings spritzt mir nun der Lkw vor mir die ganze Gischt auf die Scheibe. Daher setze ich zum Überholen an. „Deine Scheibenwischer quietschen wie die Hölle Emma, du solltest dir wirklich mal neue kaufen. Das ist fürchterlich!", meckert mich meine Mutter an.

Genervt verdrehe ich die Augen. Ich finde es auch nicht gerade prickelnd. Die Scheibenwischer nicht, die Lkw-Schlange nicht und das Wetter gleich dreimal nicht. Konzentriert umklammere ich mein Lenkrad und hoffe, dass es endlich aufhört zu regnen.

Erleichtert, dass ich die Lkw-Schlange überholt habe, setze ich den Blinker rechts und bin gerade im Begriff, den Fahrstreifen zu wechseln, doch plötzlich erkenne ich zwei Scheinwerfer vor mir. Panisch lenke ich meinen Seat nach rechts, doch die Scheinwerfer tun es mir gleich. Also reiße ich mein Lenkrad wieder nach links. Das Auto kommt bedrohlich schnell näher. Meine Mutter schreit, und ich kann nicht mehr denken. Alles geht so verdammt schnell. Ich versuche, einen klaren Kopf zu behalten. Was soll ich nur tun? Wo soll ich hin? Blut rauscht in meinem Kopf, mein Herz rast. Ausweichen Emma, du musst ausweichen, schreit mir eine innere Stimme zu. Aber ich weiß nicht wohin. Links ist die Leitplanke, vor mir der Geisterfahrer und rechts jetzt fast auf gleicher Höhe der Lkw, den ich gerade überholt habe.

Es ist zu spät.

Ein lauter Knall und plötzlich ist um mich herum alles dunkel.

Regen prasselt auf meinen Seat, laut und eindringlich. Ich versuche, meine Augen zu öffnen. Es geht nicht. Etwas zieht an mir, und mein Körper kribbelt. Plötzlich ist alles schwarz.

Stimmen … ich höre Stimmen … was ist da los?

Regentropfen hämmern auf das Autodach. Alles scheint hell erleuchtet. Aber ich kann meine Augen nicht öffnen. Da sind wieder die Stimmen. Ja, jetzt höre ich sie deutlicher. Hektisch rufen sich irgendwelche Menschen Befehle zu. Leider kann ich kein Wort verstehen. Wieso nur kann ich meine Augen nicht öffnen? Plötzlich rüttelt jemand an meiner Schulter, und endlich verstehe ich etwas. Klar und deutlich ruft jemand direkt neben mir: „Hallo, hallo können Sie mich hören …?" Ja, ja ich kann Sie hören! Aber warum kann ich mich nicht bewegen, nichts sagen, und warum verdammt noch mal kann ich meine Augen nicht öffnen? Was ist nur passiert? Alles scheint so weit weg. Der Mann bewegt sich, ich kann seine Schritte hören. Nein, nein bleib hier, würde ich am liebsten schreien, aber meine Lippen bewegen sich nicht. Auf einmal werde ich wieder weggezogen. Nein, ich will das nicht! Aber ich habe kein Mitspracherecht, plötzlich bin ich wieder von einer tiefen Stille umgeben, alles ist schwarz.

Kapitel 2

Aufgeregt rüttelte jemand an meiner Schulter, aber ich wollte einfach noch nicht die Augen aufschlagen. Mit aller Kraft versuchte ich, den Traum von eben festzuhalten. Ich lag am Meer, der Wind wehte sanft durch mein offenes Haar. Der Duft von salzigem Wasser und Sonnencreme umspielte meine Nase. Die Möwen kreischten. Ich spürte den Sand unter meinen Füßen.

Aber der Traum entglitt mir. Unaufhörlich tippte mir nun jemand auf die Schulter. Plötzlich hörte es auf, und ich kuschelte mich tiefer in mein Kissen. Angestrengt versuchte ich, den Traum zurückzuholen, aber es gelang mir nicht. Plötzlich wurde es hell. Was ist das? Ich zog mir die Decke über den Kopf. Nun hörte ich die fröhliche Stimme meiner Mutter.

Sie trällerte: „Guten Morgen, mein Engel" und riss mir dabei mit einem Ruck die Decke weg.

Wütend öffnete ich die Augen. „Mama, es ist kalt, warum ziehst du mir einfach die Decke weg und warum in Gottes Namen lässt du mich nicht ausschlafen?"

Meinen Wutanfall ignorierend, strahlte mich meine Mutter an. „Emma, stell dir nur vor, ich hatte heute Nacht eine super Idee!" Erwartungsvoll schaute ich sie an, quälte mich aus meinem Bett und strich mir die zerzausten Haare aus dem Gesicht. „Was für eine Idee hattest du denn? Jetzt rück schon raus mit der Sprache."

Sie ließ die Bettdecke auf den Boden fallen und setzte sich aufgeregt neben mich.

„Also meine liebste Emma, halt dich fest ..." Sie legte eine Kunstpause ein und atmete tief ein und aus. Dass sie es aber auch immer so spannend machen musste.

„Wir fahren in den Urlaub!" Die Erinnerung an meinen schönen Traum huschte kurz vor meinem inneren Auge vorbei, aber mutlos ließ ich die Schultern sinken.

„Das können wir uns doch gar nicht leisten Mama, wir haben momentan nicht genug Geld!"

Aber sie ließ sich in ihrer Euphorie nicht stoppen. Meine Mutter sprang auf, legte meine lilafarbene Bettdecke neben mich und zog den Koffer unter meinem Bett hervor. Danach riss sie die Türen von meinem Schrank auf und drehte sich immer noch grinsend wie ein Honigkuchenpferd zu mir um. „Doch, das können wir! Und zwar hab ich mir überlegt, dass wir an die Nordsee fahren. Da ist es zur Herbstzeit ganz wunderbar. Außerdem müssten wir nicht so weit fahren. Ich möchte einfach mal ein bisschen raus, ich brauche das jetzt. Biiiiiitteeeeee!"

Da ist er, ihr berühmter Hundeblick. Dem konnte wirklich keiner widerstehen. Aber so schnell wollte ich mich nicht weichkochen lassen. „Ach Schätzchen, du weißt doch, dass die letzten Wochen in der Schneiderei wirklich anstrengend und nervenaufreibend waren, wir hatten so viele Aufträge, und ich brauch jetzt einfach einmal eine Pause!" Sie schob die Unterlippe vor und tat so, als würde sie schmollen.

Dabei sah ich ihr schelmisches Leuchten in den Augen. „Aber ich weiß doch überhaupt nicht, ob ich so kurzfristig Urlaub bekomme. Da muss ich erst meinen Chef fragen."

Sie zuckte mit den Schultern. „Ja, das verstehe ich. Aber eure Auftragslage ist doch momentan nicht so großartig da kann er dich bestimmt eine Woche entbehren."

Eigentlich hatte sie ja recht, daher warf ich langsam meine Bedenken über Bord. „Aber es ist Samstag, meinst du wirklich, ich soll ihn da belästigen?" Meine Mutter stürmte hinaus und kam wenige Sekunden später mit dem Telefon zurück und drückte es mir in die Hand. „Na komm schon, ruf ihn an, ihr versteht euch doch so gut. Außerdem kann man am Samstagmorgen schon mal die Leute belästigen!"

„Du meinst wohl, aus dem Bett klingeln, hast du eigentlich schon mal auf die Uhr geguckt?"

Sie lächelte vielsagend. „Aber natürlich mein Schatz. Was du anscheinend noch nicht getan hast, denn es ist bereits halb neun, meine kleine Schlafmütze. Also ruf ihn an, und ich spring so lange unter die Dusche." Sie tänzelte aus meinem Zimmer hinaus und summte fröhlich eine Melodie.

Bevor sie im Badezimmer verschwand, rief sie mir noch kurz zu: „Wenn du fertig bist, koch doch schon einmal Kaffee, ja?"

Seufzend ließ ich mich rückwärts auf mein Bett fallen. Sie hatte ja recht, ein kleiner Urlaub würde uns beiden nicht schaden. Aber ich hatte vor ein paar Monaten mein ganzes Erspartes für ein „neues" gebrauchtes Auto, einen schwarzen Seat Leon, ausgegeben. Leider hatte mein 15 Jahre alter Golf den Geist aufgegeben, und die Reparatur hätte viel mehr gekostet, als ich am Ende noch für den alten Karren bekommen habe. Da mich der Seat achttausend Euro gekostet hatte, war ich momentan eben etwas sparsam. Ich wählte die Nummer von meinem Chef, und nach dreimaligem Klingeln meldete sich eine angenehme männliche Stimme mit „Maurer". Ohne Umschweife erläuterte ich meinem Chef die Sachlage:

„Guten Morgen Joachim, hier ist Emma. Es tut mir leid, dass ich dich so früh belästige, aber meine Mutter möchte mit mir in den Urlaub fahren. Sie hat darauf bestanden, dass ich dich sofort anrufe und frage, ob es möglich wäre, dass du mir ab sofort eine Woche Urlaub gibst?!"

Joachim räusperte sich. „Da bin ich jetzt ganz schön überrumpelt. Warte mal Emma, ich werfe nur kurz einen Blick in unser Terminbuch. Bin gleich wieder da."

Er legte den Hörer ab, und ich hörte, wie sich Schritte entfernten. Nach ein paar Minuten raschelte es, und Joachim war wieder in der Leitung. „Also, ich denke, es wäre machbar, Marie müsste halt ein bisschen was von dir übernehmen, aber wenn wir uns die Arbeit aufteilen, dann schaffen wir das mit links. Du hast ja eh noch Urlaubstage übrig. Also, das geht in Ordnung. Viel Spaß wünsche ich euch!"

Ich bedankte mich recht herzlich bei Joachim und wünschte ihm ein schönes Wochenende. Gerade als ich Richtung Küche lief, um das Frühstück zu machen und das Telefon aufzuräumen, öffnete sich die Badezimmertür, und meine Mutter streckte den Kopf heraus. Ihre frisch gewaschenen Haare hatte sie in ein Hand-

tuch gewickelt. „Und? Was sagt er, hast du Urlaub bekommen?"
Ich nickte lächelnd. Meine Mutter stieß einen Freudenschrei aus
und strahlte von einem Ohr zum anderen. Ihre gute Laune und
ihre Euphorie steckten mich nun auch endlich vollends an. An
das fehlende Geld verschwendete ich keinen Gedanken mehr.

Ich lief zu ihr und umarmte sie. „Sag mal", sie schnüffelte.
„Du hast ja noch gar keinen Kaffee gekocht, was hast du denn
so lange gemacht?"

Ich stieß die Hacken zusammen und legte die Hand an die
Stirn, wie ein Soldat der „stramm" stehen muss. „Jawohl Sir, ich
werde Ihnen sofort Ihr Frühstück zubereiten!"

„Das möchte ich aber auch hoffen, Soldat!", erwiderte sie in
strengem Ton, brach daraufhin in lautes Gelächter aus und schloss
die Badezimmertür hinter sich.

Vergnügt lief ich in unsere Küche. Bei unserem Einzug hatten
wir uns eine schicke, matt beigefarbene Küche mit mahagoni-
farbener Arbeitsplatte und einer Kochinsel einbauen lassen.
Außerdem schmückte ein toller alter Esstisch aus dunklem Holz
mit vier Lederstühlen unsere Küche. Ich öffnete die Terrassentür.
Das Highlight an unserer Altbauwohnung war eine 25 Quadrat-
meter große Dachterrasse. Ein wahrer Traum. Genüsslich sog
ich die frische Luft ein, es versprach ein toller Tag zu werden.
Das spürte ich.

Die Luft war recht kühl, daher schloss ich die Tür wieder und
widmete mich dem Kaffee. Als die Maschine im vollen Gange
war und glucksend den Kaffee braute, deckte ich den Küchentisch.

Nachdem ich fertig war, rief ich laut. „Mama, das Frühstück
ist fertig!" Kurz darauf betrat meine Mutter, in ihren saphir-
blauen Bademantel gehüllt, die Küche. „Hm, wie das hier duftet,
so mag ich das, wenn das Frühstück bereits auf dem Tisch steht."
Neckend knuffte sie mir in die Seite und ließ sich am Esstisch
nieder. Ich schenkte uns beiden Kaffee ein und gesellte mich zu
ihr. Schmatzend aß meine Mutter ihren Toast. „Sag mal Mama,
was hast du denn heute für Manieren?" Meine Mutter lachte nur
laut und verspeiste ihren Toast. „So, jetzt habe ich eine Über-
raschung für dich!" Sie biss in ihren zweiten Toast und kaute in

aller Ruhe und Gemütlichkeit. „Jetzt sag schon, was du für eine Überraschung hast, ich platze ja gleich vor Neugier!" Schelmisch grinsend und mich neckend sagte sie: „Na das sollst du ja auch!" „Also, ich hatte gestern Nachmittag ein langes Gespräch mit meiner Chefin. Sie erzählte mir, dass ihr Ehemann ein Ferienhäuschen an der Nordsee hat. Ich glaube, der Ort heißt Büsum. Auf jeden Fall steht es momentan frei, da Nebensaison ist. Und sie bot mir an, es für eine Woche zu nutzen. Wir müssten auch nichts bezahlen, außer die Nebenkosten, wie Strom und Wasser, und wir müssten es gründlich putzen, wenn wir wieder fahren, aber ansonsten ist es umsonst. Was hältst du davon?" Ich sprang auf. „Das ist ja der absolute Hammer!" Stürmisch fiel ich ihr um den Hals. „Ach, meine Chefin hat außerdem erwähnt, dass man das Haus im Internet anschauen könnte, hättest du Lust?" „Aber Hallo!" Schnell lief ich ins Wohnzimmer und holte den Laptop. Meine Mutter kramte in der Zeit in ihrer Handtasche nach einem kleinen weißen Zettel, auf dem sie sich den Namen des Hauses und die Adresse notiert hatte. Als der Computer endlich nach einer schier endlosen Wartezeit hochgefahren war, gingen wir ins Internet und gaben in die Suchmaschine den Namen und die Adresse ein. Es dauerte nicht lange, da hatten wir das Haus auf dem Bildschirm.

„Heiliges Kanonenrohr", entfuhr es meiner Mutter. „Schau mal Emma, wie groß das Haus ist, und es liegt mitten in den Dünen. Das ist ja wunderschön. Das kostet bestimmt sonst ein Vermögen!" Ich tippte auf andere Bilder auf dem Bildschirm, die man öffnen konnte „Mach doch mal die anderen Bilder auf!" Auf fünf weiteren Fotos waren das Wohnzimmer mit offenem Kamin, die zwei Schlafzimmer, das Badezimmer mit Eckbadewanne und die hauseigene Sauna zu sehen. „Mama, ich kann das nicht glauben, zwick mich mal bitte, ich glaub, ich träume!" Stattdessen sprang meine Mutter auf, stieß mich dabei fast um, packte und wirbelte mich in der Küche herum. „Wir fahren in den Urlaub, wir fahren in den Urlaub!", sang sie aus voller Kehle. Irgendwann lagen wir völlig außer Atem und vor lauter Schwindel auf dem Boden und lachten.

Als wir uns wieder etwas beruhigt hatten, stürzten wir uns auf die Urlaubsvorbereitungen. Wir packten unsere Koffer, gossen noch mal unsere Pflanzen und ließen uns gegen Abend erschöpft auf unser Sofa fallen.

Am nächsten Morgen frühstückten wir in aller Ruhe, beluden meinen Seat und fuhren gegen Mittag in Detmold los in Richtung Nordsee.

Fröhlich sangen wir die Lieder im Radio mit und lachten lauthals, wenn uns die Leute kopfschüttelnd anstarrten.

Kurz vor Hamburg kamen wir in einen fürchterlichen Platzregen …

Kapitel 3

Was sind das nur für fürchterliche Schmerzen? Wo bin ich nur? Ich schlage die Augen auf und muss ein paar Mal zwinkern, da ich alles nur schemenhaft wahrnehmen kann.

Meine Umgebung nehme ich nur verschwommen, wie durch einen Schleier wahr. Nach einigen Minuten haben sich meine Augen endlich an das Licht gewöhnt. Daher schaue ich mich erst einmal um. Ich lasse meinen Blick durch den Raum schweifen und erkenne, dass ich in einem Krankenzimmer liege. Links neben mir steht ein frisch gemachtes Bett, und an den Wänden hängen Kunstdrucke von renommierten Künstlern. Mein Bett steht direkt neben einem großen Fenster. Die Vorhänge sind halb zugezogen, und es regnet. Ich bin alleine. Fieberhaft versuche ich mich zu erinnern, was geschehen ist, aber es fühlt sich an, als wäre da nur ein großes schwarzes Loch.

Ich blicke an mir herab, in meiner linken Hand steckt ein Schlauch. Als ich ihn bis zum Ende verfolge, erkenne ich, dass er zu einer Infusionsflasche gehört, die links an meinem Bett befestigt ist. Außerdem ist mein rechtes Bein eingegipst und hochgelegt. Meine Arme sind übersät mit Blutergüssen und blauen Flecken. Langsam versuche ich mich zu bewegen, aber aufgrund der starken Schmerzen beschieße ich, es lieber zu lassen.

Plötzlich klopft es an der Zimmertür, und eine junge, schwarzhaarige Schwester steckt den Kopf herein. „Ah, Sie sind ja wach Frau Koch, ich werde sofort Ihrem zuständigen Arzt Bescheid geben."

In dem Moment, als ich sie fragen möchte, was passiert ist, hat sie schon wieder die Tür hinter sich geschlossen. Ich bin wieder alleine. Keine Ahnung, wie lange ich schon hier liege und an die Decke starre und krampfhaft versuche, mich an irgendetwas zu

erinnern, als es wieder an der Tür klopft. „Ja", krächze ich. Ein
Arzt tritt ein. Er durchquert den Raum, begrüßt mich freund-
lich und stellt sich als Dr. Schneider vor. Auf seinem Namens-
schild kann ich erkennen, dass er Assistenzarzt ist. Er zieht ein
Klemmbrett, das am Bettende befestigt ist, heraus und schlägt
meine Krankenakte auf. „Wie geht es Ihnen?" „Ich kann mich
leider nicht erinnern, was passiert ist. Mein Kopf ist leer. Können
Sie mir bitte erklären, was hier eigentlich los ist und warum ich
alleine bin?" Daraufhin macht Herr Dr. Schneider ein betrübtes
Gesicht. „Hat man Sie noch nicht informiert, Frau Koch?" „Nein,
ich habe bisher mit keinem gesprochen." Herr Schneider versucht,
professionell zu wirken, aber in seinem Gesicht kann ich erkennen,
dass er keine guten Nachrichten für mich hat. „Sie hatten einen
wirklich schweren Autounfall, Frau Koch. Ein Geisterfahrer kam
Ihnen entgegen." Angsterfüllt schließe ich die Augen, um mich
besser erinnern zu können. Langsam kommt sie wieder, die Er-
innerung. Wie Dias schießen nun vereinzelte Bilder des Unfalls
durch meinen Kopf. Voller Panik reiße ich die Augen auf und
flüstere, denn mehr als ein Flüstern bekomme ich nicht zustande:
„Was ist mit meiner Mutter? Ist sie …?" Meine Stimme versagt,
ich will es nicht aussprechen, bringe es nicht über die Lippen.
„Wo ist meine Mutter? Auf welchem Zimmer liegt sie? Warum
ist sie nicht hier bei mir?" Immer aufgeregter und panischer
dränge ich Dr. Schneider zu einer Antwort. Mein Flüstern endet
mit einem erstickten Schrei, als sich meine größte Befürchtung
auf dem Gesicht des Arztes widerspiegelt. Voller Mitgefühl legt
Dr. Schneider das Klemmbrett auf das leer stehende Bett, zieht
sich einen Stuhl heran und setzt sich zu meiner Linken. Zärt-
lich und tröstend nimmt er meine linke Hand in seine rechte
und legt die andere schützend darüber. Dann sieht er mich an
und räuspert sich kurz, um eine starke Stimme zu haben. „Es
tut mir wirklich sehr leid, Frau Koch. Ihre Mutter hat bei dem
Unfall eine sehr schwere Kopfverletzung und diverse Knochen-
brüche und Quetschungen erlitten, sie wird noch operiert. Die
Operation dauert nun schon 5 Stunden, und wir hoffen alle, dass
sie durchkommt. Ich kann Ihnen jedoch nichts versprechen."

Meine Stimme und meine Hände fangen zu zittern an. Mit angstgeweiteten Augen sehe ich ihn an und schüttle meinen Kopf hin und her wie ein bockiges Kind. „Nein! Nein! Ich kann das alles nicht glauben! Wie lange dauert die OP noch? Kann ich danach zu ihr?" Mit dem Daumen streicht er mir nun sanft über meinen Handrücken, darauf bedacht, die Nadel, die dort steckt, nicht zu verrutschen. „Ich kann Ihnen nicht genau sagen, wie lange die Kollegen noch operieren müssen. Ich werde Ihnen jedoch sobald ich etwas Neues weiß, Bescheid geben, Frau Koch." Daraufhin lässt er meine Hand los, steht auf und schiebt den Stuhl beiseite. Mir schnürt es die Brust zusammen, es fühlt sich an, als würde jemand mit aller Kraft versuchen, meinen Brustkorb zusammenzudrücken. Tränen steigen in mir auf, und langsam bringe ich die entscheidenden Worte über die Lippen. „Wie hoch ist Ihre Überlebenschance?" Dr. Schneider blickt zu Boden und atmet einmal tief durch, danach schaut er mich gefasst an und sagt: „30 Prozent."

Mein Gott, das kann doch alles gar nicht wahr sein. Gestern noch dachte ich, was für ein Glück wir haben, und nun hat sich das Schicksal gegen uns gewendet. Schluchzend schlage ich mir die Hände vors Gesicht. „Nein, sie darf nicht sterben, sie ist der einzige Mensch, den ich habe! Sie ist meine Mutter, meine beste Freundin, sie ist doch alles, was ich habe!" Dr. Schneider legt mir seine Hand auf die Schulter und drückt sanft zu, um mich zu beruhigen. „Ruhen Sie sich jetzt etwas aus Frau Koch, sie haben schwere Verletzungen. Ihr rechtes Bein ist gebrochen, und sie haben diverse Prellungen, Blutergüsse und außerdem eine schwere Gehirnerschütterung erlitten. Sie müssen sich ausruhen, um wieder zu Kräften zu kommen!" Wut steigt in mir auf, und ich zische durch meine Zähne. „Wie soll ich mich ausruhen, wenn meine Mutter im Sterben liegt. Wenn ich nicht weiß, ob ich sie noch einmal lebend wiedersehen werde?" Das Zischen verwandelt sich zu einem Schrei. „Wie soll ich mich da ausruhen!" Ich bin außer mir vor Wut. Ich bin wütend auf mich selbst, dass ich nicht besser reagiert habe. Ich bin wütend auf den Geisterfahrer. Auf das Wetter. Einfach auf alles.

„Es tut mir leid Frau Koch, aber ich muss mich noch um andere Patienten kümmern. Wenn Sie Schmerzen haben, klingeln Sie bitte nach der Schwester, die wird Ihnen etwas bringen. Sobald ich etwas Näheres über Ihre Mutter weiß, werde ich Sie umgehend informieren!" Daraufhin dreht er sich um und verlässt das Zimmer. Ich bin wieder allein.

Niedergeschlagen starre ich an die weiße Decke. Unaufhaltsam laufen mir die Tränen über mein Gesicht. Stunde um Stunde vergeht. Es fühlt sich aber an wie Tage. An Schlaf kann ich jetzt nicht denken. Die ganze Zeit bin ich in Gedanken nur bei meiner Mutter. Ich starre aus dem Fenster. Draußen regnet es noch immer. Der Regen prasselt unaufhörlich gegen die Scheibe, und es scheint, als würde der Himmel mit mir weinen. Ich darf meine Mutter nicht verlieren, sie ist mein Ein und Alles, ich habe nur sie. Meinen Vater habe ich schon seit vierzehn Jahren nicht mehr gesehen. Meine Eltern haben sich damals scheiden lassen, beziehungsweise ist meine Mutter eines Morgens sang- und klanglos mit mir abgehauen. Mein Vater war zu diesem Zeitpunkt mit einem Arbeitskollegen auf irgendeiner Messe. Jahrelang hatten wir unter seinen Wutausbrüchen gelitten. Meine Mutter und ich entwickelten irgendwann eine richtige Angst vor meinem Vater. Den einzigen Zufluchtsort, den ich hatte, boten meine Großeltern mütterlicherseits. Sie waren die tollsten Großeltern, die man sich nur vorstellen kann, aber leider sind sie kurz hintereinander verstorben, als ich neun Jahre alt war. Von dem Erbe meiner Großeltern kauften wir uns eine Wohnung in Detmold, weit weg von meinem Vater. Von ihm habe ich seit unserem Verschwinden nichts mehr gehört und gesehen.

Leise fange ich an zu beten. „Lieber Gott, falls es dich wirklich gibt, dann bitte erfülle mir nur diesen einzigen Wunsch, und rette meine Mama. Ich brauche sie so dringend wie die Luft zum Atmen. Ohne sie kann ich nicht leben. Wenn ich sie verliere, dann ist das auch mein Tod! Bitte, ich werde dich nie wieder um etwas bitten. Ich schwöre es. Lass sie am Leben!" Immer wieder wiederhole ich diese Worte, bete und weine, bis ich irgendwann vor lauter Erschöpfung einschlafe.

Ein lautes Klopfen reißt mich aus meinem unruhigen Schlaf, und ich öffne die Augen. Verschwommen erkenne ich, dass Dr. Schneider und die kleine, schwarzhaarige Krankenschwester vor mir stehen. Beide schauen mich aus traurigen Augen an. Was hat das nur zu bedeuten?

Dr. Schneider räuspert sich und ergreift das Wort. „Frau Koch, es tut uns wirklich leid. Wir haben alles in unserer Macht Stehende getan, aber Ihre Mutter hat es leider nicht geschafft." Die letzten Worte erreichen mich nur wie durch Watte. Um mich herum dreht sich alles. Die Welt bricht zusammen. Wieder schnürt es mir den Brustkorb zu, und ich bekomme keine Luft mehr. Heiße Tränen steigen in mir auf. Wutentbrannt und verletzt schreie ich: „Nein! Nein!" und gerate in Panik. Ich reiße den Schlauch von der Infusion aus meiner Hand und versuche aufzustehen. Der Arzt und die Schwester blicken zunächst schockiert auf mich herab und versuchen nach einer Sekunde des Schocks, mich wieder ins Bett zurückzudrücken. Aber ich wehre mich und schreie sie an. „Ich will sie sehen, ich will zu meiner Mutter, ich muss zu ihr, muss …" Mir geht die Kraft aus, und ich werde von den Schmerzen übermannt. Unfähig weiterzusprechen, denn die Worte bleiben mir vor lauter Schluchzen im Hals stecken, schaue ich sie hilfesuchend an. Nun beugt sich die Krankenschwester über mich und hält mich fest, und Dr. Schneider gibt mir eine Beruhigungsspritze. Da nun sowieso alles egal ist, lasse ich es über mich ergehen. „Es wird Ihnen gleich besser gehen Frau Koch, ich verspreche es Ihnen. Sie sollten jetzt erst einmal ein bisschen schlafen und sich ausruhen!"

Alles um mich herum dreht sich auf einmal, und mein Mund wird pelzig. Meine Augen werden schwer. Ich versuche dagegen anzukämpfen. Ich will jetzt nicht schlafen. Doch da ist alles schon dunkel, und ich falle in einen tiefen, traumlosen Schlaf.

Kapitel 4

Als ich das nächste Mal erwache, ist mein Mund ganz trocken, und ich sehe mal wieder alles nur verschwommen. Sofort überrollt mich die Erinnerung an den Unfall und das Gespräch mit dem Arzt. Ich unterdrücke ein Schluchzen und sehe mich im Raum um. Da sitzt ja jemand, ich blinzle, um endlich wieder scharf zu sehen. Das kann doch gar nicht wahr sein! Da sitzt doch tatsächlich mein Vater. Ich mustere ihn von der Seite. Er hat sich kaum verändert. Er trägt lediglich die Haare kürzer und hat ein paar Fältchen im Gesicht bekommen. Ansonsten sieht er aus wie damals, als ich ihn zum letzten Mal gesehen habe.

Als ich ihn da so sitzen sehe und bei dem Gedanken, dass meine Mama tot ist, steigen in mir wieder Tränen auf, und ein tiefer Schluchzer entfährt mir. Da dreht sich mein Vater erschrocken zu mir um. „Du bist ja wach, wie geht es dir Emma?" „Mama ist …" Ich schluchze. „… sie ist …" Er nimmt mich zärtlich in den Arm und redet beruhigend auf mich ein. „Ich weiß meine Kleine, ich weiß. Du musst jetzt stark sein. Ich bin für dich da!" In mir tobt ein gewaltiger Sturm der verschiedensten Gefühle. Daher wende ich den Blick ab und sehe zum Fenster hinaus. Mittlerweile hat es aufgehört zu regnen, und die Sonne kämpft sich durch das Wolkendickicht. Mit tränenüberströmtem Gesicht wende ich mich wieder meinem Vater zu. „Ich möchte zu meiner Mutter, ich will mich von ihr verabschieden, kannst du mir diesen Wunsch erfüllen?" Ich blicke meinem Vater flehend ins Gesicht. Er atmet schwer. „Ich glaube nicht, dass das eine gute Idee wäre, Emma. Der Unfall hat schwere Spuren an deiner Mutter hinterlassen. Ich möchte nicht, dass du sie so siehst. Behalte sie doch so, wie sie war, in Erinnerung!" „Aber …", versuche ich ihm zu widersprechen. „Pscht", sagt er und legt mir sanft den Zeigefinger auf die Lippen. „Glaube mir Emma, es ist nur zu deinem Besten. Ich möchte dir diesen Anblick nicht antun. Dir geht es auch so schon schlecht genug. Ich werde mich um alles kümmern." Ich schüttle den Kopf, denn ich will nicht, dass sich mein Vater um die Beerdigung kümmert. Das hätte sie nicht gewollt. Es ist meine Aufgabe. „Wieso sollte ich das wollen? Es ist meine Aufgabe. Ich muss die Beerdigung organisieren. Ich weiß, was sie wollte. Du weißt doch nichts mehr von uns. Seit vierzehn Jahren haben wir nichts mehr von dir gehört, und damals hast du dich ja auch nicht groß für uns interessiert! Ich brauche deine Hilfe nicht! Ich kam die letzten Jahre auch ganz gut ohne dich klar!" Meine ganze Wut und der Groll, die all die Jahre in meiner Brust schlummerten, klingen nun in meinen Worten wider. Mein Vater zuckt unmerklich zusammen. Ich sehe den Anflug von Schmerz, der sein Gesicht kurz überfliegt. Aber mein Vater war schon immer ein Meister der Tarnung, und so versucht er auch jetzt, seine Gefühle zu unterdrücken. „Ich hatte nicht vor, die gesamte Planung an mich zu reißen. Natürlich werden wir das zusammen in die Hand nehmen. Aber bitte schone dich, damit du bald wieder gesund wirst. Dich hat es ja auch ganz schön erwischt bei dem Unfall. Es ist ein Wunder, dass du es überlebt hast."

Ach, jetzt wird er auf einmal doch noch sentimental oder was? Plötzlich nimmt er meine Hände in seine und blickt zu Boden. „Emma, bitte verzeih mir!" Oh Gott, jetzt zeigt er wirklich seine Gefühle. Wie soll ich damit umgehen? Ich bin über alle Maßen verunsichert und weiß nicht, wie ich mich verhalten soll. Alles in mir wehrt sich gegen diese vertrauliche Berührung und seine Entschuldigung. Bilder aus Kindheitstagen flammen vor meinem inneren Auge auf. Die Angst, die ich damals empfand, wenn er mit hochrotem Kopf schreiend über mir stand … „Ich weiß nicht, ob das so einfach geht. Es ist so viel passiert! Wie soll ich dir das alles verzeihen können?" Ich entziehe ihm meine Hand und verstecke sie demonstrativ unter meiner Bettdecke. Nicht, dass er auf die Idee kommt, sie noch mal zu nehmen. „Du hast mir all die Jahre so gefehlt. Ich war ein Arschloch, dass ich deine

Mutter und dich so schlecht behandelt habe. Ich weiß nun, dass das ein Fehler war. Ich habe mich geändert, Emma."

Kann ich das glauben? Kann sich jemand wie mein Vater, der so cholerisch, voller Wut und Aggression war, ändern? Ich denke nicht. „Also ich weiß nicht, kann man sich denn um hundertachtzig Grad drehen? Ich glaube kaum. Außerdem, warum hast du dich in all den Jahren nicht ein einziges Mal gemeldet und dich erkundigt, wie es uns geht, wenn du uns doch so vermisst hast? Jetzt, da meine Mama tot ist, da kommst du auf einmal angeschissen!"

„Weißt du, auch wenn du das vielleicht nicht verstehen wirst, am Anfang, als ich von der Messe nach Hause kam und lediglich den Brief vorfand und als ihr verschwunden wart, war ich über alle Maßen wütend. Ich konnte all das nicht verstehen. Als die Wut nachließ, war ich zutiefst verletzt und traurig, und danach wusste ich nicht, ob ihr, vor allem du, überhaupt noch Kontakt zu mir haben wolltet. Daher dachte ich, ich lasse euch in Frieden leben. Ich hatte gehofft, dass ihr glücklich seid! Emma, bitte glaube mir, dass ich dich liebe, und ich habe dich immer geliebt und auch deine Mutter. Sie habe ich auch sehr geliebt, auch, wenn ich nicht in der Lage war, das angemessen zum Ausdruck zu bringen! Ich habe sehr viele Fehler gemacht, das weiß ich jetzt endlich. Aber ich möchte dir beweisen, dass es mir leidtut. Ich möchte in dieser schwierigen Zeit für dich da sein, Emma. Bitte lass mich dir helfen."

Nun bin ich völlig durcheinander, meine Gefühle fahren Achterbahn. Einerseits bin ich immer noch wütend auf meinen Vater, aber andererseits bin ich froh, dass jemand für mich da ist. Ich weiß nämlich nicht, ob ich all das alleine durchstehen kann. „Ich weiß nicht, ob das so einfach geht!" Ich verschränke die Arme vor der Brust und schaue demonstrativ abweisend zum Fenster hinaus.

„Ich weiß. Aber bitte, bitte versuche es. Ich lasse dir alle Zeit der Welt." Mit diesen Worten steht er auf, nimmt seine Jacke vom Fußende des leer stehenden Bettes und zieht sie über. „Ich werde mir jetzt ein Hotelzimmer in der Nähe suchen, und du versuchst, ein bisschen zu schlafen. Ich komme später noch einmal vorbei, um nach dir zu sehen. Tschüss Emma." Und schon war er verschwunden.

Jetzt, da ich wieder alleine bin, überrollt mich die Einsamkeit und die Trauer über den Tod meiner Mutter erneut. Während die Tränen wieder Oberhand gewinnen, starre ich aus dem Fenster. Mein Kiefer fängt zu zittern an, und ich bekomme keine Luft mehr. Es fühlt sich an, als würde jemand mit bloßer Hand mein Herz herausreißen wollen. Immer wieder schimpfe ich im Stillen zu Gott hinauf. *Warum Gott, warum nimmst du mir mein Allerliebstes, du hättest mir doch diesen einen Wunsch gewähren können, aber nein, du musst mein Leben zerstören!!!* Warum meinte es das Schicksal so böse mit uns, wie sollte es denn jetzt bloß weitergehen?

Kapitel 5

Zwei Tage nach dem Unfall klopft ein groß gebauter, schwarzhaariger Polizist mit Schnauzer an meine Zimmertür, um mich zum Unfallhergang zu befragen. Er stellt sich höflich als Polizeioberkommissar Wolf vor und reicht mir die Hand zur Begrüßung. Daraufhin setzt er sich an den kleinen runden Tisch am Fenster, schlägt seine schwarze Mappe im Ledereinband auf und stellt mir zunächst ein paar Fragen zu meinen Personalien, Beruf und Familienstand. Danach erklärt er mir, dass er eine kurze Zeugenvernehmung zum Unfallhergang machen muss. Also schildere ich ihm den Ablauf des Unfalls, soweit ich mich erinnern kann. „Ich bin auf dem linken Fahrstreifen gefahren, um eine Kolonne von Lkws zu überholen. Es regnete stark, und durch die aufgewirbelte Gischt konnte ich nicht viel sehen. Sonst hätte ich überhaupt nicht überholt." Ich muss ein Schluchzen unterdrücken. Als ich mich wieder einigermaßen unter Kontrolle habe, fahre ich fort. „Ich weiß nicht mehr, wie schnell ich gefahren bin, so 80 oder 90 km/h denke ich. Als ich die Lkw-Schlange überholt hatte und wieder nach rechts wollte, kam mir plötzlich ein Auto entgegen. Es ging alles so schnell. Ich hab versucht auszuweichen. An mehr kann ich mich leider nicht erinnern." Herr Wolf räuspert sich und notiert meine Angaben. Sehr gesprächig scheint er ja nicht gerade zu sein. „Was ist mit dem Geisterfahrer passiert? Hat er es überlebt?" Der Kommissar nickt. „Ja. Er hat allerdings auch sehr schwere Verletzungen erlitten und schwebt noch in Lebensgefahr. Mehr kann ich Ihnen leider dazu nicht sagen. Nur eines noch, der Mann stand zum Zeitpunkt des Unfalles unter Alkoholeinfluss. Dies wird wohl auch der Grund dafür gewesen sein, dass er entgegengesetzt der Fahrtrichtung auf die Autobahn auffuhr."

Schockiert blicke ich ihn an. *Der Mann war betrunken* schießt es mir durch den Kopf. Nichts auf der Welt rechtfertigt es, dass man sich betrunken ans Steuer setzt. Nichts, aber rein gar nichts. Unermessliche Wut steigt in mir auf, aber ich schlucke sie herunter. Vor dem Polizisten will ich Haltung bewahren. Herr Wolf ignoriert meine Gefühlsregungen, steht auf und reicht mir seine Mappe, damit ich die Vernehmung unterschreiben kann. Danach zieht er eine Visitenkarte hervor und überreicht sie mir. Mit zitternden Händen nehme ich sie entgegen. „Falls Sie noch irgendwelche Fragen haben sollten. Ach, was ich noch sagen wollte, ihr Fahrzeug steht beim Seat-Händler. Es ist derzeit jedoch noch von der Staatsanwaltschaft sichergestellt. Sobald es freigegeben wird, müssten Sie entscheiden, was damit passieren soll." „Könnten Sie das in die Hand nehmen?", bringe ich mit zittriger Stimme hervor. Nach einer kurzen Überlegung antwortet er: „Ja, warum eigentlich nicht, was soll ich denn dem Händler ausrichten?" „Ich nehme an, dass mein Auto einen Totalschaden hat, oder?" „Ja." „Dann wäre es wohl das Beste, wenn sie es einfach verschrotten! Ich möchte damit jetzt nicht behelligt werden. Ich muss mich um wichtigere Dinge kümmern! Die können mir dann ja vielleicht einfach die Rechnung schicken." Leise füge ich „Danke" hinzu. Immer noch mit stark zitternden Händen lege ich die Visitenkarte auf das Tischchen links neben mir. Danach reicht mir Herr Wolf die Hand zum Abschied. „Auf Wiedersehen Frau Koch, ich wünsche Ihnen noch eine gute Besserung und natürlich mein herzlichstes Beileid!" Dann rückt er seine Uniform zurecht und verlässt das Krankenzimmer. Nun kann ich meiner Wut freien Lauf lassen, ich balle meine rechte Hand zur Faust und schlage auf mein Bett ein. „Ahhhhh! Das kann doch nicht wahr sein", schreie ich. „Dieses blöde Arschloch!" Wie ich diesen Mann hasse! Ich flippe völlig aus und habe das Gefühl, vor lauter Wut und Hass auf diesen Menschen, der meine Mutter umgebracht hat, zu zerplatzen. Nie, aber niemals werde ich diesem Mann verzeihen, was er meiner Mutter und mir angetan hat. Wie könnte ich auch. Er hat mein Leben zerstört.

Kapitel 6

Am Montag, den 29. Oktober, eine Woche nach dem Unfall, werde ich aus dem Krankenhaus entlassen, da die Beerdigung am nächsten Tag um elf Uhr stattfinden soll.

Mein Vater hat sich die letzte Woche wirklich sehr bemüht, bei mir einen guten Eindruck zu hinterlassen. Er widersprach nie bei meinen Vorschlägen für die Beerdigung und überließ mir die ganzen Entscheidungen. So wählte ich anstatt eines Grabsteines einen großen betenden Engel, wie man sie oft in Schottland auf den Gräbern sieht. Außerdem entschied ich mich für weiße Lilien für den Grabschmuck, da das die Lieblingsblumen meiner Mutter waren. Den Sarg wählten wir gemeinsam. Einen schönen, schlichten aus Buche. Ich erklärte meinem Vater außerdem, dass er veranlassen soll, dass meine Mutter zur Beerdigung ihr schönes türkisfarbenes Sommerkleid, ihre weißen Ballerinas und ihre Perlenkette trägt. Ich wollte, dass sie hübsch aussieht, und mein Vater kümmerte sich um alles.

Heute, am Tag der Beerdigung, ist das Wetter für Ende Oktober ungewöhnlich schön, der Himmel ist blau und wolkenlos, die Sonne strahlt. Regenwetter wäre mir lieber gewesen, das hätte dann wenigstens zu meiner Stimmung gepasst. Aber ich muss es so sehen, jetzt bekommt wenigstens meine Mutter ein schönes Begräbnis mit viel Sonnenschein. Die Luft ist zwar ziemlich frisch, aber durch die wärmenden Sonnenstrahlen angenehm. Mein Vater parkt konzentriert seinen Volvo vor dem Friedhof. Während ich gedankenverloren an einem Stofftaschentuch herumzupfe. Meine Mutter hat es mir vor einigen Jahren geschenkt. Sie hat es selbst genäht und bestickt. Es sind Rosen darauf zu sehen und in schöner, verschnörkelter Schrift „In Liebe deine Mama". Der Motor verstummt, eine Tür knallt ins Schloss. Ich blicke auf und beobachte meinen Vater, wie er um das Auto herumläuft, den Kofferraum öffnet, etwas herausholt und ihn wieder schließt. Dann erkenne ich im Seitenspiegel, dass er einen Rollstuhl auseinanderklappt und zur Beifahrerseite schiebt. Er öffnet meine Tür und hilft mir fürsorglich in den Rollstuhl. Er hat ihn eigens für die Beerdigung besorgt, aus Angst, dass es mir mit den Krücken zu anstrengend werden könnte. Eigentlich ganz süß, finde ich. Aber irgendwie gefällt es mir trotzdem nicht, so abhängig von ihm zu sein. Es ist immer noch ein komisches Gefühl, dass er plötzlich wieder in meinem Leben ist.

Ächzend und stöhnend hebt mein Vater mich in den Rollstuhl. Es ist mir peinlich, dass er sich so anstrengen muss. Bin ich wirklich so schwer? Ich setze meine Sonnenbrille auf, und mein Vater schiebt mich in Richtung Friedhof. Von Weitem kann ich erkennen, dass Mamas Chefin und Arbeitskolleginnen, außerdem Joachim und Marie zur Beerdigung gekommen sind. Voller Schreck erkenne ich, dass zwar Arbeitskollegen von mir da sind, um sich von meiner Mutter zu verabschieden, dass ich aber keine richtig enge Freundin habe, die mich jetzt in den Arm nimmt und für mich da ist. Schweren Herzens muss ich mir eingestehen, dass meine Mutter meine einzige wahre Freundin gewesen ist. Ich habe mich abgekapselt und war völlig auf meine Mutter fixiert. Zwar habe ich ab und an auch mal was mit Marie unternommen, aber eine enge Freundschaft entwickelte sich nie. Traurig zupfe ich mein schwarzes, knöchellanges Kleid zurecht, dass mein Vater mir besorgt hat. Hörbar atme ich mehrfach tief ein und aus. Ein Schleier der Trauer legt sich über mich. Es fühlt sich an, als würden Zentner auf meinen Schultern lasten. Mein Vater legt seine Hand auf meine rechte Schulter und drückt sanft zu. Er hat wohl mein Ein- und Ausatmen gehört. Die anderen Trauergäste gesellen sich zu uns und sprechen mir ihr Beileid aus. Ich muss mit den Tränen kämpfen, aber ich habe mir vorgenommen, stark zu bleiben. Keiner der Menschen, die sich eingefunden haben, kann mir in die Augen sehen. Alle Blicke sind auf den Kies vor mir geheftet. Aber ich bin froh darüber, denn ich möchte vor den anderen nicht die Kontrolle über meine Gefühle verlieren.

Der Gottesdienst findet in der Kapelle auf dem Friedhof statt. Mein Vater schiebt den Rollstuhl in die erste Reihe. Vor dem Altar hat man den Sarg meiner Mutter aufgebahrt, schön und schlicht. Auf dem Sarg liegt ein großes Blumenbukett von weißen Lilien. Sehr schön. So wie ich es mir gewünscht habe.

Links neben dem Sarg hat mein Vater ein Bild von meiner Mutter aufstellen lassen. Es zeigt sie im letzten Sommer. Wir hatten einen Fahrradausflug mit einem kleinen Zwischenstopp an einem Badesee gemacht. Meine Mutter und ich saßen auf einem Steg, hingen die Füße ins Wasser und fotografierten uns gegenseitig. Sie lacht auf dem Bild aus vollem Herzen. Pures Glück spiegelt sich in ihren Augen wider. Ich schlucke schwer. Nie wieder werde ich sie so lachen hören und sehen. Mein Herz schmerzt. Das Bild zeigt sie so, wie sie war. Voller Lebensfreude und Elan, liebevoll und euphorisch. Ich habe es ausgewählt, damit sie alle so in Erinnerung behalten.

Nach der Predigt des Pfarrers tragen nun mehrere mir unbekannte Männer den Sarg zu Grabe. Mein Vater schiebt meinen Rollstuhl durch den Kies hinterher, und die anderen Trauergäste folgen uns. Bis zu diesem Zeitpunkt hatte ich meine Tränenflut noch unter Kontrolle. Aber jetzt, da wir vor dem offenen Grab stehen und der Sarg hinabgelassen wird, breche ich zusammen. Ich kann das Gefühl, das sich in mir breitmacht, nicht beschreiben. Ich fühle mich so schrecklich. Es zerreißt mir das Herz. Am liebsten würde ich mich zu ihr legen und einfach sterben. Die Flut der Tränen übermannt mich jetzt, ich kann sie nicht mehr zurückhalten. Schluchzend breche ich in meinem Rollstuhl zusammen. In diesem Moment ist es mir egal, was alle anderen von mir denken. Ich möchte einfach nur … ach ich weiß es nicht. Bei ihr sein. Sterben! Der Pfarrer spricht noch einige Worte, bevor alle mit einer Schaufel Erde in das Grab meiner Mutter werfen. Durch meinen Tränenschleier kann ich die Worte nicht verstehen. Ich schnappe nach Luft, denn ich habe mal wieder das Gefühl, an meinen Tränen ersticken zu müssen. Hilflos steht mein Vater neben mir und versucht, seine Gefühle unter Kontrolle zu behalten. Aber auch ihm laufen die Tränen über die Wangen. Der

Pfarrer segnet nun das Grab mit Weihwasser, und nachdem er uns beiden noch mal sein Beileid ausgesprochen hat, macht er sich auf den Weg zur Kapelle. Aus dem Augenwinkel kann ich erkennen, dass die anderen den Rückweg antreten. Wahrscheinlich wollen sie uns ein bisschen Zeit geben, damit wir uns in Ruhe verabschieden können. Weinend nimmt mich nun mein Vater fest in den Arm. Mein ganzer Körper zuckt, und ich schluchze laut. Auch mein Vater lässt seinen Gefühlen freien Lauf. „Es tut mir so leid Emma, es tut mir so leid!", schluchzt er jetzt in mein Ohr. Alles tut mir weh, und durch seine Worte werde ich noch heftiger geschüttelt. Ein lauter Schluchzer entfährt mir, mein ganzer Schmerz liegt darin. In Gedanken schreie ich zu Gott, dass er mich von diesen Schmerzen erlösen soll.

Zehn Minuten später schiebt mein Vater mich vom Grab weg, damit ich mich wieder etwas beruhigen kann. Er fährt mich zum Ende des Friedhofs, dort steht eine Bank. Neben der Bank stellt er meinen Rollstuhl ab und setzt sich neben mich. Von hier aus hat man einen wunderbaren Blick auf ein Tal und Wälder. Es dauert weitere zehn Minuten bis mein Schluchzen aufhört. Stumme Tränen laufen jetzt nur noch über meine Wangen. Mein Vater sitzt still neben mir. Er hat sich schon wieder gefasst. Dass er seinen Gefühlen so freien Lauf lassen würde, das hätte ich nie gedacht. „Weißt du Emma", flüstert er. „Ich habe deine Mutter wirklich sehr geliebt und dich habe ich … liebe ich über alles! Es bricht auch mir das Herz, dass sie gestorben ist!" Langsam taste ich mit meiner linken Hand nach seiner, er bemerkt es und umschließt sie mit seinen Händen. „Es tut mir alles so Leid Emma, all den Kummer, den ich euch bereitet habe, all den Schmerz, wenn ich es rückgängig machen könnte, ich würde es tun!" Mit schmerzverzerrtem Gesicht blicke ich ihn an. „Bitte Emma, bitte verzeih mir! Ich will dich nicht ein zweites Mal verlieren!" Plötzlich habe ich keine Zweifel mehr. Tränenüberströmt falle ich ihm in die Arme „Ja, Papa, natürlich verzeihe ich dir!" Es fühlt sich richtig an. Glücklich über meine Entscheidung drückt er mich fest an sich.

Als wir uns beide wieder etwas beruhigt haben, kehren wir zum Parkplatz zurück. Joachim, Marie und die Arbeitskolleginnen meiner Mutter stehen in einem kleinen Kreis zusammen und unterhalten sich. Ich hätte nicht gedacht, dass sie so lange warten würden. Die Arbeitskolleginnen meiner Mutter und ihre Chefin kommen nun auf uns zu, drücken uns noch mal ihr Beileid aus und verabschieden sich. Marie und Joachim warten noch einen Moment und fragen mich dann, ob sie irgendetwas für mich tun können. Aber ich schüttle den Kopf. „Nein danke. Es ist lieb von euch, dass ihr mir eure Hilfe anbietet, aber ich komme schon zurecht. Ich melde mich dann, wenn ich wieder arbeiten kann, ok?"

Joachim schenkt mir ein kleines Lächeln und nickt. Es soll mich wohl aufmuntern. „Falls du doch etwas brauchen solltest, hast du ja meine Nummer. Lass dir alle Zeit, die du brauchst, und werde schnell wieder gesund." Zum Abschied reichen wir uns höflicherweise noch die Hände, und dann sind mein Papa und ich alleine. Ich atme schwer aus. Endlich. Ich ertrage dieses ständige „Beileid"-Gequatsche nicht länger. Das macht meine Mutter auch nicht wieder lebendig. Natürlich ist es gemein von mir, so zu denken, denn sie wollen mir alle nur beistehen und ihr Mitleid ausdrücken. Aber ich brauche kein Mitleid, alles, was ich brauche, ist meine Mutter! Mein Vater reißt mich aus meinen Gedanken. „Wollen wir nach Hause fahren?" Ich nicke und lasse mich zu seinem Wagen zurückschieben. Die Fahrt verläuft schweigend. Ich blicke aus dem Fenster, doch ohne etwas zu sehen. Ich bin so froh, wenn ich endlich zu Hause bin. Wenn ich meine Ruhe habe. Ich möchte einfach nur alleine sein. Zu Hause angekommen, kocht mein Vater Kaffee und setzt mich auf das Sofa. „Emma, brauchst du noch irgendetwas, kann ich noch irgendwas tun? Ich habe für dich eingekauft, deinen Kühlschrank und den Gefrierschrank gefüllt!" Apathisch starre ich auf die Bilder von meiner Mutter und mir, die über dem Fernseher hängen. Langsam bewege ich den Kopf hin und her. „Nein, ich brauche nichts. Ich möchte einfach meine Ruhe haben, verstehst du. Ich möchte, dass keiner anruft und mich belästigt. Ich will alleine sein! Kannst du das verstehen?" „Ja. Wenn das dein Wunsch ist, dann werde ich das respektieren." Traurig erhebt sich mein Vater, räumt die Tassen in die Spülmaschine und packt seine Sachen. Ich beachte ihn nicht weiter. Immer noch starre ich wie gebannt auf die Bilder. „Also", unterbricht er mich. „Ich werde dann langsam aufbrechen, wenn du es dir anders überlegen solltest und doch meine Hilfe möchtest, dann ruf einfach an. Neben dem Fernseher liegt meine Nummer. Ich werde immer für dich da sein, hörst du Emma!" Erstickt bringe ich ein „Ja" hervor, bevor mich mein Vater stürmisch umarmt. „Ich liebe dich Emma! Pass auf dich auf!" „Natürlich", verspreche ich ihm, bevor er geht. Die Tür fällt ins Schloss, und ich atme tief ein. Ich bin froh und erleichtert. Endlich. Endlich bin ich alleine. Neben mir lehnen meine blauen Krücken am Sofa. Ich nehme sie, stütze mich auf und humple zum Telefon. Zunächst stelle ich den Anrufbeantworter aus. Danach folgt mein Handy. Auf Krücken laufe ich in mein Schlafzimmer, ziehe ruckartig die Vorhänge zu und lege mich in mein Bett. Bevor ich unter meiner Bettdecke verschwinde, nehme ich noch zwei Schmerztabletten.

Kapitel 7

,Ring, Ring' Unaufhörlich klingelt das Telefon. Ich öffne die Augen und blicke mich in meinem Zimmer um. Die Sonnenstrahlen versuchen sich durch meinen zugezogenen Vorhang zu kämpfen. ,Ring, Ring', klingelt es fröhlich weiter. Der Anrufer, der dahinter steckt, ist ganz schön hartnäckig. Also raffe ich mich auf, nehme meine Krücken, die am Bett lehnen, und humple ins Wohnzimmer. Nach kurzem Suchen finde ich das Telefon unter einem Kissen auf dem Sofa. Als ich abnehme, klingt mir eine fröhliche Stimme entgegen. „Hallo Frau Koch, hier spricht Frau Weiß von der Gemeinschaftspraxis Knaut und Lessner. Wir hatten erwartet, dass Sie bei uns vorstellig werden, da wir vor einiger Zeit Unterlagen vom Hamburger Klinikum bekommen haben. Sie wurden dort nach einem schweren Verkehrsunfall behandelt, und die Nachuntersuchungen sollen bei uns durchgeführt werden. Aber Sie haben sich nie gemeldet. Daher hat mich Herr Dr. Lessner gebeten, Sie anzurufen, Frau Koch. Ist alles in Ordnung bei Ihnen? Brauchen Sie Hilfe?" Gegen die Tränen ankämpfend und wegen der Sonnenstrahlen blinzelnd, antworte ich ihr mit erstickter kratziger Stimme. „Nein, nein, alles gut!" Frau Weiß wirkt überrascht und gar nicht erfreut. „Na, so klingt das aber ganz und gar nicht, Frau Koch. Ich würde Sie bitten, zu uns zu kommen, damit der Doktor einen Blick auf Ihre Wunden werfen kann. Ob ihr Bein und die Prellungen gut verheilen. Wann hätten Sie denn Zeit, Frau Koch?"

Also davon, dass ich meine Wohnung verlassen soll, bin ich überhaupt nicht begeistert. Ich habe keine Lust, unter Menschen zu gehen. Außerdem fühle ich mich überhaupt nicht in der Lage, meine Wohnung zu verlassen. Ich fühle mich schwach, und mir ist schwindlig, und ich habe einen Gips am Bein und niemanden der mich fahren kann. Also muss ich mir eine Ausrede einfallen lassen, aber mir will einfach keine passende einfallen. So ein Mist! Also wende ich mich nach einer Schweigeminute wieder an die Arzthelferin. „Frau Weiß, wenn es unbedingt sein muss, wann soll ich denn kommen?" „Das haben wir gleich, ich sehe nur kurz in unserem Terminbuch nach." Nach einem kurzen Rascheln sagt sie: „Moment noch Frau Koch." Offensichtlich hält Frau Weiß mit ihrer Hand die Sprechmuschel zu, denn ich höre gedämpfte Stimmen miteinander reden. Aber da es mich nicht interessiert, was sie sagen, bemühe ich mich gleich gar nicht, etwas zu verstehen. „Also Frau Koch, sie können gleich kommen, ein Patient hat soeben abgesagt. Außerdem, umso früher sie kommen desto besser! Also bis gleich!", flötet sie in das Telefon, und bevor ich etwas erwidern kann, hat sie schon aufgelegt. „So eine dumme Pute", stöhne ich, werfe das Telefon auf den Couchtisch vor mir und lasse mich mit einem Seufzen rücklings in die großen Sofakissen fallen. Sonnenstrahlen fallen auf mein geschundenes, verquollenes Gesicht, ich schließe die Augen und genieße ein paar Minuten die heilende Wirkung der Sonne.

Die letzten Wochen, seitdem mein Vater mich nach der Beerdigung verlassen hatte, habe ich mich zu Hause verkrochen. Alles, was ich wollte, war alleine zu sein und mich in meinem Leid zu suhlen. Ich verkroch mich in meiner Wohnung, um nichts mehr sehen und hören zu müssen. Es fehlte mir einfach das Verständnis für das, was uns widerfahren ist. Es wollte mir einfach nicht in den Kopf gehen, warum es gerade uns traf. Die Tage vergingen, ich schlief und weinte und schlief. Ich aß kaum noch etwas. Ich nahm Tabletten gegen die Schmerzen, die mich wiederum müde machten, also schlief ich wieder. Da ich solch eine Sehnsucht nach meiner Mutter hatte, legte ich mich irgendwann in ihr Bett. Ich wickelte mir ihren Lieblingsschal um den Hals und sog Ihren Duft, der noch an dem Kleidungsstück hing, ein. Damit ging es mir zunächst ein kleines Stück besser. Ich hatte das Gefühl, dass sie bei mir wäre. Jedoch kam schnell die nüchterne Erkenntnis, dass ich doch alleine war und ich mir nur etwas vormachte. Die Trauer fraß ein Loch in meine Brust. Am Anfang hatte ich noch das Gefühl, dass mich die Trauer und der Schmerz zerreißen würden, wenn ich mich nicht selbst festhalte. Irgendwann war da nur noch eine gähnende Leere. Ich hatte keine Kraft mehr zu weinen, die Tränen waren versiegt. Jetzt war da nur noch diese unglaubliche Leere, und so starrte ich einfach stundenlang apathisch an die Decke und dachte gar nichts mehr. Wochenlang ging das so mit mir, ich hatte kein Zeitgefühl mehr, am liebsten wollte ich sterben. Bei meiner Mutter sein. Also hörte ich irgendwann ganz auf zu essen. Ich schaltete alles um mich herum ab, bis das Telefon klingelte …

Es bringt ja alles nichts, also stemme ich mich hoch und humple in mein Zimmer, wo ich mir etwas Anständiges zum Anziehen überstreife. Eine Jogginghose und ein Sweatshirt. Beides schlackert an mir, weil ich ganz schön abgenommen habe. Aber das ist mir ziemlich egal. Meine Haare hängen mir strähnig ins Gesicht, daher flechte ich mir einen Zopf. Danach humple ich ins Wohnzimmer und rufe ein Taxiunternehmen an. „Könnte mir der Taxifahrer beim Treppensteigen helfen? Ich habe einen Gips am Bein und bin etwas hilflos. Leider wohne ich im dritten Stock." Mit rauchiger, tiefer Stimme erklärt mir der Mann, den ich an der Strippe habe, dass es kein Problem wäre. Gut, dann hätten wir das schon mal erledigt. Um mich zumindest ein bisschen frisch zu machen, humple ich ins Badezimmer und spritze mir Wasser ins Gesicht. Danach putze ich mir die Zähne. Den Blick in den Spiegel vermeide ich tunlichst. Das kalte Wasser fühlt sich angenehm an auf meiner geschwollen Haut, und nachdem ich meine Zähne geputzt habe, fühle ich mich allgemein ein bisschen besser. Um meine fettigen Haare zu kaschieren, setze ich eine Mütze auf. Danach greife ich in unsere Garderobe nach meinem Wintermantel. In dem Moment klingelt es an der Tür. Hektisch suche ich nach meiner Geldbörse und meinem Haustürschlüssel. Finde beides natürlich in meiner Handtasche, die auf der Kommode liegt. Als ich alles beisammen habe, drücke ich auf den Summer, da es bereits zum zweiten Mal klingelt.

Kurze Zeit später steht ein indisch aussehender Mann mittleren Alters mit einem breiten Grinsen vor meiner Tür. „Guten Tag Madame, sie hatten ein Taxi bestellt?" *Hm, gar kein Dialekt,* schießt es mir durch den Kopf. Ich nicke und hake mich bei ihm unter. Es ist eine wahre Tortur, diese Treppen hinabzusteigen mit dem blöden Gips und den Krücken, aber der Taxifahrer ist sehr freundlich, und über meinen Zustand lässt er sich nichts anmerken. Unten angekommen, wird mir leicht schwarz vor Augen. Das war ganz schön anstrengend, aber ich lasse mir nichts anmerken. Der Taxifahrer bugsiert mich auf die Rücksitzbank und schließt dann die Tür. Danach setzt er sich auf den Fahrersitz und fragt mich freundlich: „Wo soll es denn hingehen?" Kurz angebunden nenne ich ihm die Adresse von meinem Hausarzt und blicke dann demonstrativ aus dem Fenster, da ich keinerlei Lust auf ein Gespräch verspüre. Mit einem Ruck fährt das Auto los. Ich schließe kurz die Augen, denn ich fühle mich schwach und ausgelaugt. Als sich mein Puls etwas beruhigt hat, blicke ich wieder nach draußen und bemerke erst jetzt, dass es geschneit hat. Alles ist mit einer zwanzig Zentimeter dicken Schneeschicht überzogen. Der Taxifahrer räuspert sich: „Ganz schön kalt dieses Jahr für Dezember, gell? Und der Schnee … einfach toll!" Erstaunt reiße ich die Augen auf. „Wir haben schon Dezember?" „Ja, was dachten Sie denn?" Vor Schreck verstumme ich und starre wieder nach draußen. So lange habe ich mich zu Hause vergraben? „Heute strahlt die Sonne, der Himmel ist blau, und der Schnee glitzert und strahlt mit der Sonne um die Wette, ist das nicht wundervoll?" Langsam geht mir der Mann mit seiner guten Laune echt auf den Keks. Merkt er denn nicht, dass ich keine Lust auf ein Gespräch habe!? Daher beschließe ich, ihn zu ignorieren, soll der doch labbern. Genervt verschränke ich meine Arme vor der Brust und starre aus dem Fenster.

Die Fahrt zu Herrn Dr. Lessner dauert vielleicht zehn Minuten, und am Ende hat der Taxifahrer wohl doch bemerkt, dass ich keine Lust auf Konversation habe. Als wir vor der Praxis zum Stehen kommen, hilft er mir aus dem Auto. Ich bezahle ihn, und er drückt mir lächelnd seine Visitenkarte in die Hand. „Falls sie mal wieder ein Taxi brauchen, bin ich stets zu Ihren Diensten." Eigentlich ist er ja wirklich ein netter Mensch, daher beschließe ich, ihm noch eine Chance zu geben. Da ich zum Lächeln noch nicht imstande bin, nicke ich ihm zu und humple dann in die Arztpraxis. Nun stehe ich vor einem Tresen, hinter dem eine mich schockiert anblickende Sprechstundenhilfe sitzt. Ich nehme mal stark an, dass es sich um Frau Weiß handelt. Vergeblich versucht sie, ihre Gefühlsregungen zu verstecken. Daher räuspert sie sich kurz, schenkt mir ein verzerrtes Lächeln und nimmt meine Krankenkassenkarte entgegen. Ich beobachte sie, wie sie sich ein paar Notizen macht. Danach führt sie mich in das Wartezimmer. „Der Doktor hat gleich für Sie Zeit Frau Koch, einen kleinen Moment noch." Aus dem Augenwinkel sehe ich, wie sie mit der zweiten Arzthelferin tuschelt und beide argwöhnische Blicke in meine Richtung werfen. Aber es ist mir egal. Ich weiß, dass ich furchtbar aussehen muss. Nach einer Viertelstunde Wartezeit werde ich von Frau Weiß gerufen. Daher humple ich hinaus und schaue sie fragend an. „Herr Lessner hat jetzt Zeit für Sie, Sie können in die Eins gehen." Sie deutet geradeaus auf ein offenstehendes Zimmer. Also humple ich hinein und setze mich auf die Liege. Die Krücken stelle ich neben mir ab. Kurze Zeit später betritt Herr Dr. Lessner das Arztzimmer. Auch er sieht mich schockiert an. Daraufhin schließt er die Zimmertür, setzt sich auf einen kleinen Rollstuhl ohne Lehne und fährt schwungvoll zu mir herüber. Sein Blick spricht tausend Bände. Als er mir gegenübersitzt, sieht er mich betrübt an. „Frau Koch, wie ich sehe, sind Sie in sehr schlechter Verfassung. Haben Sie schon einmal daran gedacht, sich Hilfe zu holen?" Ich bin überrascht und weiß nicht so recht, was er meint. „Inwiefern Hilfe? Ich brauche keine Hilfe, ich komme gut alleine zurecht!" Er lächelt spöttisch. „Na das sieht man. Sie sind doch nur noch Haut und Knochen. Wann haben Sie zuletzt eine anständige Mahlzeit zu sich genommen? Und eine Dusche würde Ihnen auch nicht schaden. Ich will Ihnen wirklich nicht zu nahe treten, aber sie sehen wirklich fürchterlich aus. Es tut mir leid, dass ich so direkt zu Ihnen bin, aber ich habe die Befürchtung, dass sie nur so verstehen, wie es um sie steht! Ich bin der Meinung Sie sollten eine Psychotherapie in Betracht ziehen. Ich weiß, dass der Tod Ihrer Mutter sehr schrecklich für Sie ist, aber alleine können Sie das nicht schaffen. Suchen Sie sich bitte Hilfe, und igeln Sie sich nicht zu Hause ein. Sie müssen raus an die frische Luft und unter Menschen. Außerdem sollten Sie langsam mit einer Physiotherapie beginnen. Sie müssen nach vorne schauen, Frau Koch!" Wut steigt in mir hoch, was bildet sich dieser Mann eigentlich ein, als Arzt so mit mir zu sprechen? Ich zittere vor Wut und bin den Tränen nahe. „Das kann ich aber nicht!" Nun herrscht Stille. Herr Dr. Lessner führt in Ruhe seine Untersuchungen durch, ohne noch mal ein Wort an mich zu richten. Danach setzt er sich an seinen Schreibtisch. Stumm tippt er auf der Tastatur seines Computers herum und schreibt dann etwas handschriftlich auf einen blauen Zettel. Ich beobachte ihn. Jetzt nimmt er seine Brille ab, fährt sich mit dem Daumen und Zeigefinger über den Nasenrücken, setzt seine Brille wieder auf, steht auf und … oh, er kommt wieder auf mich zu. Schnell drehe ich meinen Kopf in die andere Richtung. Ich fühle mich ertappt. „Ich könnte Ihnen eine gute Therapeutin empfehlen. Manchmal kann man Trauer eben nicht alleine überwinden. Es ist keine Schande, sich Hilfe zu holen. Oder sprechen Sie mit Freunden, Arbeitskollegen oder Verwandten über Ihren Schmerz. Aber bitte lassen Sie sich nicht so gehen!" Ich zucke mit den Schultern. Dieses Gerede. Kann er wohl endlich damit aufhören? Ich will das nicht hören. Auch wenn er wahrscheinlich recht hat mit dem, was er sagt. Das muss ich mir wohl eingestehen. Aber ich schaffe das alleine, da bin ich mir sicher. Dr. Lessner drückt mir nun den Zettel in die Hand. „Darauf steht der Name einer Therapeutin, falls Sie sich doch für eine Gesprächstherapie entscheiden sollten." Er zeigt auf einen zweiten Namen. „Darunter ist der Name und die Adresse einer sehr guten Gemeinschaftspraxis für Physiotherapie. Die sollten Sie die nächsten Tage kontaktieren. Ich gebe Ihnen ein Rezept mit. Lassen Sie sich bitte vorne bei der Arzthelferin einen neuen Termin geben. Beim nächsten Mal kommt der Gips am Bein ab." Endlich geschafft. Erleichtert atme ich auf. Da richtet Herr Dr. Lessner noch mal das Wort an mich. „Bitte reißen Sie sich zusammen und versuchen Sie, wieder nach vorne zu blicken!" Ich nicke befangen, hole mein Rezept und lasse mir einen neuen Termin geben. Frau Weiß bitte ich, den Taxifahrer von vorhin anzurufen.

Fünfzehn Minuten später fährt das Taxi vor. Der Fahrer hilft mir in seinen Wagen und fährt mich wieder nach Hause. Nachdem er mich bis zur Wohnungstür gebracht hat, wirft er mir einen mitleidigen Blick zu und verabschiedet sich höflich. Hey, was soll das? So schlimm kann es doch gar nicht sein! Die sollen sich ihr Mitleid für jemand anderen aufsparen! Langsam habe ich die Schnauze gestrichen voll! Ich knalle die Wohnungstür hinter mir mit voller Kraft ins Schloss. Ah, das tut gut! Daraufhin humple ich auf meinen Krücken ins Wohnzimmer, wo ich mich auf mein Sofa fallen lasse. Die Worte meines Hausarztes schwirren mir im Kopf herum, und nach einer Weile komme ich zu der Erkenntnis, dass er vollkommen recht hat. Es tut mir nicht gut, dass ich mich zu Hause verstecke. Irgendwann werde ich noch zu einer verbitterten alten Hexe! Daher beschließe ich, dass mein erster Schritt in die Zivilisation ein Anruf bei der Gemeinschaftspraxis für Physiotherapie sein wird. Ich tippe die Nummer ein, es läutet ein paar Mal, und dann meldet sich eine angenehme Frauenstimme. „Guten Tag, Praxis für Physiotherapie, Sie sprechen mit Nina Weber, was kann ich für Sie tun?" Ich antworte ihr: „Guten Tag, mein Name ist Emma Koch. Mein Hausarzt hat mir Ihre Nummer gegeben. Ich brauche Termine für eine Krankengymnastik." Ich höre sie in einem Buch blättern. „Wann würde es Ihnen denn am besten passen, Frau Koch?" „Ach, ich bin da sehr flexibel, ich habe momentan keine anderen Pläne." Also machen wir zunächst zehn Termine aus. Der erste Termin ist für Donnerstag in einer Woche angesetzt, und zuvor kommt der Gips an meinem Bein ab. Endlich habe ich ein kleines Ziel vor Augen, das macht mich ein klein wenig glücklich. So glücklich, dass ich mich aufraffe und mir eine Tasse Tee koche.

Einige Stunden später stelle ich fest, dass der kleine Funken Glück nicht lange angehalten hat. Mittlerweile liege ich wieder in meinem Bett und starre an die Decke. Die Trauer versucht mich wieder zu übermannen, daher greife ich nach der Fernbedienung und lasse mich von irgendwelchen Soaps berieseln. Aber auch die lustigen Serien können mich nicht aufheitern. Irgendwann döse ich ein und erwache erst wieder, als es bereits dunkel ist. Ich schalte auf den Videotext am Fernseher um und erkenne, dass es bereits 23 Uhr ist. Daher stelle ich den Fernseher aus und ziehe die Decke über den Kopf.

Kapitel 8

Am nächsten Morgen werde ich unsanft durch das Klingeln an meiner Wohnungstür geweckt. Schlaftrunken schrecke ich hoch und schaue mich verwirrt im Schlafzimmer um. Im ersten Moment weiß ich überhaupt nicht, wo ich bin. Ich streiche mir mit den Händen über das Gesicht. Da klingelt es wieder an der Tür. Das gibt es doch gar nicht! Erst lassen mich die Leute wochenlang in Ruhe, und jetzt klingelt an dem einen Tag das Telefon unaufhörlich, und heute steht jemand vor meiner Tür. Also wälze ich mich stöhnend aus dem Bett, stütze mich auf meine Krücken und humple Richtung Wohnungstür. Auf dem Weg dorthin werfe ich einen flüchtigen Blick in den Spiegel. „Um Himmelswillen", entfährt es mir. Aber da ist jetzt auf die Schnelle eh nichts mehr zu machen. Dass es so schlimm ist, hätte ich gar nicht gedacht. Vorsichtig öffne ich die Tür. Vor mir steht meine freudestrahlende Nachbarin. Ich weiß, dass sie einen Stock tiefer wohnt. Wir haben uns vor dem Unfall immer im Vorbeigehen gegrüßt, aber nie ein langes Gespräch geführt. Sie ist so um die 65 Jahre alt, schätze ich, hat blond-grau meliertes Haar, das meistens zu einem schönen Dutt frisiert ist. So auch an diesem Tag. „Hallo Frau Koch, wie geht es Ihnen denn, ich habe Sie ja schon ewig nicht mehr gesehen. Ich mache mir allmählich ein wenig Sorgen um Sie. Ich habe gehört, was Ihnen zugestoßen ist, und es tut mir schrecklich leid! Ich war mir nicht sicher, ob Sie Besuch haben wollen, aber nachdem ich Sie nie zu Gesicht bekomme und der Briefkasten überquillt, habe ich mir gedacht, ich sehe doch mal nach dem Rechten, nicht dass Sie … naja sie wissen schon!" Ein bisschen verlegen kaut sie auf ihrer Unterlippe und wedelt mit einem Körbchen vor meiner Nase herum. Ich bin genervt, auch wenn sie es nur gut meint. Was denkt sie denn … naja sie wissen schon … dass ich tot in meiner Wohnung liege

oder was? Genervt verdrehe ich innerlich die Augen und über-
lege, wie ich sie so schnell wie möglich abwimmeln kann. „Nein,
nein Frau Busch, mir geht es gut, es ist alles in Ordnung!" Mich
von oben bis unten musternd, schüttelt Frau Busch den Kopf.
„Also nach in Ordnung sieht mir das aber nicht aus, Frau Koch.
Darf ich vielleicht einen Moment reinkommen? Ich habe Ihnen
etwas mitgebracht." Widerwillig gebe ich die Tür frei und lasse
sie eintreten. Als sie an mir vorbei ist, schließe ich die Wohnungs-
tür, und ihr entfährt es: „Um Himmelswillen, wie sieht es denn
hier aus, und wie es riecht, als wäre seit Wochen nicht mehr ge-
lüftet worden." Sich schämend schlägt sie sich die Hand vor den
Mund. „Oh, das tut mir leid, ich wollte nicht unhöflich wirken!
Aber hier muss dringend mal aufgeräumt und gelüftet werden."
Nachdem ich wahrscheinlich recht verdutzt aus der Wäsche schaue,
legt sie mir ihre Hand auf die Schulter. „Frau Koch, das ist wirk-
lich kein Problem für mich, unter Nachbarn hilft man sich doch
gerne. Was mich zum eigentlichen Grund meines Besuches bringt.
Ich habe Ihnen Weihnachtsplätzchen mitgebracht. Ich backe
immer viel zu viele, aber da ich mich nie nur auf ein paar Sorten
beschränken kann, weil sie alle einfach himmlisch schmecken,
könnte ich eine ganze Kompanie damit versorgen." Sie lacht
nervös. „Naja, jedenfalls habe ich uns dazu einen Heidelbeer-
punsch eingepackt. Den mag ich am liebsten, muss ich sagen.
Außerdem sage ich immer, ein bisschen Punsch hat noch keinem
geschadet." Wieder dieses nervöse Lachen. „Aber bevor wir es
uns hier gemütlich machen, werde ich zunächst den Putzlappen
schwingen. Und Sie Frau Koch, gehen erst mal ins Bad und
waschen sich. Danach ziehen Sie sich etwas Hübsches an, und
ich serviere Plätzchen und Punsch. Ach das wird schön." Sie
klatscht in die Hände. Nicht mehr ganz so nervös und voller
Tatendrang schiebt sie mich in Richtung Badezimmer. „Aber
wie soll ich denn bloß mit dem blöden Gips am Bein duschen
gehen?" Nach dem Anblick, den mir der Spiegel vorhin geboten
hat, bin ich nun überzeugt, dass ich unbedingt eine Dusche be-
nötige. Alles andere wäre zwecklos. Ich rieche wie ein Iltis, und
in meiner Wohnung sieht es aus, als hause hier eine ganze

Iltisfamilie. Peinlich berührt, laufe ich knallrot an und senke den Kopf, damit Frau Busch es nicht bemerkt. Die wiederum schnippt mit den Fingern und dreht sich lächelnd zu mir um. „Das ist doch alles kein Problem, ich hole eine Mülltüte, die stülpen wir über das Gipsbein und binden es oben fest, dann läuft kein Wasser hinein, und Sie können in Ruhe duschen gehen. Wie klingt das?" Ich überlege kurz. „Das klingt nach einem guten Plan." „Auf auf, Frau Koch, ab ins Badezimmer." Sanft schiebt sie mich ins Bad und setzt mich auf das Klo. „Ich bin sofort wieder da, wo sind denn bei Ihnen die Mülltüten?" Ich überlege kurz. „Unter der Spüle in der Küche." Und schon ist Frau Busch aus dem Bade- zimmer verschwunden. Eigentlich ist sie ja wirklich sehr nett. „Also, reiß dich zusammen Emma, und sei höflich", sage ich zu mir selbst. Ich ziehe mich langsam aus. In dem Moment kommt Frau Busch zurück, und als ich fertig bin, streift sie mir den Müll- sack über und bindet das Ganze mit einer Schnur fest zu. Danach hilft sie mir ganz vorsichtig in die Badewanne. Ich lege mein Bein auf den Wannenrand und stelle die Dusche an. Frau Busch zieht den Duschvorhang zu und verlässt den Raum. Das Wasser prasselt warm und sanft auf meinen Kopf, läuft über mein Ge- sicht und dann über meinen Körper. Ich schließe die Augen und genieße das wohlige Gefühl auf der Haut. Es ist Balsam für meine Seele. Ich hätte nicht gedacht, was das für eine Wirkung haben kann. Ich seife mich mit meinem nach Mandelöl und Zitrone riechenden Duschgel ein und atme seufzend den frischen Duft ein. Danach verteile ich mein Lieblingsshampoo, es riecht nach Erdbeeren, auf meinen Haaren und genieße auch diesen sommer- lichen Duft. Als ich es sanft einmassiert habe, lasse ich das warme Wasser wieder auf mich niederrieseln, bis meine Haare von dem Shampoo befreit sind. Im Anschluss genehmige ich mir eine Haarkur und nutze die Wartezeit zum zweiten Einschäumen meines Körpers und Rasieren meiner Achseln. Nach dem Ende der Einwirkzeit wasche ich alle Seifenreste von mir und rufe nach Frau Busch. Das Badezimmer ist erfüllt von Wasserdampf, und man kann nicht einmal mehr die Tür richtig erkennen. Ups. Kurze Zeit später kommt Frau Busch herein. „Huch, was haben

Sie hier veranstaltet? Eine Wasserschlacht? Der ganze Fußboden steht unter Wasser!", lacht sie. „Einen kleinen Moment, ich lege nur kurz ein paar Handtücher aus, um das Wasser aufzuwischen!" Betroffen blicke ich mich um, jetzt da der Wasserdampf verzogen ist, sehe ich, was ich hier angerichtet habe. „Das tut mir leid Frau Busch, das Wasser ist wohl über mein Bein hinaus gelaufen, ich hab es doch auf den Wannenrand gelegt." Nachdem Frau Busch zu meinen Füßen herumgerutscht ist und alles aufgewischt hat, greift sie zu einem neuen Handtuch und reicht es mir. „Hier können sie sich kurz abrubbeln, und dann helfe ich Ihnen aus der Badewanne." Also trockne ich mich ab und packe dann meine Haare in das Handtuch. „Könnte ich vielleicht den Bademantel haben, der dort an der Tür hängt?" Frau Busch reicht mir sofort den Bademantel, und als ich ihn übergezogen habe, hilft sie mir aus der Wanne. Ich schnappe mir meine Krücken und humple, nachdem ich den Müllbeutel entfernt habe, ins Schlafzimmer. Dort angekommen, sticht mir sofort ins Auge, dass Frau Busch mein Bett ab- und bereits eine frische Bettwäsche aufgezogen hat. Außerdem ist der Schmutzwäscheberg verschwunden, sie hat gelüftet, und gesaugt hat sie auch. Mein Zimmer strahlt in neuem Glanz. Wahnsinn, so lange war ich doch gar nicht im Badezimmer! Genug gestaunt Emma, jetzt musst du dir erst mal was anziehen. Also öffne ich meinen Kleiderschrank und ziehe eine fliederfarbene Wohlfühlhose heraus, die an den Beinen etwas weiter ausgestellt ist. So fällt es mir leichter, sie über den Gips zu ziehen. Hm. Sie ist ein bisschen groß oben am Bund, also schnappe ich mir eine Sicherheitsnadel, schlage den Bund oben um und stecke ihn fest. Dann ziehe ich mir ein T-Shirt und einen schwarzen Rollkragenpullover über. Meine Haare kämme ich kurz durch und flechte sie zu einem Zopf. Im Anschluss humple ich ins Badezimmer. Hier hat Frau Busch bereits die nassen Handtücher entfernt und das Fenster angekippt. Die Frau ist ja schneller als der Blitz. Nachdem ich mein Gesicht eingecremt habe, humple ich ins Wohnzimmer. Meine liebe Nachbarin hat auch hier aufgeräumt. Auf dem Couchtisch steht ein Teller mit Weihnachtsplätzchen. Es wurde gelüftet und gesaugt. Seufzend lasse ich mich auf das Sofa sinken. In dem Moment kommt Frau Busch mit zwei Tassen voll Punsch ins Wohnzimmer und lächelt mich an. „Kindchen, Kindchen, so ist es schon viel besser, sie fühlen sich jetzt bestimmt auch viel besser, oder?" Sie stellt die Tassen auf dem Couchtisch ab und setzt sich zu mir. „Frau Busch, danke für alles. Wie kann ich mich nur revanchieren?" Sie seufzt. „Also, ich bin die Maria, wenn das in Ordnung ist." Ich muss lächeln. „Natürlich. Ich mag dieses per Sie sowieso nicht. Ich heiße Emma." „Na wunderbar", sagt Maria lächelnd. Sie reicht mir den Punsch und nippt ein wenig an ihrem. „Außerdem. Ich habe doch bemerkt, dass du Hilfe brauchst und sonst keiner für dich da ist. Ich hätte dich doch unmöglich hier versauern lassen können. Das habe ich gern für dich getan!" Maria nimmt sich ein Plätzchen. „Im Übrigen habe ich einen Blick in deinen Kühlschrank geworfen. Außer ein paar verschimmelten Lebensmitteln ist dort nichts zu finden. Kein Wunder, dass du nur noch Haut und Knochen bist! Ich habe beschlossen, dass ich nachher für dich einkaufen gehe, und danach koche ich dir was Anständiges. Emma, ganz ehrlich, so kann es nicht mit dir weitergehen!" Sie seufzt. Zunächst möchte ich ihr widersprechen. Aber irgendetwas hält mich zurück. Sie hat recht, sagt mir eine innere Stimme. „Hast du irgendwelche Wünsche für das Abendessen? Ich hätte ja Lust auf Pfannkuchen." „Pfannkuchen sind super. Die mag ich sehr gerne. Vielen Dank, Maria." Maria reicht mir den Plätzchenteller. Dankbar nehme ich mir ein Vanillekipferl und beiße hinein. Ein tiefer Seufzer entfährt mir. „Das schmeckt einfach himmlisch." „Dankeschön", antwortet sie lächelnd. Ich kann es gar nicht glauben, gerade noch ging es mir so schlecht, und jetzt ist Maria da, und ist so unheimlich nett. Es tut richtig gut, wenn sich jemand um mich kümmert, warum erkenne ich das erst jetzt? Ich bin manchmal wirklich ein dummes Huhn … Durch Marias Gesellschaft vergesse ich sogar für einige Momente den schlimmen Unfall und den Tod meiner Mutter.

Kapitel 9

Es pendelt sich so ein, dass Maria mich von nun an jeden Tag besucht. Es tut wirklich gut, dass sie da ist und sich so rührend um mich kümmert. Ich habe sie wirklich in mein Herz geschlossen. Ja, schon nach so kurzer Zeit. An einem trüben Nachmittag, wir sitzen bei Tee und Keksen bei mir auf dem Sofa, erzählt mir Maria plötzlich von ihrem verstorbenen Ehemann. „Wie habt ihr euch denn kennengelernt?" Ich brenne darauf, die Geschichte zu hören. „Na gut, ich werde es dir erzählen, es ist eine wundervolle Geschichte!" Als sie das sagt, strahlt sie von einem Ohr zum anderen. Räuspernd stellt Maria ihre Tasse auf den Tisch und beginnt ihre Geschichte. Wie gebannt hänge ich an ihren Lippen.

„Ich habe es so deutlich vor Augen, als wäre es gestern gewesen, dass ich ihm das erste Mal begegne!" Verträumt blickt Maria zum Fenster hinaus und hängt ihren Erinnerungen nach. Ich möchte sie nicht unterbrechen und warte, bis sie ihre Geschichte von alleine beginnt. „Es war Liebe auf den ersten Blick. Begegnet sind wir uns im Sommer 1961, genauer gesagt, am 2. August 1961. An diesem Abend war Tanz in Detmold. Anneliese, Sophie und ich bekamen von unseren Eltern die Erlaubnis, zum Tanzen zu gehen. Gegen 19 Uhr brachte uns mein Vater zur Stadthalle und ermahnte uns, dass er uns pünktlich um 22 Uhr wieder abholen würde. Wir hatten also drei Stunden, in denen wir ausgelassen tanzen konnten. Ganz aufgeregt traten wir in die Stadthalle, die Party war schon in vollem Gange.

Sophie, sie durfte öfter auf Tanzpartys gehen, gab uns Anweisung, dass wir uns um einen Tisch kümmern sollten, und sie hole uns etwas zu trinken. Anneliese und ich besetzten einen Tisch an der Stirnseite des Raumes und beobachteten fasziniert die Menschen auf der Tanzfläche. Kurze Zeit später kam Sophie mit einem jungen Mann, der ihr beim Tragen der Gläser half, zurück. Sie hatte für uns alle Limonade mit Eis geholt. Der Mann setzte sich zu uns, unterhielt sich jedoch ausschließlich mit Sophie. Ich nippte an meiner Limonade und wippte mit meinem Fuß im Takt der Musik, als sich ein großer, gut aussehender Gentleman vor mich stellte und mich anlächelte. Unsere Blicke trafen sich, und mein Herz schlug mir bis zum Hals. Das Blut rauschte in meinen Ohren, ich hatte das Gefühl, ohnmächtig zu werden. Er fragte mich etwas, ich sah, dass sich seine Lippen bewegten, aber ich konnte nichts hören. Fragend blickte er mich an. Anneliese stippte mir in die Seite. ‚Maria, er will mit dir tanzen, jetzt geh schon, und mach nicht so ein dämliches Gesicht!‘ Benommen nickte ich ihm zu. Er reichte mir seine Hand, und ich legte meine hinein. Wie ein Blitz zuckte es durch meinen Körper. Erschrocken zog ich meine Hand kurz weg, um sie sogleich wieder in die seine zu legen. Er zog mich sanft zu sich hoch, ich stolperte und landete an seiner Brust. Alles um uns herum schien stillzustehen. Er roch unauffällig an meinem Haar, und ich glaubte, auch sein Herz rasen zu spüren. Peinlich berührt trat ich einen kleinen Schritt zurück und blickte zu Boden, und da flüsterte er mir ins Ohr, dass er Paul heißt. Paul, was für ein schöner Name, dachte ich mir. Ich hauchte ihm meinen Namen entgegen. Dann nahm Paul meine Hand und führte mich zur Tanzfläche. Als wir auf die Tanzfläche traten, dröhnte gerade das Lied ‚Please Mister Postman‘ aus den Boxen, Paul wirbelte mich buchstäblich über die Tanzfläche. Wir hatten so viel Spaß, und ich konnte die ganze Zeit nicht meine Augen von seinem Gesicht lassen. Plötzlich wechselte die Musik. Es ertönten die ersten Klänge von ‚Are you lonesome tonight‘ von Elvis, und Paul zog mich ganz eng an sich heran. Es war so wunderschön. Um kurz vor zehn tippte mir Anneliese auf die Schulter und machte mich auf die Uhrzeit aufmerksam. Schweren Herzens verabschiedete ich mich von Paul. Aber er hielt mich zurück und fragte: ‚Wann sehen wir uns wieder, mein Herz?‘ Wir verabredeten uns für den Sonntagnachmittag zum Eis essen. Noch nie in meinem Leben war ich so glücklich. Die Zeit bis zum Sonntag verlief schleppend. Sehnsüchtig wartete ich, dass ich ihn endlich wiedersehen konnte. Am Sonntag wartete Paul in der Eisdiele auf mich. Wir aßen einen großen Eisbecher zusammen, und als wir fertig waren, liefen wir am Fluss entlang und setzten uns auf eine Parkbank. Von dem Tag an trafen wir uns regelmäßig. Bei unserem fünften ‚Date‘, wie ihr es nennt, lud er mich ins Autokino ein. Ich war so aufgeregt. Paul hatte extra für mich einen Liebesfilm ausgewählt, ich glaube, er hieß ‚Bis zum Ende aller Tage‘. Während des Films legte Paul seinen Arm um mich.

Irgendwann nahm Paul den Arm von meiner Schulter, nahm mein Gesicht in seine Hände und sagte: ‚Maria, ich bin der glücklichste Mann auf der Welt, dass ich dich gefunden habe!‘ Dann legte er sanft seine Lippen auf meine und küsste mich vorsichtig. In meinem Körper spielten alle Gefühle verrückt. Alles drehte sich. Paul war ein Gentleman. Es blieb natürlich bei dem Kuss. Er machte keinerlei Andeutungen, dass er mehr von mir wollte. Am Ende des Sommers eröffneten Pauls Eltern meinem Liebsten, dass er nach Harvard in Amerika zum Studieren gehen sollte. Sein Vater war ein reicher Mann mit einer eigenen Anwaltskanzlei, und daher sollte sein Sohn auf die beste Universität gehen. Auch sein Vater hatte bereits seinen Abschluss in Harvard gemacht. Ich war am Boden zerstört. Wir hatten nur noch eine Woche miteinander. Von dem Tag an verbrachten wir jede freie Minute zusammen. Paul schwor mir seine Liebe und versprach, mir regelmäßig zu schreiben. Am letzten Tag, oh Emma, es war so wunderbar, überraschte Paul mich.“

Erwartungsvoll blicke ich sie an, aber Maria gestaltet es wie immer spannend. Sie nimmt meine Hand und atmet seufzend aus. Verträumt schaut sie ins Leere und fährt fort. „Gegen Abend holte Paul mich mit dem Wagen seines Vaters ab, einem wunderschönen silbernen Mercedes, und brachte mich in ein schickes Restaurant. Nach dem Abendessen fuhren wir an einen See nahe Detmold. Dort breitete er eine Decke aus, zauberte aus dem Kofferraum zwei Champagnergläser und eine Flasche Champagner hervor und bedeutete mir, auf der Decke Platz zu nehmen. Er setzte sich zu mir und küsste mich. Erst zärtlich, dann leidenschaftlich, am Ende verzweifelt. Plötzlich wanderten seine Lippen an meinem Hals hinab. Er knabberte an meinem Ohr und flüsterte: ‚Maria, ich liebe dich so sehr. Ich kann mir ein Leben ohne dich nicht mehr vorstellen, würdest du mich heiraten, wenn ich von meinem Studium in Amerika zurückkomme?' Dann zog er aus seiner Hosentasche einen Ring. Glücklich fiel ich ihm in die Arme und gab ihm mein Jawort. Am nächsten Morgen fuhr Paul mich nach Hause, und wir verabschiedeten uns auf unbestimmte Zeit. Er beteuerte mir noch einmal, wie sehr er mich liebte, und dann fuhr er davon."

Fasziniert hänge ich an Marias Lippen, so eine schöne Geschichte, ich seufze. „Und wie ist es dann mit euch weiter gegangen?" Nachdem Maria uns noch etwas Tee nachgeschenkt hat, sagt sie seufzend:

„Es war eine schwere Zeit für mich, ich vermisste ihn so schrecklich. Aber er hielt Wort und schrieb mir, so oft er konnte von seinem Leben in Amerika, von seinem Studium, von seinen Freunden. Manchmal schrieb er mir ein Gedicht, und jedes Mal beteuerte er mir aufs Neue seine Liebe. Ich habe eine Lehre zur Krankenschwester gemacht, es war viel Arbeit, und daher verging die Zeit etwas schneller. Zweimal besuchte er mich in seinen Semesterferien, aber sein Vater missbilligte das, denn sein Sohn sollte sich voll und ganz auf sein Studium konzentrieren und keine ‚Weiber' im Kopf haben. Daher gab er ihm kein Geld für den Flug, und Paul musste sich das Geld mit kleinen Jobs neben seinem Jurastudium verdienen. Du siehst, mit seiner verbohrten Einstellung hat er genau das Gegenteil erreicht. Aber egal, darum geht es jetzt bei meiner Geschichte nicht." Mit einem Stöhnen steht Maria plötzlich mühselig vom Sofa auf und legt ihre rechte Hand auf ihren unteren Rücken. „Mein Rücken schmerzt, ich bin einfach nicht mehr die Jüngste. Ich denke, ich brauche eine kleine Pause. Hast du Hunger?" Eigentlich habe ich auf gar nichts Lust außer auf ihre Geschichte, aber mein Bauch grummelt auch schon. „Ich werfe mal einen Blick in die Küche und je nachdem, was noch im Kühlschrank zu finden ist, entscheiden wir, was wir kochen." Ungeduldig sitze ich auf dem Sofa und warte. Nach ein paar Minuten kommt Maria strahlend zurück und verkündet, dass sie Lust auf ein Risotto hat. „Das dauert zwar ein ganzes Stück, aber das habe ich schon lange nicht mehr gegessen!" „Ja gern, ich habe noch Meeresfrüchte eingefroren, die würden sich gut machen in unserem Risotto."

Nach einer Dreiviertelstunde decken wir den Esstisch. Maria serviert mir das Risotto und schenkt uns beiden einen Schluck Chardonnay ein. Nachdem wir uns zugeprostet haben, essen wir in aller Stille das Risotto. Es schmeckt himmlisch, einfach köstlich. Maria war bestimmt in ihrem früheren Leben eine Fünfsterneköchin. Sogar den letzten Rest kratze ich aus meinem Teller. Am liebsten hätte ich ihn ausgeleckt. „Maria, das Essen war einfach genial, der absolute Wahnsinn, vielen Dank! Aber magst du mir jetzt deine Geschichte fertig erzählen? Ich brenne darauf zu erfahren, wie es weiterging mit euch beiden!" Maria sammelt das Geschirr ein und stellt es in die Spülmaschine. „Emma, sei mir nicht böse, aber ich bin ganz schön erschöpft, können wir unser Plauderstündchen auf morgen verschieben? Ich komme zum Frühstück vorbei, bringe uns ein paar Brötchen mit, und dann erzähle ich dir den Rest der Geschichte." Die Erschöpfung spiegelt sich in Marias Gesicht wider, und daher akzeptiere ich natürlich ihre Entscheidung, auch wenn es mir schwer fällt.

Am nächsten Morgen klingelt Maria gegen neun Uhr an der Tür und wedelt mit einer Tüte frisch duftender Brötchen vor meinem Gesicht. Mhh, wie das duftet. „Ich habe schon Kaffee gekocht und bin gerade dabei, den Tisch zu decken", begrüße ich Maria freundlich. Maria folgt mir in die Küche und legt die Brötchen in den Brotkorb auf dem Tisch, danach stellt Maria das Geschirr auf den Esstisch und setzt sich zu mir. Während wir unser Frühstück genießen, fährt Maria mit ihrer Geschichte fort: „Ganze sieben Jahre musste ich auf Paul warten, es war eine lange Zeit. Zunächst studierte er, dann musste er zwei Jahre so eine Art Praktikum machen. Referendariat nennt sich das, glaub ich. Und danach folgten noch zwei Semester Examenssemester. Er kam also im Sommer 1968 zurück nach Detmold.

Meine Freundinnen hatten natürlich in der Zwischenzeit schon lange geheiratet. Sophie bekam einen Jungen und ein Mädchen, Anneliese war mit Zwillingen, zwei Jungs, gesegnet. Nur ich wartete und wartete auf meinen Verlobten. Paul hatte mir nicht geschrieben, dass er im Juli zurückkommen wollte, und überraschte mich auf der Arbeit. Ich ließ alles stehen und liegen und fiel ihm um den Hals. Er küsste mich wild und leidenschaftlich und umarmte mich danach so fest, dass ich Angst hatte, ich könnte ersticken. Er sah so gut aus, ein bisschen älter, männlicher, nicht mehr ganz so jungenhaft. Anfang September heirateten wir, gegen den Willen von Pauls Vater, in einer kleinen katholischen Kirche und nur in kleinem Kreise. Paul wollte nicht so pompös heiraten, wie es seine Mutter oder sein Vater gern gehabt hätten. Es ging bei der Hochzeit schließlich um uns."

Räuspernd steht Maria auf, um den Tisch abzuräumen, und bei der Gelegenheit schenkt sie uns beiden Kaffee nach. Nachdem sie sich wieder zu mir gesetzt hat, fährt sie fort. „Paul fing in der Anwaltskanzlei seines Vaters an und arbeitete fortan viel, da er irgendwann die Kanzlei übernehmen sollte. Ein Jahr später wurde ich schwanger, wir waren überglücklich, da wir es schon eine Zeit lang probiert hatten, schwanger zu werden. Im zweiten Monat meiner Schwangerschaft wachte ich frühmorgens mit wahnsinnigen Unterleibsschmerzen auf, und als ich aufstehen wollte, erkannte ich, dass ich in einer großen Blutlache lag. Ein halbes Jahr später wurde ich wieder schwanger, und wir hofften inständig, dass dieses Mal alles gut gehen würde. Leider verlor ich auch dieses Kind wieder. Langsam wurde ich depressiv und hatte wahnsinnige Angst, dass ich keine Kinder bekommen könnte. Die nächsten Monate vergingen, und wir verzichteten darauf, uns um eine Schwangerschaft zu bemühen. Nicht nur mich hatten die Abgänge getroffen, auch Paul machte es schwer zu schaffen, aber er wollte für mich stark sein. Im Januar 1973 erfuhr ich, dass ich wieder schwanger war, doch dieses Mal, welch ein Wunder, überstand ich den zweiten Monat ohne Vorkommnisse, auch den dritten und den vierten … die ganze Schwangerschaft verlief ohne jegliche Komplikationen. Am 5. Oktober kam Frederik zur Welt.

Frederik äußerte früh den Wunsch, Arzt zu werden. Er war ein sehr fleißiger Schüler und hatte am Ende seines Abiturs die freie Auswahl, wo er sein Studium absolvieren wollte. Am Ende fiel seine Wahl auf München. Nach seinem Studium entschied sich Frederik, in München zu bleiben. Im Jahr 2001 prognostizierten die Ärzte bei Paul Darmkrebs, leider in einem sehr fortgeschrittenen Stadium, keiner konnte ihm mehr helfen. Im März 2002 verstarb er an einem Sonntagmorgen. Es brach mir das Herz, auch wenn ich wusste, dass er nun von seinem Leid erlöst war. Nach einigen Wochen entschied ich, das Haus zu verkaufen. Ich wollte in die Stadt ziehen. Mir eine Eigentumswohnung kaufen. Für mich alleine war das Haus viel zu groß und mit so vielen leer stehenden Zimmern fühlte ich mich noch einsamer."

Betroffen über dieses tragische Ende sehe ich Maria an, sie hat Tränen in den Augen. Tröstend nehme ich ihre Hand. „Was war mit deinen beiden Freundinnen, Sophie und Anneliese?" Maria wischt sich mit der freien Hand eine Träne von der Wange und fährt traurig fort. „Sophie und ihr Mann sind aus beruflichen Gründen vor einigen Jahren nach Österreich gezogen. Annelieses Mann ist bei einem Arbeitsunfall im Alter von 40 Jahren ums Leben gekommen. Anneliese kümmerte sich fortan alleine um die Kinder. Mit Fünfzig erlitt Anneliese einen Schlaganfall und ist seitdem in einem Pflegeheim, ich besuche sie ab und zu, aber sie erkennt mich nicht mehr. Nach dem Umzug in meine jetzige Wohnung zog ich mich zurück, trauerte und blies Trübsal. Genau wie du Emma. Niemals hätte ich gedacht, dass ich jemals über den Tod von Paul hinwegkommen würde. Versteh mich bitte nicht falsch, ich liebe ihn noch immer, und ich denke jeden Tag an ihn. Aber ich kann jetzt endlich wieder glücklich sein, lachen und leben!"

Kapitel 10

Die Woche bis zu dem Tag, an dem der Gips abgenommen werden sollte, verging sehr schnell in Marias Gesellschaft. Heute ist der Tag, an dem ich ihn endlich loswerde, dieses vermaledeite Ding. Endlich werde ich wieder wie ein zivilisierter Mensch duschen gehen können … juhu. Ich mache innerlich Freudensprünge!

Herr Dr. Lessner ist erstaunt, als er mich sieht. „Frau Koch, es scheint Ihnen wieder besser zu gehen, wie lautet Ihr Rezept? Haben Sie sich doch eine Therapeutin gesucht?" Ich lächle. „Nein Herr Lessner, meine Medizin ist eine sehr nette, aufgeweckte, lebensfrohe Dame namens Maria." Er lacht. „Ich bin froh, dass Sie sich wieder etwas erholt haben und wieder lächeln können!" Herr Dr. Lessner schüttelt mir die Hand und wünscht mir ein schönes Weihnachtsfest. „Lassen Sie sich noch einen Termin fürs neue Jahr geben", sagt er. Ich erwidere die guten Wünsche für Weihnachten und verlasse, nachdem mir Frau Weiß einen Termin gegeben hat, auf Krücken die Praxis. Als ich nach draußen auf die Straße trete, fängt es an zu schneien. Es ist bereits dunkel, und überall in den Fenstern und auf der Straße strahlt mir die Weihnachtsbeleuchtung entgegen. Eigentlich liebe ich die Vorweihnachtszeit, aber dieses Jahr kann ich mich einfach nicht daran erfreuen. Ohne meine Mutter kann ich es einfach nicht genießen. Wir hatten sonst immer unsere Wohnung über und über mit Weihnachtsdekoration geschmückt und Lichterketten aufgehängt. Unser größter Wunsch war es, irgendwann in der Vorweihnachtszeit nach New York zu fliegen. Jedoch haben wir unseren Wunsch nie in die Tat umgesetzt und jetzt haben wir nicht mehr die Möglichkeit. Daher stimmen mich die ganzen Lichter und der Schnee einfach nur traurig. Deprimiert wühle ich in meiner Handtasche nach der Visitenkarte meines Taxifahrers.

Ah, da ist sie ja. Ich ziehe sie heraus und tippe die Nummer in mein Handy. Frierend warte ich ungeduldig auf das Taxi. Aber mein Taxifahrer lässt wie immer nicht lange auf sich warten. Er ist wirklich ein sehr zuverlässiger Mann, was man nicht von allen Taxifahrern behaupten kann. Mittlerweile weiß ich sogar, dass mein Taxifahrer Herr Singh heißt. Ich habe letzens sein Schild am Taxameter gesehen. Einige Minuten später kommt das Taxi um die Ecke gerutscht. Ja gerutscht, es ist anscheinend sehr glatt. Herr Singh hilft mir wie immer freundlicherweise beim Einsteigen. Gut gelaunt fragt er mich nach meinem Befinden. Zuvor hat Herr Singh nämlich keine Zeit gehabt, mich zum Arzt zu fahren, da musste ich die Dienste eines anderen Taxifahrers in Anspruch nehmen. Erstaunt stellt er fest, dass mein Gips nicht mehr am Bein ist. „Ja, den bin ich gerade eben losgeworden toll nicht!?" Herr Singh schließt meine Tür und setzt sich auf den Fahrersitz. „Das ist sehr gut, dann geht es endlich bergauf. Falls ich es mir erlauben darf, Sie sehen schon sehr viel besser aus als vor einer Woche, Madame!" Damit startet er sein Taxi und fährt langsam los. Zu Hause angekommen bringt mich Herr Singh wie immer bis hoch an die Haustür und wünscht mir noch einen schönen Tag. Aber als ich die Wohnungstür geschlossen habe, übermannt mich wieder die Erinnerung, und der folgt die Traurigkeit auf Schritt und Tritt. Ich humple daher ins Schlafzimmer meiner Mutter, lege mich auf ihr Bett und weine leise vor mich hin.

Kurz darauf klingelt es an der Wohnungstür. Seufzend setze ich mich auf, wische mir die Tränen vom Gesicht, stemme mich auf meine Krücken und gehe Richtung Tür. Das kann doch nur Maria sein, wer sonst soll denn bei mir klingeln? Natürlich ist es Maria. Als hätte sie ein Näschen dafür, wann es mir schlecht geht. Sie sieht mich betroffen an, schließt mich in ihre Arme und flüstert. „Ich glaube, es ist an der Zeit für eine Tasse Tee, und du erzählst mir, was passiert ist!" Wir setzen uns an den Esstisch in der Küche, Maria kocht uns Früchtetee, presst dazu zwei Orangen aus und verfeinert den Tee mit dem frischen Saft. Nachdem sie unsere dampfenden Tassen auf dem Tisch abgestellt hat, gesellt sie sich zu mir und blickt mich fragend an. „Es ist nichts Schlimmes passiert … es waren einfach … der Schnee und die Weihnachtsbeleuchtung und die Tatsache, dass ich dieses Weihnachten ohne meine Mutter feiern muss!" Maria überlegt kurz und nippt an ihrem Tee. „Hättest du denn Lust, Heiligabend mit mir zu verbringen? Frederik hat sich über Weihnachten mit Diensten eingetragen, damit die Familienväter zu Hause sein können, und über Silvester fahre ich dann zu ihm nach München. Aber Weihnachten bin ich alleine, und du wärst allein, also finde ich, es wäre eine gute Idee, wenn wir den Abend zusammen verbringen würden!" Das hört sich eigentlich gar nicht so schlecht an. „Ja, das wäre wunderbar." Maria strahlt über das ganze Gesicht. „Sehr schön. Jetzt müssen wir uns nur noch überlegen, was wir kochen. Und einen Christbaum brauchen wir auch noch." Ich überlege und überlege, aber mir will nichts Gutes einfallen. Da unterbricht Maria meine Gedanken. „Wie wäre es mit Roastbeef, Kartoffelgratin und einem leckeren Salat? Zum Nachtisch machen wir uns leckere Schokoladenküchlein mit flüssigem Kern und Himbeersorbet." „Oh, das hört sich gut an! Da läuft mir ja jetzt schon das Wasser im Mund zusammen." Ich lache. Nachdem wir unseren Tee ausgetrunken haben, stellt Maria die Tassen in die Spülmaschine und verabschiedet sich.

Spät am Abend klingelt das Telefon, und mein Vater erkundigt sich nach meinem Gesundheits- und Seelenzustand. Außerdem entschuldigt er sich, dass er sich jetzt erst meldet, aber in seiner Firma geht es momentan drunter und drüber. Mein Vater ist Chef oder besser gesagt Besitzer einer Marketingfirma. „Ach mach dir keine Gedanken Papa, ich habe ja zu dir gesagt, dass ich meine Ruhe brauche und nicht gestört werden will." Im Hintergrund höre ich, wie eine Frauenstimme meinem Vater etwas zuflüstert. Der räuspert sich kurz und fragt: „Emma, ich … also nicht ich … wir … meine Familie und ich, also wir … wir würden uns freuen, wenn du Weihnachten mit uns verbringen würdest." Ich bin etwas überrumpelt. Wie stellt er sich das vor? Er wohnt so weit weg, soll ich etwa mit meinen Krücken und meinem Gepäck mit dem Zug fahren? Das geht definitiv nicht. Außerdem habe ich

Maria versprochen, mit ihr Weihnachten zu feiern. „Also Papa, das tut mir wirklich leid, aber das geht nicht." „Mhh, verstehe schon." „Nein nein, das darfst du nicht falsch verstehen. Ich würde gerne kommen, aber ich habe meiner Freundin versprochen, dass ich den Abend mit ihr verbringe. Außerdem wäre es auch viel zu umständlich. Ich laufe noch auf Krücken und dann das Gepäck. Sei nicht böse. Ein anderes Mal komme ich euch gerne besuchen." „Oh, da werden die Kinder aber traurig sein. Mist, ich habe dir ja noch gar nichts über meine Familie erzählt." Fällt es ihm da spontan ein, und er hat recht, ich bin etwas überrascht. Also ich habe mir natürlich schon gedacht, dass mein Vater nicht alleine lebt, aber dass er Kinder hat? Sind das dann meine Geschwister? Und ich weiß nichts davon, na super … ich fühle mich etwas hintergangen. Daher erwidere ich nichts. Deshalb ergreift mein Vater wieder das Wort: „Also Emma, als ich bei dir war, in Detmold, da gab es einfach nicht die Gelegenheit, dir von Katharina und den Kindern zu erzählen. Katharina und ich haben vor ein paar Jahren geheiratet, die Zwillinge sind nicht meine leiblichen Kinder, aber ich liebe sie, als wären sie meine eigenen. Dich liebe ich natürlich genauso. Und als ich Laura und Tim von dir erzählt habe, waren sie ganz aus dem Häuschen, dass sie eine große Schwester haben, und sie wollen dich unbedingt kennenlernen. Ich hoffe, du bist mir nicht böse, dass ich es dir noch nicht erzählt habe."

„Nein … nein, ich bin dir doch nicht böse, ein bisschen überrumpelt vielleicht, aber nicht böse. Dann musst du ihnen leider ausrichten, dass ich Weihnachten schon etwas anderes vorhabe." „Ja, das mache ich. Was hältst du dann davon, wenn ich dich über Silvester besuchen komme?" fragt er. Da Maria zu ihrem Sohn nach München fahren wird, wäre ich alleine an Silvester. „Das hört sich gut an." „Schön mein Schatz, dann komme ich am Silvestermorgen zu dir, ich freue mich auf dich!" „Ok Papa, dann wünsche ich dir eine schöne Zeit bis dahin, und grüß deine Familie unbekannterweise von mir." „Ja, das werde ich tun. Emma, ich vermisse dich, pass auf dich auf. Bis bald." Auch wenn ich meinem Vater verziehen habe, fällt es mir doch schwer, ihm gegenüber zu sagen, dass ich ihn liebe, oder dass ich ihn vermisse, auch wenn ich das vielleicht tief in mir tue, aber aussprechen kann ich es einfach noch nicht. Daher verabschiede ich mich mit einem einfachen „Tschüss, bis bald". Und lege auf.

Kapitel 11

Am nächsten Morgen setze ich mich an meinen Laptop und suche nach Weihnachtsgeschenken. Da ich momentan schlecht zu Fuß bin und eine Shoppingtour eindeutig zu anstrengend für mich wäre, entscheide ich mich spontan fürs Onlineshopping. Eine tolle Erfindung! Lange überlege ich, ob ich Papa und seiner Familie auch etwas schicken soll. Ach, warum eigentlich nicht. Spontan entscheide ich mich für ein schönes Märchenbuch von den Gebrüdern Grimm für Tim und Laura. Außerdem finde ich einen Hüpfgummi, den habe ich als Kind geliebt, daher setze ich ihn ebenfalls auf meine Bestellliste. Für meinen Vater finde ich einen tollen Terminplaner, in dunkelbraunes Leder gebunden, der sieht klasse aus, also ab auf die Liste. Bei Katharina überlege ich lange hin und her, ich kenne sie ja nicht. Was soll man einer Frau schenken, die man überhaupt nicht kennt? Am Ende entscheide ich mich für eine CD mit klassischen Klavierstücken. Aber was nur könnte ich Maria schenken? Ob sie wohl gern ins Theater geht? Ich weiß es nicht, aber es wäre ein schönes Geschenk. Also locke ich mich auf der Seite des Landestheaters in Detmold ein und sehe mir das Programm für 2008 an. Nachdem ich es überflogen habe, stelle ich fest, dass es eigentlich recht vielversprechend ist. Sie spielen das Musical „Jekyll & Hyde", „Ein Sommernachtstraum" von William Shakespeare, dann „Eifersucht ist eine Leidenschaft" und „Damon und die wahre Freundschaft", verschiedene Ballettstücke und noch einiges mehr. Hm, ich tendiere zwischen dem Musical und dem Sommernachtstraum. Das Musical ist, glaub ich, ganz schön düster, daher entscheide ich mich am Ende für „Ein Sommernachtstraum". Schnell bestelle ich die Karten für die besten Plätze in der ersten Reihe. Gegen Mittag habe ich meine Geschenkliste vollendet und schicke meine Bestellungen ab. Dann werfe ich einen Blick auf die Uhr und stelle fest, dass ich in einer halben Stunde einen Termin zur Krankengymnastik habe. Rasch ziehe ich mich an, da ich den ganzen Vormittag im Schlafanzug verbracht habe. Danach rufe ich Herrn Singh an. Pünktlich auf die Minute komme ich bei der Praxis für Physiotherapie an, und Frau Weber erklärt mir, dass Sandra, für die ich eigentlich eingeteilt gewesen wäre, kurzfristig erkrankt ist und Leonard heute die Therapiestunde übernimmt. Natürlich nur, wenn es mir recht ist. Da ich beide nicht kenne, ist es mir egal, bei wem ich meine Krankengymnastikstunden bekomme. Daher zucke ich mit den Schultern und erkläre Frau Weber, dass alles in Ordnung ist und ich kein Problem damit habe. Nina Weber schickt mich in den Behandlungsraum 3 und ich setze mich auf die Massageliege, die dort an der linken Seite des Raumes steht. Mir fällt auf, dass in der Praxis alle Wände in warmen Gelbtönen gestrichen sind. An den Wänden hängen Bilder von Engeln. Es ist gemütlich und heimelig. Es fühlt sich gar nicht an, als wäre man in einem Gymnastikraum, das gefällt mir. Ich sehe mich in dem Raum um, und mein Blick fällt auf eine Buddha-Statue, die auf dem Sideboard an der gegenüberliegenden Wand sitzt. Gerade als ich den Buddha näher betrachten will, tritt ein Mann ein. Gut aussehend, Mitte dreißig, blonde lockige Haare und eine schiefe Nase … vielleicht von einem Boxkampf in der Jugend? Er kommt auf mich zu und reicht mir seine warme Hand. „Ich bin Leonard, ich werde heute die Stunde für Sandra übernehmen." Er zieht mich völlig in seinen Bann. Was ist das nur, ich hatte so ein Gefühl noch nie einem Fremden gegenüber. „Hi, ich bin Emma." Es fühlt sich an, als würden wir uns schon ewig kennen. Er strahlt so eine Vertrautheit aus. Die halbe Stunde Training mit Leonard ist sehr angenehm. Irgendwann spreche ich ihn auf die Buddha-Statue und die Engelbilder an, und er erklärt mir, dass alle, die in der Praxis arbeiten, sehr spirituell sind. „Sandra zum Beispiel ist Aura-Meisterin, außerdem praktiziert sie Yoga und gibt regelmäßig Aura-Seminare. Meine Chefin ist Reiki-Meisterin und Yogalehrerin, und meiner eins ist ebenfalls Aura-Meister." „Ahhh ja." Ich weiß nicht so recht, was ich damit anfangen soll. Von Yoga habe ich ja schon mal was gehört, und dafür

würde ich mich auch interessieren, aber von Aura und Reiki …
da kann ich mir noch nicht so viel drunter vorstellen. Aber ich
lasse es zunächst auf sich beruhen, da meine Stunde vorbei ist.
Leonard reicht mir zum Abschied freundlich die Hand, und be-
vor ich meinen Heimweg antrete, frage ich Frau Weber, ob ich
meine restlichen Stunden bei Leonard absolvieren könnte. „Na
klar, das ist überhaupt kein Problem, wir müssten dann nur noch
mal mit den Terminen schauen." „Die nächsten können Sie ein-
fach eintragen, ich bin eh noch krankgeschrieben."

Die zwei Wochen bis Weihnachten vergehen wie im Flug. Zwei-
mal die Woche gehe ich zur Krankengymnastik, und Maria und
ich kochen jeden Abend zusammen. Eine Woche vor Weih-
nachten werden meine Bestellungen geliefert, ich packe die Ge-
schenke für meinen Vater und seine Familie in schönes Geschenk-
papier und lege sie dann in einen großen Karton. Dann bastle ich
eine Weihnachtskarte und lege sie oben drauf. Beim nächsten
Krankengymnastiktermin ist Herr Singh so nett, mich bei der
Post vorbei zu fahren, sodass ich mein Päckchen aufgeben kann.
In der Post sehe ich eine schöne Schachtel mit Rosenmuster be-
druckt, die kaufe ich für die Theaterkarten. Außerdem fahren wir
bei der Chocolaterie in der Stadt vorbei, dort besorge ich noch
ein paar Pralinen und einen Likör für Maria. Für Herrn Singh
nehme ich auch, als kleines Dankeschön, ein Tütchen Pralinen
mit. Als Herr Singh mich nach meiner letzten Gymnastikstunde
zu Hause absetzt, überreiche ich ihm die Pralinen und bedanke
mich für seine Dienste. Gerührt umarmt er mich kurz und un-
beholfen aber stürmisch und bietet mir das Du an. Er stellt sich
als Ishan vor.

Kapitel 12

Zwei Tage vor Weihnachten sitzen Maria und ich bei unserem alltäglichen gemeinsamen Frühstück zusammen und schreiben eine Einkaufsliste. „Also ..." kaue ich auf meinem Bleistift herum und überlege angestrengt. „Wir brauchen auf jeden Fall als allererstes einen Christbaum, hoffentlich bekommen wir so spät noch einen anständigen Baum, was meinst du?" In Gedanken versunken starrt Maria auf die Dachterrasse hinaus und beobachtet eine kleine Meise, wie sie angestrengt versucht, etwas aus dem Meisenknödel zu ergattern, den wir hinausgehängt haben. Ich muss grinsen und stippe Maria mit meinem Bleistift in den Arm. „Maria, aufwachen, hier spielt die Musik." Maria reißt ihren Blick von dem Vögelchen los und widmet wieder mir ihre Aufmerksamkeit. „Was hast du gesagt meine Liebe?" „Ich habe gesagt: Hoffentlich bekommen wir so knapp vor Weihnachten noch einen schönen Christbaum!" Maria macht eine wegwerfende Geste mit ihrer rechten Hand. „Aber natürlich, wir finden einen ganz wundervollen Baum, wirst schon sehen, positiv denken Schätzchen, positiv denken. Was brauchen wir denn noch?" „Wir mussen die Zutaten für unser Essen noch einkaufen und vielleicht etwas Wein und was wir sonst noch so wollen." Maria nimmt mir den Bleistift aus der Hand und deutet auf den Block, der vor mir liegt. Ich schiebe ihn zu ihr hinüber, und sie notiert die Zutaten. „Wollen wir dann heute Nachmittag losziehen und unseren Baum besorgen oder erst morgen?" Maria sieht mich entschuldigend an. „Es tut mir wirklich leid Emma, aber wärst du mir böse, wenn wir erst morgen einen Baum kaufen gehen? Ich wollte gegen Mittag zu Pauls Grab und im Anschluss zu Anneliese ins Pflegeheim. Ich war schon seit zwei Wochen nicht mehr bei ihr und wollte sie vor Weihnachten unbedingt noch einmal besuchen." „Ich bin dir doch nicht böse, was denkst du nur von mir. Ich finde es schön, dass du Anneliese besuchen möchtest. Wir gehen einfach morgen den Christbaum und die Zutaten einkaufen."

Auf dem Supermarktparkplatz um die Ecke werden Christbäume verkauft, daher gehen Maria und ich am nächsten Morgen nach dem Frühstück zu Fuß zum Einkaufen. Maria hat extra einen Trolli für unsere Einkäufe mitgenommen, weil ich aufgrund meiner Krücken und meines Invalidenbeins nichts tragen kann. Von Weitem sehe ich schon, dass nur noch ein paar vereinzelte Bäume auf dem Parkplatz stehen, und lasse den Kopf hängen. „Ich habe es doch gewusst!" Maria lacht. „Ach Schätzchen, jetzt male mal nicht den Teufel an die Wand, es ist bestimmt der Richtige für uns dabei, wirst schon sehen. Du musst endlich einmal anfangen, positiv zu denken, du kleine Schwarzmalerin!" Lachend tätschelt sie mir meinen Arm. Natürlich hat Maria wie immer Recht, es sind zwar wirklich nicht mehr viele Bäume übrig, aber der Verkäufer widmet uns seine komplette Aufmerksamkeit und zeigt uns jeden einzelnen Baum. Am Ende entscheiden wir uns einstimmig für eine mittelgroße Nordmanntanne. Der Verkäufer, ein ich schätze mal so um die sechzig Jahre alter Mann mit Brille und Bart, man könnte ihn fast mit Santa Claus verwechseln, ist total aus dem Häuschen: „Das ist wirklich eine sehr gute Wahl, meine Damen!" Na klar, er kostet ja auch 28 Euro. Santa Claus schiebt den Baum durch seine große Maschine, um ihn einzunetzen. Als er fertig ist, hält er uns freudestrahlend den Baum entgegen. Ich werfe zunächst Maria und dann ihm einen zweifelnden Blick zu, wie sollen wir denn zu Fuß dieses Monstrum von Baum nach Hause schaffen? Da bin ich wirklich überfragt. Aber Maria setzt plötzlich ein Lächeln auf, das ich bisher nicht von ihr kannte, und klimpert lasziv mit den Wimpern. Holla die Waldfee, ich muss ein Kichern unterdrücken und beiße mir auf die Lippe. „Junger Mann …" Ich beiße fester auf meine Lippen, damit mir nicht doch noch ein Glucksen entwischt „Sie sehen ja wie eingeschränkt wir zwei sind und dass wir leider nicht die Kraft haben, diesen wundervollen Christbaum nach Hause zu tragen. Wären sie denn so freundlich … Wäre es Ihnen denn möglich … Natürlich nur, wenn es Ihnen keine großen Umstände macht … uns den Baum nach Hause zu liefern? Wir würden uns natürlich auch erkenntlich zeigen bei Ihnen!" Na hoffentlich versteht er das jetzt nicht falsch! Erkenntlich zeigen … Maria, Maria. Ich blicke von Santa zu Maria und wieder zurück. Er scheint wirklich angetan von ihr und sagt nach kurzem Überlegen: „Wie könnte ich zwei so reizenden Damen wie Ihnen widerstehen, ich muss nachher sowieso noch ein paar Erledigungen machen, wenn sie mir kurz Ihre Adresse verraten, dann liefere ich Ihnen den Christbaum später." Der Mann grinst in seinen Bart hinein und fühlt sich sichtlich geschmeichelt von Marias Flirtversuch. Wir geben ihm meinen Namen und die Adresse und gehen dann quietschvergnügt in Richtung Supermarkt, um unsere Einkäufe zu erledigen. Als wir endlich außer Hörweite sind, halte ich es einfach nicht länger aus und lache so sehr, dass mir Tränen in die Augen steigen. Maria lässt sich natürlich von meinem Lachen anstecken. „Maria, ich wusste ja gar nicht, dass du so ein Flirtprofi bist und so leicht die Männer um deinen Finger wickeln kannst. Das war einfach grandios. Er ist ja sichtlich unter deinen Klimperwimpern dahingeschmolzen!" Stolz sagt sie: „Tja, Schätzchen, auch mit 65 Jahren hab ich es halt noch voll drauf!" und muss wieder lachen. Nachdem wir unsere Einkäufe getätigt und den Trolli bis obenhin gefüllt haben, treten wir unseren Heimweg an. In meiner Wohnung angekommen, räumen wir alles in den Kühlschrank, und Maria verabschiedet sich, um sich ein bisschen hinzulegen. Nach einer Weile beschließe ich, dass es Zeit wird, die Wohnung etwas weihnachtlich zu dekorieren. Daher gehe ich in das Schlafzimmer meiner Mutter, bücke mich und ziehe unter ihrem Bett die Weihnachtskartons hervor. Danach trage ich sie nach und nach humpelnd ins Wohnzimmer und stelle sie auf dem Couchtisch ab. Erschöpft lasse ich mich auf mein Sofa plumpsen und öffne den ersten der drei Kartons. Obenauf liegen die schönen Christbaumkugeln, die meine Mutter und ich letztes Jahr auf dem Christkindlemarkt in Nürnberg erstanden haben. Die Kugeln sind handbemalt, und jede einzelne ist einzigartig. Wir haben ein Vermögen für den Schmuck ausgegeben, aber sie waren es wert. Sie sind traumhaft schön. Im zweiten Karton liegen die Lichterketten. Ich ziehe sie heraus und mache mich an die Arbeit, sie zu entwirren. Irgendwie schaffen wir es nie, die Lichterketten so zu verstauen, dass man sie im nächsten Jahr nicht entheddern muss. Als ich nach gefühlten zwei Stunden endlich den Lichterkettensalat entwirrt habe, dekoriere ich meine Fenster und die Dachterrasse. Eine der Lichterketten lasse ich für unseren Christbaum übrig und lege sie vorsichtig beiseite, damit ich sie später nicht wieder entwirren muss. Im dritten Karton befinden sich Engelchen, unser selbst gebastelter Adventskalender, die Utensilien für den Adventskranz, Weihnachtskarten und -düfte. Ich betrachte die Sachen und beschließe, dass es dafür bereits zu spät ist. Daher schließe ich den Karton und verstaue ihn wieder unter dem Bett. Im Anschluss packe ich die Christbaumkugeln aus. Als die Kugeln so aufgereiht vor mir liegen, werde ich plötzlich von einem schrecklichen Weinkrampf übermannt, die Tränen fließen in Bächen, und ich schluchze. Die Erinnerung an unseren Kurzurlaub in Bayern und die Tatsache, dass meine Mutter tot ist und nie wieder mit mir Weihnachten feiern wird, bringen mich gerade fast um den Verstand. Die Erinnerungen an die schönen Zeiten mit meiner Mutter scheinen mich innerlich aufzufressen, aber trotzdem gebe ich mich ihnen hin, denn sie bringen mir meine Mutter immer ein kleines Stückchen näher. Weihnachten war bei uns immer etwas ganz Besonderes, und ich denke an die Jahre zuvor zurück. Meine Mutter und ich schliefen immer lange aus, und nach einem ausgedehnten Frühstück kochte meine Mutter ihre berühmte Linsensuppe. Danach legten wir Weihnachtsmusik auf und schmückten gemeinsam den Christbaum. Meine Mutter, eine ausgesprochen gute Sängerin, trällerte immer alle Lieder mit. Am frühen Nachmittag, wenn der Baum in voller Pracht erstrahlte, aßen wir auf dem Sofa unsere Linsensuppe und schauten alte Weihnachtsmärchen. Nach dem Abendessen gab es die Geschenke. Zum Abschluss gingen wir in die Christmette. Die Erinnerung daran schmerzt so sehr, dass ich weiter vor mich hin schluchze und mir einrede, dass ich ganz alleine auf dieser ungerechten Welt bin. Ich lasse mich rücklings in die Sofakissen fallen und bedecke mit einem der vielen Kissen mein Gesicht. Plötzlich fällt es mir wie Schuppen von den Augen, ich nehme das Kissen von meinem Gesicht und knalle es, wütend auf mich selbst, neben mich und blicke mich im Wohnzimmer um. „Das stimmt doch überhaupt nicht, du dummes Huhn!", schimpfe ich auf mich selbst. Ich bin doch überhaupt nicht alleine, warum versuche ich mir das bloß andauernd einzureden? Ich habe doch Maria, die sich so wahnsinnig lieb um mich kümmert und die meine Freundin geworden ist. Außerdem ist da auch noch mein wieder gewonnener Vater, der zwar weit weg wohnt, aber zumindest ist er wieder in meinem Leben. Mein Chef Joachim und Marie hatten mir bei der Beerdigung auch ihre Hilfe angeboten. Laut sage ich zu mir selbst: „Du musst endlich damit aufhören, Emma!" Ich wische mir die Tränen vom Gesicht, meine Haut spannt, und meine Augen brennen … scheiß Heulerei … denke ich mir und schnäuze mich lautstark. Ich humple in die Küche, spritze mir kaltes Wasser ins Gesicht und tupfe es mit einem Küchentuch trocken. Ich atme dreimal tief ein und aus, hänge das Tuch wieder an seinen Platz und koche mir einen Kaffee. Der Duft erfüllt den ganzen Raum. Wie ich es liebe. Ich schließe die Augen und atme tief ein. Danach setze ich mich an den Küchentisch und genieße in Ruhe meinen leckeren Kaffee und schaue dabei auf meine Terrasse hinaus. Gerade fängt es an zu schneien, ganz fein rieselt der Schnee vom Himmel, und die Abenddämmerung setzt ein. In diesem Moment springen die Lichterketten auf dem Balkon an und leuchten um die Wette. Ich trinke in Ruhe meine Tasse Kaffee. Als ich fertig bin, stelle ich die Tasse in die Spülmaschine. Kurz darauf klingelt es an der Tür. Ich überlege, wer das sein könnte. Da fällt mir ein, dass unser Christbaum ja noch geliefert wird. Also humple ich an die Wohnungstür und nehme den Hörer der Sprechanlage ab. Tatsächlich, es ist der Christbaumverkäufer, Santa Claus. Ich erkläre ihm, dass ich im dritten Stock wohne und drücke auf den Türöffner. Stöhnend trägt er den Christbaum zu mir herauf und stellt ihn ins Wohnzimmer. „Warum haben Sie hier denn keinen

Aufzug, das ist ja die Hölle!" Ich lache. „Naja, das hier ist ein Altbau, vielleicht deswegen, ich weiß es nicht genau. Vielen Dank, dass sie mir, ich meine uns, den Baum gebracht haben!" Ich drücke ihm etwas Trinkgeld in die Hand, verlegen nimmt er es entgegen. „Ach … das wäre doch nicht nötig gewesen, ich habe das doch gerne gemacht, für zwei so attraktive Frauen wie sie!" Er zwinkert mir zu und schiebt den Geldschein in die Hosentasche. „Wollen Sie vielleicht ein paar Plätzchen und einen Kaffee?" Er schüttelt den Kopf. „Nein nein, vielen Dank, ich habe noch so viel zu erledigen, ich muss gleich wieder los." Also begleite ich ihn zur Wohnungstür, bedanke mich noch mal bei ihm und wünsche ihm ein frohes Weihnachtsfest. Er reicht mir die Hand. „Ich wünsche ihnen beiden auch ein schönes Weihnachtsfest, und richten Sie ihrer Freundin herzliche Grüße aus. Schade, dass ich sie nicht mehr getroffen habe!" Grinsend steigt er die Treppen hinab. Ich schließe die Tür, stelle danach den Christbaum in den dafür vorgesehenen Ständer, gebe ihm Wasser und schneide das weiße Netz durch, das ihn fesselt. Die Äste fallen auseinander. Er sieht jetzt schon wunderschön aus. Zufrieden mit unserer Wahl suche ich mir eine DVD aus dem Regal, schiebe sie in den DVD-Player und mache es mir auf dem Sofa gemütlich. „Der Zauberer von OZ" mit Judy Garland, ein toller Film.

Kapitel 13

Am Weihnachtsmorgen werde ich vom Klingeln des Postboten geweckt, er überreicht mir ein Päckchen und zwei Karten, ich unterschreibe und wünsche ihm fröhliche Weihnachten. Lächelnd erwidert er meine Wünsche, macht auf dem Absatz kehrt und läuft in schnellen Schritten die Treppen hinunter. Von wem wohl die Briefe sind? Auf dem Päckchen stehen der Name und die Adresse meines Vaters, aber auf den Briefen ist kein Absender zu sehen, ich muss mich wohl überraschen lassen. Fröhlich trage ich meine Post ins Wohnzimmer, damit ich sie später unter den geschmückten Baum legen kann. Nach einer Tasse Kaffee und einem Toast gehe ich in Ruhe duschen, wasche meine Haare und entschließe mich kurzerhand, meine Haare auf Lockenwickler zu drehen. Das habe ich schon ewig nicht mehr gemacht … naja früher hat meine Mama mir die Haare öfter mal auf die Wickler gedreht, ich weiß gar nicht, ob ich das alleine kann … ich muss mich wohl überraschen lassen. Voller Tatendrang mache ich mich ans Werk, aber das ist gar nicht so einfach, wie ich gedacht hatte. Nach einem dreiviertelstündigen Kampf hab ich es dann aber endlich geschafft, alle Haare auf die Lockenwickler zu wurschteln, ja wurschteln trifft es wohl eher, als irgendetwas anderes. Nach einer weiteren halben Stunde haben sich ein paar der Wickler schon wieder gelöst und hängen jetzt kreuz und quer von meinem Kopf. Genervt schaue ich in den Spiegel und stöhne laut: „So ein Scheiß, das mach ich nie wieder!" Ich hoffe allerdings immer noch, dass es am Ende einigermaßen gut aussieht, also versuche ich, die herunterhängenden Lockenwickler irgendwie mit Klammern festzumachen. Pünktlich um zwölf klingelt Maria an der Tür, wir wollen zusammen den Christbaum schmücken. Im Vorbeilaufen werfe ich noch mal schnell einen Blick in den Spiegel im Flur und stelle enttäuscht fest, dass sich die Klammern teilweise wieder gelöst haben und einige Wickler wieder vom Kopf hängen. Schnell öffne ich die Wohnungstür, vor mir steht eine fröhliche, strahlende Maria mit einem großen Kochtopf in der Hand. „Na wie siehst du denn aus, Emma?", kichert sie, drängelt sich an mir vorbei und läuft schnurstracks in die Küche, um ihren Topf auf den Herd zu stellen. Schnuppernd folge ich ihr und lehne mich an die Kochinsel. „Ich hab versucht, meine Haare einzudrehen, um heute Abend hübsch für dich zu sein, meine Liebe!" Ich schnuppere wieder: „Was hast du denn da mitgebracht?" Triumphierend dreht sie sich zu mir um. „Eine Überraschung", flötet sie. „Ich habe dir eine Linsensuppe gekocht, du hast mal erwähnt, dass ihr die immer Weihnachten gegessen habt, und da dachte ich mir, das wäre eine gute Idee, ich esse die nämlich auch gern." Ein dicker Kloß macht sich in meinem Hals breit, ich versuche, ihn hinunterzuschlucken, aber es mag mir nicht so recht gelingen. Es ist lieb von ihr, aber es war Mamas und meine Tradition und jetzt … jetzt kommt die Traurigkeit wieder. Maria erhitzt die Suppe, deckt den Tisch und schöpft unsere Teller voll. Schweigend essen wir. Nachdem Maria den letzten Rest aufgegessen hat, räuspert sie sich. „Emma, ist alles in Ordnung bei dir? Habe ich etwas falsch gemacht? Du siehst etwas betrübt aus." Alles, was ich zustande bringe, ist ein Kopfschütteln. „Also hab ich doch was falsch gemacht, es tut mir wirklich sehr leid, falls ich dich vor den Kopf gestoßen habe. Das war nicht meine Absicht. Ich wollte dir etwas Gutes tun, nicht dich verletzen." Tränen steigen in mir auf. Nicht schon wieder. Erstickt antworte ich ihr: „Ich weiß, es ist nur … Egal, es schmeckt wirklich köstlich." Maria nimmt meine Hand und tätschelt sie zärtlich: „Du musst nicht drüber reden, wenn du nicht möchtest." Tränen laufen mir über die Wangen, und ich versuche sie wegzublinzeln, aber es funktioniert nicht. „Ich bin so eine Heulsuse …" Maria steht auf und nimmt mich in den Arm. „Das stimmt doch gar nicht, es ist doch ganz normal. Deine Mutter ist noch nicht lange tot, außerdem darf man seine Gefühle nicht unterdrücken!" Nach einigen Minuten habe ich mich endlich ein wenig beruhigt, der Kloß in meinem Hals ist verschwunden, und die Tränen sind versiegt. Es geht mir wieder besser. Nachdem auch Maria sich davon überzeugt hat, dass wieder alles in Ordnung ist, holt sie den Suppentopf und füllt ihren Teller ein zweites Mal. „Möchtest du trotzdem noch etwas haben oder lieber nicht?" Sie wirkt ein bisschen unsicher. Das wollte ich nun wirklich nicht, ich bin manchmal ein echter Trampel. Aber ich habe einfach meine Gefühle nicht unter Kontrolle. Maria versteht das bestimmt. Um sie nicht noch mehr vor den Kopf zu stoßen, halte ich ihr lächelnd meinen Teller hin. Nach dem Essen gehen wir ins Wohnzimmer, und ich zeige Maria unseren Christbaum, dessen Zweige nun endlich ausgehangen sind. Er sieht wunderbar aus. Marias Gesicht spiegelt meine Begeisterung wider. „Wir haben den Baum wirklich gut ausgesucht, Emma. Und du dachtest, wir finden so kurzfristig keinen schönen Baum mehr!" Lachend stupse ich ihr in die Seite. „Ja, ich weiß, ich bin eine Schwarzmalerin!" Danach gehe ich zu unserer Stereoanlage, lege Weihnachtsmusik auf und zeige Maria den Christbaumschmuck. Nach und nach schmücken wir unsern Christbaum und lauschen dabei den Klängen der Musik. Meine Traurigkeit ist wie weggefegt, jetzt freue ich mich nur noch auf den schönen Abend mit Maria und erzähle ihr die Geschichte von unserer Reise nach Nürnberg im letzten Jahr. Zwischendurch naschen wir Schokolade, Plätzchen und trinken Glühwein, den Maria und ich am Vortag gekauft haben. Am Ende unserer Dekorationsarbeit stehen wir begeistert vor unserem Baum. Maria klatscht vor Freude in die Hände. „Na dann hole ich mal die Geschenke", sagt Maria und macht auf dem Absatz kehrt. Währenddessen lege ich meine Päckchen sorgfältig unter den Christbaum. Nachdem Maria ihre Geschenke dazugelegt hat, gehen wir in die Küche und machen uns an die Vorbereitung unseres Abendessens. Maria beauftragt mich mit dem Hobeln der Kartoffeln für das Kartoffelgratin. In der Zwischenzeit bereitet sie das Fleisch vor. Nachdem ich mühevoll die Kartoffeln gehobelt habe, gebe ich sie in eine Auflaufform, übergieße alles mit meiner gewürzten Sahne und streue Käse darüber. So, jetzt ab in den Ofen damit. Danach decke ich unseren Esstisch festlich mit unseren schönsten Tellern und Gläsern und falte weiße Stoffservietten zu einer Lilie. Stolz auf meine Dekoration verabschiede ich mich ins Badezimmer, um endlich meine Haare von den Lockenwicklern zu befreien. Inständig hoffe ich, dass ich sie ohne größere Komplikationen aus dem Haar entfernen kann. Im Bad angekommen, erkenne ich, dass es wüst aussieht auf meinem Kopf. Panik macht sich in mir breit. Ruhig bleiben Emma, das wird schon, du musst nur vorsichtig die Lockenwickler entfernen. „Aua", entfährt es mir. Verzweifelt fluche ich laut: „Scheiße, scheiße, scheiße!" So vorsichtig ich auch versuche, diese Dinger aus meinen Haaren zu rollen, es geht einfach nicht. Es tut höllisch weh. Ich hätte einfach darauf verzichten sollen. Jetzt hab ich den Salat, und wahrscheinlich ende ich hier mit einer hübschen Glatze! Ich bin den Tränen nahe, da steckt plötzlich Maria den Kopf herein. „Sag mal, brauchst du Hilfe, Schätzchen?" Mutlos sitze ich auf dem Badewannenrand, lasse die Schultern hängen und bin drauf und dran meine Haare einfach abzuschneiden, bevor ich als gerupftes Hühnchen ende. Hoffnungsvoll schaue ich sie an. „Kannst du mir denn helfen?" Maria macht eine wegwerfende Geste mit ihrer Hand und kommt zu mir. „Na klar, ich bitte dich, das haben wir doch im Handumdrehen geschafft. Setz dich mal hier auf die Toilette, dann komm ich besser heran" Nachdem einige Lockenwickler vor mir auf den Boden gefallen sind, stöhnt Maria: „Halleluja, da hast du ja ganz schön was angerichtet!" Es ziept und zerrt an meiner Kopfhaut, und ich würde am liebsten sterben. Nie wieder, wirklich nie wieder, werde ich das wiederholen. Die blöden Lockenwickler wandern sofort ohne Umwege in die Mülltonne. „So, jetzt sind sie alle draußen!" Ich springe auf und werfe einen Blick in den Spiegel, vor Schreck plumpse ich aber gleich wieder aufs Klo. „Ach du Sch…" Maria lacht: „Ach, das kriegen wir schon hin. Wir machen einfach aus der Struwwelpeter-Frisur etwas Schönes. Hast du irgendwo Haarklammern?" Ich zeige auf das Holzregal. „Ja, da in der weißen Muschelschachtel. Ich sehe fürchterlich aus, Maria!" Ein paar Handgriffe später zieht Maria mich hoch: „Wie findest du es jetzt?" Wahnsinn, Maria hat mir eine schöne Hochsteckfrisur gezaubert, die super aussieht! Ein

Lächeln schleicht sich über mein Gesicht: „Toll, danke dir, wenn ich dich nicht hätte!" Ich falle Maria um den Hals. „Ich werde jetzt mal runter gehen und mich umziehen, bin gleich wieder da!" Und schon ist sie aus dem Bad geflitzt. Eine halbe Stunde später stehen wir beide umgezogen in der Küche, das Fleisch gart im Ofen, und ich bereite das Salatdressing vor. Als alles fertig ist, serviert Maria unser Festessen. Es schmeckt einfach köstlich, und als wir uns den Bauch vollgeschlagen haben, „rollen" wir ins Wohnzimmer. „Zeit für die Geschenke!" Begeistert klatscht Maria in die Hände. Ich muss lachen, sie ist wie ein kleines Kind, so aufgeregt, wirklich süß! Maria drückt mich auf das Sofa, läuft zum Christbaum, schnappt sich ein Geschenk und lässt sich neben mir nieder. „Das ist für dich, schön, dass es dich gibt Emma, es tut gut, dich als Freundin zu haben!" Ich umarme sie und ziehe dann an der Schleife, um das Päckchen zu öffnen. Maria rutscht nervös auf dem Sofa hin und her. „Geht denn das nicht schneller?" Lachend lasse ich mir extra lange Zeit. „Was hast du es denn so eilig, Maria?" Sie wirft mir einen gespielt eingeschnappten Blick zu und verschränkt ihre Arme: „Tzz." Aber lange verweilt sie nicht in ihrer Rolle und muss schon wieder lachen. Endlich habe ich das Papier geöffnet. Zum Vorschein kommt eine längliche schwarze Schatulle. „Die ist ja schön Maria, vielen Dank!" Maria verdrehte die Augen. „Mensch Emma, denkst du wirklich, dass ich dir so eine billige Schatulle schenken würde? Jetzt mach sie schon auf!" Aufgeregt klatscht sie in die Hände. Langsam öffne ich die Schatulle. Darin liegt ein silbernes Medaillon, das an einer feingliedrigen Silberkette befestigt ist. Es ist wunderschön. „Maria, das ist … das ist …", mir fehlen die Worte. „Das Medaillon gehörte meiner Großmutter, sie hat es mir geschenkt, als ich ein Teenager war, aber du musst es öffnen." Ich öffne es. Rechts und links ist jeweils ein Bild von meiner Mutter und mir eingelassen. „Wo …?" Mehr bringe ich nicht heraus, es ist ein wunderbares Geschenk. „Gefällt es dir? Ich wusste nicht, ob es passend wäre, aber so hast du deine Mutter immer ganz nah bei dir!" Maria nimmt mir die Kette aus der Hand und legt sie mir um den Hals, ich betrachte noch mal die Bilder. „Wo hast du denn die Bilder her?" „Ach, hier stehen ja überall Bilder von euch herum, da hab ich mir zwei ausgeliehen, und als ich fertig war, wieder zurück an ihren Platz gestellt!" Und ich hab es nicht mal gemerkt. „Danke Maria, es ist das beste Geschenk auf der ganzen Welt!" Mit diesen Worten umarme ich Maria fest. „So. Jetzt bin ich dran." Langsam drücke ich mich vom Sofa hoch und humple zum Baum. Lächelnd kehre ich mit dem Päckchen in der Hand zurück und reiche es ihr. „Danke Maria, danke für alles, danke für deine liebevolle Art, für unsere Gespräche, für deine Ratschläge, für deine tröstenden Arme, danke, dass du immer für mich da bist. Danke, dass du mir das Gefühl gibst, nicht alleine zu sein!" Lächelnd nimmt sie mein Geschenk entgegen. „Du sollst dich doch nicht so in Unkosten stürzen, mein Kind! Das ist ja ein großes Geschenk, was da wohl drin sein mag?" Maria spannt mich nicht so sehr auf die Folter, wie ich es zuvor bei ihr tat, und reißt das Papier schwungvoll auf. Die Geschenke hatte ich in einem großen Karton verpackt, den sie nun mit angehaltenem Atem öffnet. „Einen Likör", sie nimmt die Flasche aus dem Karton, um sie näher zu betrachten. „Das ist ein Schokoladenlikör, das klingt ja lecker, danke dir Emma." Danach zieht sie die Pralinen hervor. „Sehr lecker, da kann ich ja jetzt richtig schlemmen." Am Ende entdeckt sie die Schachtel mit dem Rosenmuster. „Was da wohl drin ist?" Aufgeregt atmet sie tief ein und aus und öffnet dann langsam den Deckel der Rosenschachtel. „Emma, du bist ja verrückt, woher weißt du, dass ich Shakespeare mag?" Maria entnimmt der Schachtel die Theaterkarten und drückt sie vor Freude an ihre Brust, dann verpackt sie die Karten wieder sorgfältig, legt ihre Geschenke beiseite und umarmt mich zärtlich. „Vielen lieben Dank, Emma! Du gehst doch mit, oder?" „Gerne, wenn du das möchtest!" „Wie wäre es mit einem Gläschen Sekt?" Maria springt auf, läuft in die Küche und kommt mit einer gekühlten Flasche Sekt und zwei Gläsern zurück. Nachdem sie unsere Gläser gefüllt hat, stoßen wir auf unsere Freundschaft an. Danach machen wir uns über die restlichen Geschenke her. Maria hat von ihrem Sohn, Frederik, wunderschöne Silberohrringe und einen lilafarbenen Schal aus Kaschmir bekommen. In dem Paket meines Vaters befindet sich obenauf eine selbst gebastelte Weihnachtskarte, auf der ein Schneemann abgebildet ist. Ich nehme an, dass sie von den Zwillingen stammt. Ich öffne die Karte und lese sie Maria vor: „Liebe Emma, wir wünschen dir von Herzen ein schönes Weihnachtsfest, du bist jederzeit bei uns willkommen, und wir hoffen, dass du uns bald besuchen kommst! In Liebe, dein Papa, Katharina, Tim und Laura. PS: Die Karte hat Laura gemalt, von ihr soll ich dir ganz besonders liebe Grüße sagen." Süß von der kleinen Laura, mir eine Karte zu malen. Ich lege sie beiseite und werfe einen Blick in das Päckchen. Darin befinden sich zwei selbst gemalte Bilder der Kinder. Laura hat eine Familie gemalt. Über jeder Person steht der dazugehörige Name, und über einer davon steht mein Name, darüber hat sie geschrieben: „Meine Familie". Tim hat ein Baumhaus gemalt, in dem er mit seiner Schwester spielt. Am Ende zaubere ich meinen abgenutzten, rosafarbenen Teddy, den mir mein Opa zur Geburt geschenkt hatte, hervor. Der Teddybär hält ein kleines Geschenk fest. Gespannt packe ich es aus. Zum Vorschein kommt ein Sparbuch. Ich öffne es. Auf der ersten Seite klebt ein gelber Zettel. „Das habe ich bei deiner Geburt anlegen lassen und seitdem stetig etwas eingezahlt. Nun befindet sich ein annehmbares Sümmchen darauf, und ich denke, es ist an der Zeit, dass du es bekommst. In Liebe, dein Papa." Mein Vater hat mich also all die Zeit nicht vergessen … Gespannt blättere ich um und falle fast vom Sofa, 20.000 Euro. Wahnsinn! Ich zeige Maria das Sparbuch, und es entfährt ihr: „Ach du lieber Scholli, das ist ja mal ein Weihnachtsgeschenk!" Wir kringeln uns vor Lachen. In den beiden Briefumschlägen, die ich bekommen habe, befinden sich einmal eine Karte von meinem Chef und Marie, und aus dem zweiten Umschlag zaubere ich eine Weihnachtskarte von Leonard, meinem Physiotherapeuten und einen Gutschein für eine tibetisch-energetische Massage hervor. Was man sich wohl darunter vorstellen kann? Um näheres herauszufinden, schlage ich die Karte auf und lese sie Maria vor: „Liebe Emma, ich habe seit unserem letzten Gespräch, dass dich der Tod deiner Mutter so unheimlich schmerzt, sehr viel nachgedacht. Daher bin ich zu dem Entschluss gekommen, dir diese Massage zu schenken. Es ist keine Massage im herkömmlichen Sinn, diese Heilmassage ist Teil der tibetischen Medizin. Die tibetische Medizin sieht die Haut als Berührungsstelle mit der Umwelt und meint, dass durch die Behandlung des Körpers mittels gezielter Massagegriffe körperliche aber auch mentale und emotionale Probleme gut zu beeinflussen sind. Vielleicht können wir den Schmerz, der so tief in dir sitzt, etwas lösen. Ich wünsche dir ein schönes Weihnachtsfest und natürlich einen guten Rutsch ins neue Jahr. Liebe Grüße, Leonard."

„Das ist aber sehr freundlich von deinem Physiotherapeuten, Emma!" Ich nicke. In Ruhe trinken wir unsere Flasche Sekt, bewundern noch etwas unsere Geschenke und lauschen der Weihnachtsmusik. Gegen Mitternacht verabschiedet sich Maria, und ich falle müde und glücklich in mein Bett.

Kapitel 14

Die Tage bis Silvester vergehen wie im Flug, Maria ist am 29. Dezember mit dem Zug nach München gefahren, und ich trainiere fleißig zu Hause, denn Leonard hat mir verschiedene Übungen aufgetragen. Zudem habe ich mir überlegt, dass ich mir eine To-Do-Liste für das kommende Jahr schreiben könnte. Die werde ich mir dann an meinen Kühlschrank pinnen, damit ich sie immer vor Augen habe und sie auch brav einhalten kann. Grübelnd sitze ich auf meinem Sofa und kaue auf meinem Kugelschreiber herum. Nach langem Überlegen entsteht meine Liste:

1. Das Grab meiner Mutter besuchen (bisher war ich noch nicht stark genug ☹)
2. In der Vorweihnachtszeit nach New York fliegen
3. Wieder arbeiten gehen (ich habe die Schnauze voll vom ständigen zu Hause sitzen!)
4. Die Wohnung renovieren/farblich umgestalten
5. Meinen Vater und seine Familie besuchen
6. Eine ganze Nacht durchtanzen
7. Eine Yogaschule suchen (das wollte ich schon immer mal ausprobieren)
8. Den richtigen Mann finden (gar nicht so einfach)
9. Meinen Lieblingsfriseur Marco aufsuchen
10. Mal wieder so richtig ausgiebig shoppen gehen
11. Wieder richtig glücklich sein

So, jetzt nur noch an meine Kühlschranktür pinnen und dann bin ich fertig. Mit einem Ruck reiße ich das Blatt von meinem Block, gehe in die Küche und pinne die Liste an meinen Kühlschrank. Zufrieden stehe ich davor. Mit diesen Vorsätzen werde ich hoffentlich nicht mehr so oft traurig sein. Bestimmt nicht, denn wenn ich das alles einhalte, dann habe ich überhaupt keine Zeit mehr zum Trübsal blasen. Auch wenn die Wunde wahrscheinlich nie ganz verheilen wird! Um mir den Tag etwas zu versüßen, beschließe ich, einen Wellnesstag einzulegen. Dafür lasse ich mir die Badewanne voll Wasser, zünde Kerzen an und lege eine Klassik-CD in meinen CD-Player. Als Badezusatz wähle ich eine Bademilch mit Jojobaöl. Ein Glas Wein darf natürlich auch nicht fehlen, also humple ich in die Küche, schnappe mir ein Rotweinglas und eine Flasche Rotwein und bringe alles ins Badezimmer. Jetzt fehlt nur noch eine Gesichtsmaske, und dann kann ich mich in die Fluten stürzen. Fröhlich wasche ich mein Gesicht, trockne es und trage eine Schokoladenmaske auf. Mhh, wie die herrlich duftet. Schnell noch den Wein einschenken und dann ab in die Wanne. Das ist einfach göttlich, so viel Schaum und wie es duftet. Ich liebe es zu baden. Seufzend schließe ich meine Augen und genieße mein Wellnesspaket.

Mein Vater hat sich für den Silvestermorgen angekündigt und mir geheimnisvoll erklärt, dass er eine Überraschung für mich hat. Ich soll für den Silvesterabend ja noch nichts planen. Was er wohl vorhat? Am Morgen des 31. 12. klingelt eindringlich das Telefon. Als ich abnehme, höre ich die angespannte Stimme meines Vaters: „Hallo Schätzchen, es tut mir so leid, aber Laura ist heute Nacht aus ihrem Stockbett gefallen, und wir mussten ins Krankenhaus, weil sie eine Platzwunde am Kopf hatte und …" Schockiert erkundige ich mich nach ihrem Befinden. „Die im Krankenhaus haben sie geröntgt, aber es ist Gott sei Dank nichts weiter passiert, die Platzwunde musste genäht werden, daher konnte ich nicht rechtzeitig losfahren." Ich unterbreche ihn: „Papa, wenn du lieber zu Hause bleiben möchtest, dann würde ich das verstehen, mach dir bitte keine Gedanken!" „Nein Emma, natürlich komme ich, so schlimm ist es wirklich nicht, Katharina ist ja bei ihr. Ich wollte dir nur Bescheid sagen, dass ich es erst am späten Nachmittag schaffe. Ich werde jetzt gleich losfahren. Bis später Schätzchen, ich freu mich auf dich." Und schon hat mein Vater eingehängt. Verdattert stehe ich da, mit dem Telefon in der

Hand und beschließe, erst einmal zu frühstücken. Gegen 17 Uhr klingelt es an der Tür, ich drücke auf den Türöffner und warte an der geöffneten Wohnungstür auf meinen Vater. Stöhnend und ächzend kommt er in schnellem Schritt die Treppe hochgelaufen. Unter seinen Arm hat er einen großen Karton geklemmt. Als er mich in der Tür stehen sieht, lächelt er mich glücklich an. Jetzt erst bemerke ich die blonde Frau, die hinter ihm herläuft. Sie trägt ein Köfferchen bei sich. Wer das wohl ist? Naja, das werde ich bestimmt gleich erfahren. Nachdem die beiden die letzten Stufen erklommen haben, nimmt mich mein Vater herzlich in die Arme und drückt mich fest an sich. „Hallo mein Engel, wie geht es dir? Ich freue mich so wahnsinnig dich zu sehen! Von Katharina und den Kindern soll ich dir viele liebe Grüße ausrichten. Außerdem wollte ich mich noch mal für deine Geschenke bedanken. Die Kinder waren ganz aus dem Häuschen. Katharina und ich haben nichts anderes mehr zu tun, als uns in den Hüpfgummi zu stellen, damit sie springen können!" Lachend bitte ich die Beiden herein und schließe die Wohnungstür. „Ich möchte mich natürlich auch bei dir bedanken, für dein großzügiges Geschenk, das Sparbuch, also damit hätte ich nicht gerechnet, vielen Dank Papa." Mein Vater drückt mich noch mal ganz fest an sich und stellt mir dann die junge Frau vor. „Also Emma, nun zu meiner Überraschung. Das hier ist Natascha, sie ist Friseurin und wird dich für den heutigen Abend zurecht machen. Alles andere erkläre ich dir später, wenn sie fertig ist." Was er wohl vorhat? Ich habe keinen blassen Schimmer. „Wollt ihr was trinken?" Natascha schüttelt den Kopf. „Nein nein, dafür haben wir jetzt keine Zeit, wo ist denn hier das Badezimmer?" Ich deute mit dem Finger auf die besagte Tür, dann ergreift sie meine Hand und zieht mich ins Bad, zu meinem Vater gewandt, sagt sie: „Für Männer kein Zutritt ... bis später!" und schlägt die Tür hinter uns zu. Ganz schönes Temperament hat die Kleine. Natascha setzt mich auf den Klodeckel und fängt sofort an mit ihrem Werk. Sie schneidet mir zunächst meine Spitzen, legt mir dann eine leichte Haartönung auf, um meine blonden Haare aufzufrischen. Nach einer kurzen Einwirkzeit wäscht sie meine Haare und fängt dann an, sie zu föhnen und zu frisieren. Nach fast zwei Stunden Arbeit ist ihr Werk vollbracht. Sie führt mich zum Spiegel, und ich falle fast in Ohnmacht. Wow, ich sehe aus wie eine Prinzessin. Die Haare hat sie zu Locken geföhnt und teilweise hochgesteckt. Als ich mich drehe und wende, entdecke ich kleine Glitzersteine in meinen Haaren … das ist ja … also das ist … Überschwenglich bedanke ich mich bei Natascha, am liebsten wäre ich ihr um den Hals gefallen! Grinsend und stolz auf ihre Frisur setzt sie mich wieder auf das Klo. „Mal langsam, mal langsam, wir sind noch nicht ganz fertig. Du brauchst noch ein schönes Make-up und das passende Outfit." Nach einer weiteren Viertelstunde hat sie mir ein tolles Make-up gezaubert. „Jetzt ist es perfekt, wenn du jetzt noch das Richtige anziehst, boah Mädel, dann siehst du aus wie ein Star!" In diesem Moment klopft mein Vater an die Badezimmertür und fragt, ob wir endlich so weit wären. Natascha flötet: „Moment, mach dich bereit" und stößt die Tür auf. Mein Vater bleibt kurz der Mund offenstehen. „Wahnsinn, also echt. Wahnsinn. Du siehst fantastisch aus, Emma!" Er bedankt sich bei Natascha, bezahlt sie und wünscht ihr einen guten Rutsch. Nachdem die Friseurin gegangen ist, führt mein Vater mich in mein Schlafzimmer. Hier liegt der Karton, den er mitgebracht hat, auf meinem Bett. „Mach ihn auf, da ist ein Geschenk für dich drin." Aufgeregt und mit zitternden Händen öffne ich den Karton. Das glaube ich nicht. Darin liegt ein wunderschönes, goldfarbenes Abendkleid. Ich nehme es heraus und halte es hoch, es ist knöchellang und ärmellos, gehalten wird es von zwei dünnen Trägerchen, die sich am Rücken kreuzen, am Rücken ist es bis fast zum Po ausgeschnitten. Ein wunderschönes Kleid. Mir fallen fast die Augen aus dem Kopf. „Gefällt dir das Kleid? Katharina hat es ausgesucht, du weißt ja, Frauen können das besser!" Überglücklich drücke das Kleid fest an mich. „Es ist ein Traum Papa, danke dir!" Freudestrahlend umarme ich meinen Vater. „Ich werde jetzt hinausgehen, damit du dich in Ruhe umziehen kannst, außerdem muss ich mir ja auch noch was anderes überstreifen!" Mit einem Zwinkern schließt er meine Schlafzimmertür hinter sich und lässt mich alleine. Nachdem ich das Kleid angezogen habe, bewundere ich mich im Spiegel, ich kann es immer noch nicht glauben. Schnell öffne ich meinen Schrank und suche nach einem passenden Paar Schuhe, aber ich finde keines. Mutlos lasse ich mich auf mein Bett sinken, da fällt mein Blick auf den Karton und ich sehe etwas Goldenes aufblitzen. Langsam hebe ich das Papier beiseite und entdecke ein Paar goldene Ballerinas. Mein Vater hat wirklich an alles gedacht! Schnell streife ich sie über. Das Medaillon von Maria macht mein Outfit perfekt. Ich öffne es: „Ach Mama, wenn du mich jetzt sehen könntest ...“

Nun sitze ich voller freudiger Erwartung auf dem Beifahrersitz in Papas Volvo. Mein Vater hat einen schwarzen Smoking angezogen. Ich muss gestehen, dass er darin unglaublich gut aussieht. Nach etwa 35 Minuten Fahrt erreichen wir ein hell erleuchtetes Schloss. Vor Staunen drücke ich meine Nase an die Fensterscheibe, um mehr erkennen zu können. Zum Schloss hinauf führt eine lange Treppe, die mit rotem Samtstoff ausgelegt ist. Darauf befinden sich mehrere sehr glamourös gekleidete Damen und Herren, die bereits zum Schlosseingang hinaufgehen. Der Wagen meines Vaters stoppt direkt vor dem roten Teppich. Sofort wird meine Tür geöffnet. Beinah wäre ich aus dem Auto gefallen, da ich ja meine Nase an der Scheibe platt gedrückt habe – wie peinlich. Ein junger Mann hält mir seine Hand hin und sagt: „Mademoiselle, darf ich Ihnen beim Aussteigen behilflich sein?“ Aufgeregt strecke ich ihm meine Hand entgegen. Das ist ja wie im Film! Oh, ich bin ja so aufgeregt. Der Mann hilft mir, aus dem Volvo auszusteigen. Mein Vater ist bereits selbst ausgestiegen – anscheinend gilt das Privileg nur für Frauen – und überreicht dem netten Herrn seine Autoschlüssel und ein kleines Trinkgeld dazu. Danach hake ich mich bei ihm unter, um mit meinem noch nicht hundertprozentig einsatztauglichen Bein so elegant wie möglich die Treppen hochschreiten zu können. Oben angekommen, geben wir unsere Mäntel ab, und mein Vater führt mich in den Speisesaal. Dort kommt sofort ein geschäftiger Kellner mit braunen, gegeelten Haaren auf uns zu, um uns an einen Tisch zu führen. Im ganzen Raum stehen runde

Tische, die mit wunderschönem Porzellan und weißen Tischdecken gedeckt sind. Von den Decken hängen mehrere Kronleuchter. Überall laufen geschäftige Kellner umher und servieren Wein. Erstaunt blicke ich mich im Raum um. Ich bin wirklich überwältigt. Als wir an unserem Tisch ankommen, rückt mir der Kellner den Stuhl zurecht, damit ich mich setzen kann. Mein Vater wirft mir ein Lächeln zu. Ich blicke auf das Gedeck vor mir und fühle mich wie Julia Roberts in „Pretty Woman". Vor mir liegen fünf verschiedene Gabeln und Messer. Aber da ich den Film ja schon tausend Mal gesehen habe, weiß ich zum Glück, dass man immer von außen nach innen essen muss. Also alles gar kein Problem für mich, stelle ich kichernd fest. Das ist wirklich die beste Überraschung der Welt! Nach und nach wird unser Fünf-Gänge-Menü serviert, und zu jedem Gang gibt es einen anderen Wein. Schon nach dem dritten Gang bin ich beschwipst. Am Ende unseres königlichen Dinners kann ich nur eines sagen, es war der absolute Hammer! Gegen Mitternacht schreiten alle Anwesenden hinaus auf einen großen Balkon. Die Kellner balancieren Sektgläser auf Tabletts. Überall funkeln kleine Lichter. Der Schlossgarten, der sich unter dem Balkon erstreckt, ist ebenfalls mit tausenden Lichtern dekoriert. Ich fröstle, daher geht mein Vater zur Garderobe und holt unsere Mäntel. Als ich mich in meinen Mantel gekuschelt habe, fühle ich mich gleich viel besser. „Danke dir Papa!" Zehn Sekunden vor Mitternacht zählen alle laut den Countdown: „Zehn, neun, acht, sieben, sechs, fünf, vier, drei, zwei, eins … Happy New Year!" Alle Pärchen fallen sich in die Arme und küssen sich leidenschaftlich. Mein Vater umarmt mich liebevoll und flüstert mir ins Ohr: „Ich wünsche dir ein gesundes, glückliches neues Jahr Emma. Ich bin so froh, dass ich dich endlich wiederhabe, mein Schatz!" Nachdem ich mich aus seiner Umarmung gelöst habe, lächle ich ihn an: „Danke Papa, das wünsche ich dir auch. Ich hoffe so, dass es so wird, wie du es mir wünschst, auch wenn ich noch nicht daran glauben kann, dass ich jemals wieder richtig glücklich sein werde. Aber es tut gut zu wissen, dass du für mich da bist!" Eine junge Frau unterbricht unser Gespräch und reicht mit einem freundlichen

Lächeln jedem von uns ein Sektglas, und mein Vater prostet mir aufmunternd zu: „Emma, du wirst wieder glücklich sein, glaub mir!" Nachdem wir angestoßen haben, legt mein Vater einen Arm um mich, und wir genießen in aller Ruhe das wunderbare Feuerwerk. Es ist wie alles hier einfach grandios.

Nach dem Feuerwerk werden alle Gäste in einen weiteren Saal geführt. Wir geben noch schnell unsere Mäntel ab und folgen dann den anderen. Erstaunt blicke ich mich um, hier ist die Party schon in vollem Gange. Eine Band hat sich auf einem Podest eingefunden. Auf der gegenüberliegenden Seite des Raumes steht eine große Bar. Darauf sind Eisskulpturen errichtet worden, und hinter der Bar tänzeln zwei hübsche Barkeeperinnen hin und her und erfüllen die Wünsche der Gäste. Um die Tanzfläche herum stehen Bistrotische, eingehüllt in weiße Hussen, mit jeweils einer großen, gelben Rose und einem Windlicht dekoriert. Mein Vater fordert mich zum Tanzen auf, aber da ich mein rechtes Bein noch nicht vollständig belasten darf, gleicht es eher einem Ententanz, als irgendetwas anderem. Nach zwei Liedern bin ich völlig außer Atem. Daher entscheiden wir uns für die Bar. Erschöpft lasse ich mich auf einen Barhocker sinken und bestelle mir einen Cosmopolitan. Mein Vater entscheidet sich für einen Whiskey. Als ich ihn darauf hinweise, dass er noch fahren muss, winkt er nur ab: „Ach, das regeln wir später irgendwie anders, mach dir keine Gedanken Mon Cherie." Gegen zwei Uhr morgens kann ich mich kaum noch auf den Beinen halten, alles um mich herum dreht sich. Das war wohl ein Cosmopolitan zu viel. Daher treten wir den Heimweg an. An der Garderobe holen wir unsere Mäntel und schreiten die Treppe hinunter, wobei wanken es eher treffen würde. Als wir sicher unten auf dem Kies angekommen sind, spricht mein Vater mit einem der jungen Männer in gedämpftem Ton. Angestrengt versuche ich zu verstehen, was sie besprechen, aber sie sprechen so leise, dass ich nichts hören kann. Freudestrahlend kommt mein Vater auf mich zu, während sich der junge Mann in die andere Richtung entfernt. „Und?", frage ich. „Alles organisiert, ich hab dem jungen Mann ein bisschen

Geld geboten, dafür, dass er uns nach Hause fährt." Ich nicke.
„Und wie kommt er dann wieder zurück?" „Das haben wir
auch geregelt, ich bezahle ihm natürlich das Taxi zurück!" In
diesem Moment fährt unser Auto vor, der junge Mann steigt aus
und hilft mir auf die Rücksitzbank. Die Fahrt verläuft sehr still.
Da ich hundemüde und leicht betrunken bin, nicke ich ein. Zu
Hause angekommen, weckt mich mein Vater und bezahlt unseren
Chauffeur. Ich hake mich bei meinem Vater unter, und wir er-
klimmen gemeinsam die vielen Stufen bis zu meiner Wohnung.
Ich bin so erschöpft, dass ich mich nur kurz abschminke und nach
einer kleinen Katzenwäsche sofort in mein Bett falle. Bevor ich
einschlafe, werfe ich noch kurz ein Blick auf das wunderschöne
Kleid, das ich noch schnell an die Schranktür gehängt habe, und
öffne dann noch einmal das Medaillon. „Schade, dass du nicht
dabei sein konntest Mama, es war wirklich ein toller Abend. Ich
liebe dich!", flüstere ich in die Dunkelheit und schlafe dann mit
einem kleinen Lächeln auf dem Gesicht ein.

Gegen Mittag werde ich von dem Duft von frisch gekochtem
Kaffee und aufgebackenen Brötchen geweckt. Hmm das duftet
ja gut. Ich recke und strecke mich ausgiebig. Danach ziehe ich
die Vorhänge auf. Die Sonne scheint, herrlich. Ich ziehe meinen
Morgenmantel über und humple in die Küche. Komisch, dass
ich überhaupt keinen Kater habe. Mit einem fröhlichen „Guten
Morgen, mein Schatz" begrüßt mich mein breit grinsender Papa,
der gerade das Rührei verquirlt. Der Esstisch ist bereits gedeckt,
im Ofen garen die Brötchen, der Kaffee läuft durch die Maschine.
Mein Vater hat sogar Orangen frisch ausgepresst. „Guten Morgen
Papa. Ich komme mir langsam vor wie eine Königin!" Ich lache.
„Daran könnte ich mich gewöhnen! Womit hab ich das ver-
dient?" Er kratzt sich am Kopf: „Hm, lass mich mal kurz über-
legen, schlechte Kindheit, jahrelanger Nichtkontakt ... hm, hab
vieles wiedergutzumachen ... du bist meine Tochter, ich liebe
dich ... tja, mehr fällt mir da jetzt im Moment nicht zu ein ...
oder doch, ganz einfach, weil du es verdient hast!" Ich zucke
mit den Schultern und verdrücke mir ein Lachen. „Naja, wenn

du das sagst, dann wird das wohl so sein." Nachdem der Kaffee durchgelaufen ist, schnappe ich mir die Kanne und schenke uns beiden die Tassen voll. Mein Vater serviert das Rührei, holt die Semmeln aus dem Ofen und setzt sich zu mir.

Am späten Nachmittag fährt mein Vater wieder zurück nach Mannheim zu seiner Familie. Überschwänglich bedanke ich mich noch mal bei ihm, für die gelungene Überraschung und das Kleid, das Abendessen, das Frühstück, einfach für alles. Nachdem er gegangen ist, stelle ich mich an meine Balkontür und blicke hinaus in den Schnee. Es ist einfach unglaublich, wie sehr sich mein Vater verändert hat. Als wäre er ein ganz anderer Mensch. Mein Herz macht einen kleinen Sprung. Dafür bin ich so dankbar. Es ist wirklich schön, ihn wieder in meinem Leben zu haben.

Kapitel 15

Ungeduldig sitze ich vor meinem Laptop und warte, dass sich die Seite von der Bahn endlich vollständig öffnet Heute kommt Maria aus München zurück, und ich möchte sie überraschen. Bei unserem gestrigen Telefonat hat sie mir verraten, wann sie in Detmold ankommt. Aber ich weiß das Gleis nicht, deshalb muss ich im Internet nachforschen. Endlich. Ich überfliege den Bildschirm, ah, da ist es ja, Gleis 3, alles klar. Schnell klappe ich den Laptop zu und ziehe mich an, da klingelt es schon an der Tür. Das wird Ishan sein, hektisch werfe ich einen Blick auf meine Armbanduhr. Schon 15:05 Uhr. Mist, in einer Viertelstunde läuft Marias Zug in den Bahnhof ein. So schnell es geht, hüpfe ich mit meinen Krücken die Treppe hinunter und setze mich in das Taxi. Ishan schenkt mir ein Lächeln und fährt sofort los. Schon vorhin am Telefon habe ich ihm verraten, was ich vorhabe. Am Bahnhof angekommen, stelle ich mich oben an die Treppe von Gleis 3, damit Maria mir nicht entwischen kann. Pünktlich um fünfzehn Uhr zwanzig rollt der Zug in den Bahnhof ein, die Türen springen auf, und heraus strömen die Menschen. Wie soll ich sie denn da finden? Zielstrebig und konzentriert suche ich die Menschenmenge nach Maria ab, da erkenne ich sie mittendrin in dem Pulk mit ihrem Rollkoffer. Aufgeregt reiße ich die Arme nach oben, winke mit wilden Gesten in ihre Richtung. Aus Leibeskräften schreie ich: „Maria! Maria!" Endlich hat sie mich erkannt, winkt mir freudestrahlend zurück und versucht sich durch die Menge zu kämpfen. Als sie mich endlich erreicht hat, fällt sie mir in die Arme. „Hallo Emma, wie schön, dass du mich abholst. Das war vielleicht eine anstrengende Fahrt. Sechseinhalb Stunden war ich unterwegs, du kannst dir gar nicht vorstellen wie mein Hintern schmerzt!" „Aber sonst war es schön, oder?" Wir gehen in Richtung Ausgang. „Ja, es war sehr schön bei Frederik, auch wenn er in einer ziemlich kleinen Wohnung haust, die Preise in München sind ja utopisch. Wobei er sich mit seinem Gehalt ja auch was anderes leisten könnte, aber er sieht keine Notwendigkeit dazu. Er sagt, er sei Single und für ihn alleine sei die Wohnung völlig ausreichend!" Als wir draußen ankommen, begrüßt Ishan Maria freundlich und lädt ihr Gepäck in den Kofferraum. Wir setzen uns auf die Rücksitzbank, und Maria fährt fort: „München ist wirklich eine tolle Stadt, aber es wäre mir trotzdem zu anstrengend, dort zu wohnen. Immer diese Hektik, und was das dort alles kostet!" Kurze Zeit später parkt Ishan sein Taxi direkt vor dem Hauseingang, trägt Marias Koffer nach oben, verabschiedet sich und wünscht uns noch einen schönen Tag. Bei Marias Wohnung angekommen, meint diese: „Schätzchen, ich bin ganz schön kaputt von der Fahrt, wärst du mir böse, wenn ich mich ein bisschen hinlege?" „Nein, ganz und gar nicht, willst du nachher zum Essen vorbeikommen? So um sieben?" Maria nickt und drückt mich. „Bis später, noch mal danke!", danach schließt sie die Tür, und ich gehe ein Stockwerk höher in meine Wohnung.

Gegen 19 Uhr klingelt Maria an meiner Tür und kurz darauf der Lieferservice von meinem Lieblingsthailänder. Irgendwie hatte ich keine Lust, selbst zu kochen. Daher beschloss ich kurzerhand, dort ein leckeres Menü zu bestellen. Ich freue mich schon wahnsinnig auf das Essen, da ich schon ewig nichts mehr dort bestellt habe und es sich hierbei um den besten Thailänder weit und breit handelt. Aufgeregt erzähle ich Maria beim Essen von meinem Silvesterabend mit Papa. „Schade, dass ich dich nicht gesehen habe in deinem tollen Kleid und mit deiner schönen Frisur", sagt Maria. Aber zum Glück hat mein Vater einige Fotos mit meiner Kamera geschossen. Nach dem Essen zeige ich Maria unsere Schnappschüsse. „Du siehst wunderschön aus Emma, so jung wie du wäre ich auch gerne noch einmal, dann könnte ich auch so tolle Kleider anziehen!" Sie seufzt und blickt kurz verträumt in die Ferne. Danach spielen wir noch eine Runde Monopoly, und ich verliere haushoch gegen Maria. In Siegerlaune und aufgedreht verabschiedet sich Maria am späten Abend in ihr Bett.

Kapitel 16

Mitte Januar, an einem Freitagnachmittag, löse ich den Gutschein von Leonard für die tibetisch-energetische Massage ein. Voller Aufregung überlege ich schon den ganzen Tag, was wohl auf mich zukommt, aber so richtig kann ich mir nichts darunter vorstellen, auch wenn Leonard schon auf seiner Weihnachtskarte kurz eine Beschreibung geliefert hatte. In der Praxis angekommen, gibt mir Leonard vor Beginn der Massage eine kleine Einführung. „Durch die tibetische Massage werden im Körper Geist und Seele in Einklang gebracht. Alle unsere Emotionen, Selbstzweifel, Ängste, negative Erlebnisse, Schuldgefühle, Traumata und vieles mehr werden als Blockaden in den Zellen des Rückens gespeichert. Blockaden verhindern den freien Fluss der Lebensenergie im Körper. Durch die tibetische Massage stabilisieren sich die Energiezentren, die man Chakren nennt, durch die die Lebensenergie fließt. Bei dieser Massage wird die Blockade nicht mit Druck herausgearbeitet. Sie werden nur durch sanfte Berührung entfernt." Das hört sich doch gut an, finde ich. Spannend irgendwie. Ich habe davor noch nie etwas von Chakren oder Lebensenergie im Körper gehört. Leonard fordert mich auf, mich auf einen Stuhl zu setzen. Er stellt sich hinter mich und legt mir seine Hände auf die Schultern. Ich spüre plötzlich eine wahnsinnig intensive Wärme zwischen uns. Seine Hände fühlen sich auf meinen Schultern an, als wären sie Tonnen schwer. Sie ruhen aber nur sanft auf ihnen. Er fragt mich, was ich spüre, und ich erkläre ihm, dass es sich anfühlt, als würde eine große Last auf meinen Schultern ruhen. „Ich werde nun den Raum verlassen Emma, dann kannst du dich in Ruhe oben herum ausziehen und auf die Massageliege legen, sobald du fertig bist, ruf nach mir, dann komme ich wieder herein!" Nachdem Leonard den Raum verlassen hat, ziehe ich meinen Pullover und mein T-Shirt aus, lege meinen BH ab und mache es mir auf der Liege bequem. „Ich bin fertig", rufe ich laut. Leonard betritt mit einem Schälchen Öl in der Hand den Raum, stellt es neben mir ab und legt beruhigende Musik auf. Er erklärt mir, dass es sich bei dem Öl um ein angewärmtes Rosenöl handelt. „Entspann dich einfach Emma, schließe die Augen und lass die Massage auf dich wirken." Leonard verteilt das warme Öl sanft auf meinem Rücken und streicht mit liebevollen, sanften Berührungen über meinen Körper. Manchmal schweben seine Hände nur über meiner Haut und berühren sie gar nicht. Aber ich kann die Energie, die zwischen uns fließt, spüren. Man kann dieses Gefühl gar nicht richtig beschreiben, es ist einfach unglaublich. Nach einer knappen Stunde verlässt Leonard den Raum mit den Worten: „Bleib solange du möchtest liegen, wenn sich Gefühle, Emotionen gelöst haben, lass sie raus. Weine, wenn du weinen musst. Lass dir so viel Zeit, wie du brauchst. Ich bin nebenan. Wenn du dich wieder angezogen hast, ruf nach mir, dann komme ich noch mal herein." Ich bleibe liegen, und mir laufen still die Tränen über die Wangen, ich schluchze, irgendetwas scheint sich in mir gelöst zu haben. Nach ungefähr zehn Minuten fühle ich mich wie befreit. Kurz warte ich, ob ich noch einmal weinen muss, aber es kommt nichts mehr. Also stehe ich auf und ziehe mich in Ruhe an. Als ich fertig angezogen bin, öffne ich die Tür und bitte Leonard wieder herein. „Wie geht es dir jetzt?" Etwas durcheinander beschreibe ich ihm meine Gefühle, die ich während und nach der Behandlung hatte. Er nickt und deutet auf den Stuhl, und ich setze mich. Wie zu Beginn der Behandlung stellt er sich hinter mich und legt mir die Hände auf die Schultern, nur dass sie dieses Mal federleicht sind. Wahnsinn, ich kann es gar nicht glauben, wie kann das nur sein? Zum Abschied umarme ich Leonard und bedanke mich für das tolle Geschenk, er lächelt mich an: „Das habe ich doch gerne für dich gemacht Emma, und wenn es dir jetzt etwas besser geht, dann freue ich mich umso mehr!" „Ach und am Dienstag müssten wir unseren Termin um eine Stunde nach hinten verschieben, wenn es möglich wäre." Das spielt ja für mich keine Rolle, da ich ohnehin noch bis Ende des

Monats krankgeschrieben bin. „Das ist überhaupt kein Problem, Leonard." „Sehr gut. Und am Dienstag darfst du dein Bein das erste Mal voll belasten, es geht bergauf meine Liebe, bald wirst du mich nicht mehr brauchen." Schelmisch zwinkert er mir zu und wünscht mir noch einen schönen Abend.

Kapitel 17

Heute ist mein erster Arbeitstag, kritisch beäuge ich mich vor meinem Schlafzimmerspiegel, mein dunkelblaues Strickkleid umschmeichelt meine schmalen Hüften. Wobei ich wieder etwas zugenommen habe, jetzt sehe ich wenigstens wieder normal aus, nicht mehr wie ein Hungerhaken. Ja, ich denke, so kann ich mich sehen lassen, meine Haare habe ich mit einer schönen Schmetterlingsspange teilweise nach hinten gesteckt. Seit gut einer Woche darf ich ohne Krücken laufen, es ist ein tolles Gefühl! Nachdem ich meine Handtasche gepackt habe, trinke ich schnell einen Kaffee und esse ein Müsli. Die Uhr über der Küchentür verrät mir, dass es bereits zehn vor acht ist, um halb neun wird bei uns der Laden aufgesperrt, und ich möchte etwas früher da sein, an meinem ersten Tag. Daher kippe ich hastig den letzten Schluck Kaffee hinunter, stelle mein Geschirr in die Spülmaschine, schnappe mir meine Jacke und die Handtasche und verlasse die Wohnung. Da mir das Taxifahren auf Dauer einfach zu teuer wird, entscheide ich mich heute für den Bus. Fünfhundert Meter von meiner Wohnung entfernt liegt die Bushaltestelle. Ich laufe gemütlich hin und checke den Fahrplan. Um fünf nach acht kommt der Bus, sehe ich, ich schiebe den Jackenärmel zurück und blicke auf meine Armbanduhr. Da hab ich ja richtig Glück, es ist kurz nach acht. Zwei Minuten später fährt der Bus vor, ich steige ein und lasse mich in den Sitz ganz hinten sinken. Es ist komisch, nach so langer Zeit wieder zur Arbeit zu gehen. Aber irgendwie freue ich mich auch, endlich eine willkommene Ablenkung, und eigentlich liebe ich meine Arbeit. Es war schon von Kindheitsbeinen an mein größter Traum, Fotografin zu werden. Um viertel nach acht betrete ich das Studio zum Seiteneingang, alles ist wie immer, ich atme tief durch und suche nach Joachim und Marie. Marie ist noch nicht da, aber Joachim finde ich in unserem Kaffeezimmer, über das dicke

Terminbuch gebeugt. Leise, um ihn nicht zu stören, hänge ich meine Jacke und die Tasche an einen Haken neben der Tür. Doch die Tasche rutscht wieder vom Hacken und knallt auf den Boden. Erschrocken dreht sich Joachim um: „Um Himmels Willen, hast du mich erschreckt!" Lachend und die linke Hand auf Herzhöhe haltend, nimmt er seine schwarz umrandete Lesebrille ab und steht auf. „Emma, wie schön, dass du wieder da bist!" Es ist eine komische Situation, beide wissen wir nicht so recht, wie wir uns verhalten sollen. Joachim versucht, mich zu umarmen, entscheidet sich aber dann doch dagegen. Er scheint nervös zu sein. Joachim klopft mir daher kurz auf die Schulter. „Willst du vielleicht einen Kaffee? Marie ist krank, sie hat am Wochenende die Grippe bekommen, es ist gut, dass du wieder da bist, sonst wüsste ich wirklich nicht, wie ich das alles alleine bewältigen sollte!" Nachdem wir unseren Kaffee getrunken haben, sperrt Joachim den Laden auf, und ich werfe einen Blick in das Terminbuch. Um neun habe ich ein Aktshooting mit zwei Frauen. Gegen zwölf kommt ein junges Paar, das vor ein paar Wochen zu Eltern geworden ist und sich mit seinem Baby ablichten lassen will, und um drei steht noch mal ein Familienshooting an. Die beiden Mädels, die um neun kommen, sind sehr unkompliziert und überaus nett. Nachdem wir zusammen eine Tasse Kaffee getrunken und uns etwas unterhalten haben, schreiten wir zur Tat. Es tut so gut, die Kamera wieder in der Hand zu halten und zu experimentieren.

Am Ende des Tages bin ich ganz schön platt aber glücklich, dass ich endlich wieder fotografieren kann. Kurz vor Ladenschluss sehe ich noch mal alle Bilder von den Shootings durch und bin zufrieden mit mir. Gegen 18:00 Uhr schließt Joachim den Laden und fährt mich nach Hause. Erschöpft und hungrig lasse ich mich mit einem Sandwich auf mein Sofa fallen und verschlinge mein Abendessen. Den ganzen Tag hatte ich nicht so richtig Zeit, eine Pause einzulegen. Als ich fertig bin, gehe ich ins Bad und lasse mir Wasser in die Wanne. Nach einer guten Stunde im Schaumbad mache ich mich bettfertig und lasse mich in die Federn plumpsen. Ich wusste gar nicht, wie anstrengend arbeiten sein kann, wenn man so lange nichts gemacht hat.

Kapitel 18

An einem Samstagnachmittag Ende März klingelt das Telefon, schnell hetze ich durch die Wohnung und puste mir dabei den Nagellack trocken, den ich gerade aufgetragen habe. Heute Abend gehen Maria und ich ins Theater, ich hatte ihr ja zu Weihnachten zwei Karten für „Ein Sommernachtstraum" geschenkt, und heute ist der große Tag. Hektisch blicke ich mich im Wohnzimmer um, wo ist nur das blöde Telefon? Ich durchwühle einen Haufen von Zeitschriften, der auf dem Couchtisch liegt. Nein, da ist es auch nicht. Das Telefon klingelt unaufhörlich. Mist, wo könnte es sein, da fällt mir ein, dass ich zwei Stunden zuvor mit meinem Pa telefoniert habe und dabei auf dem Sofa saß. Schnell reiße ich mit zwei Fingern die Decke hoch, und da liegt es. Immer darauf bedacht, dass meine frisch lackierten Nägel nichts abbekommen, nehme ich den Hörer und drücke auf die grüne Taste. Leonard ist in der Leitung: „Hey Em, wie geht s dir?" Seit zwei Wochen habe ich schon nichts mehr von ihm gehört, da meine Krankengymnastik abgeschlossen ist. Endlich kann ich wieder ganz normal laufen. „Du, stell dir vor, ich habe gestern meine Exfreundin getroffen, und sie hat mir erzählt, dass sie vor ein paar Wochen ein Yogastudio eröffnet hat, da musste ich gleich an dich denken. Du hast doch mal erwähnt, dass dich das interessieren würde." „Stimmt", antworte ich freudestrahlend. „Sehr gut, dann hol dir mal nen Zettel und einen Stift und notier dir schnell die Nummer und die Adresse, dann kannst du's dir ja nächste Woche mal ansehen!" Begeistert hüpfe ich im Wohnzimmer auf der Suche nach Block und Bleistift herum ... ah, da neben dem Fernseher ... schnell schnappe ich mir beides und setze mich auf das Sofa. „Alles klar, ich bin startklar!" Leonard gibt mir die Nummer und Adresse durch, ich kritzle sie schnell auf meinen Block und bedanke mich bei ihm. „Sehr gut, du musst mir aber irgendwann mal erzählen, wie es war, ok?" „Na klar, danke noch mal für den Tipp, bis bald Leonard." Glücklich werfe ich das Telefon in die Kissen, drücke mich vom Sofa hoch und pinne den Zettel an die Kühlschranktür neben meine To-Do-Liste. Schön, dann kann ich ja schon bald einen weiteren Punkt streichen. Kritisch beäuge ich nun meine roten Nägel, ob der Nagellack endlich trocken und noch heil ist. Alles paletti. Ich hüpfe ins Badezimmer, lackiere meine Fußnägel und mache mich danach an meine Haare. Ich möchte sie heute einfach nur über die Rundbürste föhnen und offen tragen. Für das Theater habe ich mir eine schicke schwarze Anzughose und eine weiße Bluse rausgesucht. Um kurz nach halb sieben bin ich fertig und begutachte mich im großen Spiegel im Schlafzimmer. „Ja, ganz passabel, würde ich sagen." Ich streiche mit den Händen seitlich über die Bluse, drehe mich einmal nach links und dann nach rechts. Mit einem Lächeln schnappe ich mir meine Handtasche und streife mir meinen schwarzen Mantel über. Schnell laufe ich die Treppe zu Maria hinunter und klingle an der Tür. Es dauert nicht lange, da reißt sie die Tür auf. „Da bist du ja endlich, ich dachte schon, du kommst nicht mehr!" „Wieso? Es ist doch erst kurz nach halb sieben?" Hektisch zieht Maria mich in ihre Wohnung, da erst fällt mir auf, dass sie einen Bademantel trägt. „Wieso bist du noch nicht angezogen?" Maria verdreht die Augen „Weil ich mich nicht entscheiden kann!" Genervt und die Hand immer noch fest um meinen linken Oberarm geklammert, zieht sie mich in ihr Schlafzimmer. Da fällt mir auf, dass ich das erste Mal in Marias Wohnung bin. Auf dem Bett liegen zwei Outfits. Das Linke ist ein dunkelgrünes Kostüm und das Rechte eine schwarze Hose und eine lilafarbene Bluse. Maria lässt meinen Arm los „Und?" Ich überlege kurz: „Also, wenn du mich fragst, würde ich das Kostüm nehmen, da ich schon eine schwarze Hose und eine Bluse anhabe." Ich nehme das Kostüm vom Bett und halte es ihr hin: „Perfekt, zieh es schnell an, und ich warte solange draußen auf dich!" „Bist du dir sicher, dass das andere nicht besser aussieht?" Beruhigend lege ich meine Hand auf ihre Schulter. „Ich bin mir ganz sicher, du würdest in beiden umwerfend aussehen. Zieh es an und ich sage dir, wie ich es finde, okay?" Schnell gehe ich in den Flur und schließe die Schlafzimmertür hinter mir. Solange ich warte, sehe ich mich ein wenig um. Der Flur ist relativ schmal, an den Wänden wurden Rosentapeten angebracht. An der Wand steht ein weißes schmales Tischchen, an dem teilweise die Farbe abgebröckelt ist. Überall hängen Familienbilder, gerade als ich sie näher betrachten möchte, öffnet sich die Schlafzimmertür, und Maria kommt heraus „Denkst du wirklich, das ist gut?" Ich strecke die Daumen nach oben. „Das ist sogar sehr gut, du siehst fantastisch aus, meine Liebe. So, und jetzt müssen wir endlich los, sonst verpassen wir noch die Vorstellung!" Außerdem wartet bestimmt Ishan schon unten, denke ich. Dem hatte ich nämlich heute Nachmittag schon Bescheid gegeben, dass wir gegen viertel vor sieben seine Dienste in Anspruch nehmen müssen. Nachdem Maria ihren Mantel übergeworfen hat, überprüft sie ihren Tascheninhalt auf das Vorhandensein der Karten. Danach flitzen wir die Treppe nach unten. Wie ich es mir schon gedacht habe, steht das Taxi vor der Tür, und Ishan lehnt locker an der Beifahrertür. „Guten Abend, meine Damen", sagt er lächelnd und öffnet für uns die hintere Tür.

Am Theater angekommen, ist Maria ganz aufgeregt. Da es bereits viertel nach sieben ist, geben wir schnell unsere Mäntel ab und suchen unsere Plätze. Pünktlich um halb acht geht der Vorhang auf, und wir genießen das Stück. Um kurz nach zehn treten wir hinaus auf die Straße. Überwältigt von dem Schauspiel hake ich mich bei Maria unter. „Wie hat es dir gefallen?" „Es war einfach wunderbar, diese herzzerreißende Liebesgeschichte, wie toll die das gespielt haben! Außerdem mag ich die Sprache von Shakespeare. Sie ist so, so romantisch." Ich bin überglücklich, dass es Maria so gut gefallen hat. „Wollen wir noch etwas trinken gehen, oder bist du müde?" „Na aber hallo, natürlich habe ich noch Lust, was schlägst du denn vor?" Angestrengt überlege ich. „Da gibt es in der Nähe eine schöne Bar in einem Gewölbekeller, was hältst du davon?" Maria nickt, und wir marschieren los. Nach gut fünf Minuten Fußmarsch erreichen wir das „La

Mariposa". Über einige Stufen geht es hinab in die Bar. Hier unten ist das Licht gedämpft, leise klassische Musik ist zu hören. Wir suchen uns einen kleinen Tisch in einem verwinkelten Teil des Raumes. Maria und ich lassen uns in weiche Ledersessel sinken und studieren sofort die Getränkekarte. „Kannst du irgendetwas empfehlen?", fragt sie. Ich werfe ihr einen Blick über die Karte zu: „Kommt drauf an, was du möchtest, etwas mit Alkohol oder ohne?" Maria überlegt. „Was nimmst du denn?" „Also ich … hmm … ich denke, ich nehme einen Cocktail." Maria legt ihre Karte beiseite. In diesem Augenblick kommt schon die Kellnerin, eine hübsche Blondine um die Zwanzig. „Haben Sie schon gewählt?" Maria nickt und deutet auf mich: „Also ich hätte gern einen Mojito." Lächelnd wendet sich die Kellnerin an Maria. „Und was darf es für Sie sein?"

„Ich nehme das Gleiche!" Zwei Mojitos und eineinhalb Stunden später verlassen wir leicht angesäuselt die Bar. Draußen angekommen rufe ich Ishan an, und eine Viertelstunde später holt er uns am Theater ab. „Entschuldigung, aber ich hatte noch einen Fahrgast, den ich erst abliefern musste." „Das ist doch kein Problem Ishan, wir haben doch nicht lange gewartet." Zu Hause angekommen, umarmt mich Maria noch zum Dank für den tollen Abend und wünscht mir eine gute Nacht. Müde schleppe ich mich die Treppen hinauf, schmeiße meine Tasche achtlos auf die Kommode und gehe ins Bad. Nachdem ich mich abgeschminkt und mir meinen Schlafanzug übergezogen habe, kuschle ich mich in mein Bett und schlafe sofort ein.

Kapitel 19

Am Montagvormittag, ich habe ein bisschen Luft zwischen meinen Terminen, rufe ich in dem Yogastudio an. Es dauert nicht lange, da meldet sich eine angenehme weibliche Stimme „Hallo, Katrin Sommer hier, was kann ich für Sie tun?" Ich räuspere mich. „Ja. Hallo, hier ist Emma Koch, Leonard hat mich angerufen und …" „Ach Emma, schön, dass du anrufst, Leonard hat schon gesagt, dass du dich melden würdest!" Nun bin ich etwas überrumpelt. „Ah ja, schön, also ich wollte fragen, also ich würde gern mal zum Probetraining vorbeikommen, wenn das recht wäre!" Irgendwie hat sie mich aus meinem Konzept gebracht. „Ja gern, wie wäre es denn gleich mit heute Abend? Der Kurs fängt um sieben an, aber du kannst gern schon um halb sieben kommen, dann zeig ich dir das Studio und erkläre dir ein bisschen was." Das geht aber schnell. „Äh, aber ich hab gar keine Matte und so." „Du brauchst eigentlich nichts mitzubringen außer bequeme Kleidung und gute Laune, alles andere bekommst du von mir." „Ja, dann. Gut. Dann bis später würde ich sagen." „Alles klar Emma. Bis später, ich freue mich auf dich." Schon hat sie aufgelegt. Das wird alles ganz schön knapp. Nach der Arbeit nach Hause und dann wieder in die Stadt zurückfahren. Den Kopf in die Hände gestützt, sitze ich grübelnd an unserem Verkaufstresen, als Joachim an mir vorbeischlendert. „Alles klar bei dir Emma?" „Es ist nur, dass ich heute einen Yogakurs ausprobieren möchte, und der ist schon um halb sieben. Aber ich muss nach der Arbeit erst noch heim, bequeme Kleidung holen. Da ich kein Auto habe, weiß ich nicht genau, wie ich das zeitlich hinbekommen soll." Joachim zupft in Gedanken versunken an seinem blauen Hemd. „Hm, also ich treffe mich später mit meiner Frau in der Stadt, wir wollen essen gehen. Davor hätte ich Zeit, dich nach Hause zu fahren und dann zum Yogastudio zu bringen." „Echt jetzt?" Begeistert springe ich auf, laufe um den Tresen herum und falle Joachim in die Arme. „Vielen Dank, du bist einfach der Beste!"

Pünktlich um halb sieben treffe ich am Yogastudio ein und klingle an der Tür. Eine rothaarige Frau, die langen Haare zu einem Zopf geflochten und mit vielen Sommersprossen im Gesicht, öffnet mir die Tür. Sie ist ungefähr so groß wie ich, schlank, hat grün-braune Augen und volle Lippen. „Du bist bestimmt Emma, oder?" Ich nicke und sie fällt mir um den Hals. „Schön, dich kennenzulernen. Komm, wir gehen hinein, und ich zeige dir alles." Die ist ja mal direkt, aber irgendwie macht es mir gar nichts aus, dass sie mich gleich umarmt, ich mag sie, sie ist nett. Wir gehen durch einen kurzen Gang und stoßen auf eine Glastür. Kathrin öffnet sie und bittet mich, die Schuhe auszuziehen. Nun befinden wir uns in einem Raum, von dem mehrere Türen ab-gehen. Es ist angenehm warm und gemütlich. Am hinteren linken Ende des Raumes befindet sich eine Art Bar, davor stehen drei Barhocker. An einer Wand gegenüber der Glastür steht eine große Buddhastatue auf einem weißen Podest. Kathrin zeigt mir die Toiletten, die sich direkt rechts neben dem Eingang befinden. Die Umkleideräume befinden sich links neben dem Buddha. Ein kleiner Raum rechts neben dem Buddha beinhaltet Yogamatten, Blöcke, Gurte, Meditationskissen und Decken. Kathrin schnappt sich eine graue Matte, eine Decke und einen Gurt. „Mehr werden wir heute nicht brauchen." Mit einem Zwinkern bedeutet sie mir, ihr zu folgen. Kathrin öffnet die letzte Tür, die sich genau gegenüber der Bar befindet. Wir treten in den Trainingsraum ein. Er ist in einem hellen gelben Ton gestrichen. Die rechte lange Seite des Raums ist komplett aus Glas, draußen befindet sich ein Innenhof mit einem kleinen Brunnen. Im Sommer ist der Innenhof bestimmt wunderschön und mit Blumen übersät. Vorne, an der kurzen Seite ist die Wand ein einziger großer Spiegel. Dort liegt bereits Kathrins Matte. Außerdem stehen zwei Kerzen, eine rechts und eine links, auf dem Boden. Kathrin legt meine Matte in die erste Reihe. „Da hab ich dich dann besser im Auge und kann dir sagen, wenn du etwas falsch machst. Beim Yoga ist es sehr wichtig, dass man seine Übungen korrekt ausführt, sonst kannst du was kaputt machen!" Erschrocken schaue ich sie an. „Du brauchst keine Angst zu haben, es ist noch kein Meister vom Himmel gefallen, aber dafür bin ja ich da. Möchtest du vor der Stunde einen Ingwertee?" „Ja, gern. Aber erst ziehe ich mich schnell um." Als ich fertig bin, setze ich mich an den Tresen, und Kathrin schenkt mir eine Tasse heißes Ingwerwasser ein. „Das ist gesund und gut zum Entschlacken. Am Ende der Stunde gibt es immer was zu knabbern", sagt sie fröhlich. „Du solltest nicht zu viel von dir erwarten in der ersten Stunde, Emma, wenn du nicht mehr kannst, dann ist das in Ordnung. Hier ist es nicht das Ziel, sofort mit den anderen mitzuhalten, sondern dir etwas Gutes zu tun! Du kannst jederzeit in die Position des Kindes gehen, ich erkläre das aber dann in der Stunde nochmal." Freundlich tätschelt sie meine Hand. Langsam trudeln auch andere Kursteilnehmer ein, und Kathrin verfällt in eine Unterhaltung mit einem Mann und seiner Frau. Ich nippe an meinem Ingwertee und sehe mich noch ein bisschen um. Es gefällt mir hier ganz gut, jetzt bin ich mal auf die Stunde gespannt. Um kurz vor sieben betritt eine junge, zierliche Frau das Yogastudio. Ihre dunkelbraunen, langen lockigen Haare umspielen ihr zartes Gesicht, und ihre dunklen Augen strahlen. Während sie ihre Schuhe abstreift, ruft sie Kathrin ein „Hallo Kathrin" zu. Als sich unsere Augen treffen, bin ich peinlich berührt, weil ich sie beobachtet habe. Hoffentlich hat sie nichts gemerkt! Die Frau strahlt mich mit einem umwerfenden Lächeln an und kommt auf mich zu. Immer noch lächelnd streckt sie mir die Hand hin. „Hi, ich bin Isabella. Du bist zum ersten Mal hier, oder?" Überrascht über so viel Offenheit und ihre direkte Art reiche ich ihr meine Hand. „Ja, ich bin heute das erste Mal da. Wollte mal schauen, ob Yoga was für mich ist. Ich heiße Emma." „Ach ganz bestimmt ist das was für dich. Ich liebe es, seitdem ich das mache, bin ich ausgeglichener. Außerdem fühle ich mich nach der Stunde immer so … frei und einfach glücklich!" Das hört sich doch gar nicht schlecht an. Isabella verschwindet im Umkleideraum. Kurze Zeit

später steht sie wieder vor mir. „Hast du deine Matte schon aus-
gelegt?" Ich nicke. „Komm, wir schauen, ob noch Platz neben
dir ist." Sie fasst mich an der rechten Hand und zieht mich in
Richtung Trainingsraum. Einige haben ihre Matten schon aus-
gerollt, zwei Frauen sitzen im Schneidersitz auf ihren Matten und
haben die Augen geschlossen. Die erste Reihe ist wohl nicht so
beliebt, meine Matte ist die einzige, die vorne liegt. „Wo ist
deine?", fragt mich Isabella und ich deute mit dem Finger drauf.
„Ah, was für ein Glück!" Sie rollt ihre lila Matte aus und lässt
sich nieder. In dem Moment treten alle anderen in den Raum
ein, und Kathrin schließt die Tür hinter sich. Danach stellt sie
eine beruhigende Musik an und geht nach vorne auf ihre Matte.
„Hallo meine Lieben, schön, dass ihr heute da seid und wir zu-
sammen die Stunde genießen dürfen. Wir haben heute auch zwei
neue Yoginis unter uns, daher werden wir eine eher gemäßigte
Stunde machen. Ich hoffe, das ist für euch in Ordnung." Ein zu-
stimmendes Murmeln geht durch den Raum. „Wir beginnen
unsere Stunde immer im Stehen. Tretet bitte bis vor an die Matte.
Eure Füße hüftbreit auseinander. Gut. Dann zieht eure Zehen
nach oben und setzt sie einzeln auf die Matte. Kippt euer Becken
nach vorne, zieht den Bauchnabel ein, und rollt die Schultern
von vorne nach hinten unten. Schafft Weite in eurem Brustraum.
Sehr gut. Und jetzt stellt euch vor, wie euch am Hinterkopf
jemand nach oben ziehen möchte, zieht das Kinn leicht in Richtung
Brustbein, und schafft Länge in eurem Rücken. Die Fingerspitzen
zeigen in Richtung Boden, stellt euch auch hier vor, dass jemand
daran zieht. Gut. Nun schließt die Augen und atmet. Atmet tief
durch die Nase ein und wieder aus. Konzentriert euch nur auf
eure Atmung. Wenn Gedanken kommen, lasst sie vorbeiziehen.
Atmet ein und aus. Ujjayi Pranayama. Man nennt ihn auch den
„Siegreichen Atem". Diese Atemtechnik verleiht dir die Kraft,
jede Asana zu meistern. Er wird dir helfen, in deiner Konzentration
zu bleiben. Er sorgt für Zentrierung, Ruhe, Vertrauen und Los-
lassen. Man sagt außerdem „Der Übende erstrahlt in großer
Schönheit und überwindet Alter und Tod". Versucht nun beim
Ausatmen die Stimmritze zu verengen und sagt Hhhaaa. Macht

das nun ein paar Mal. Einatmen durch die Nase und'ausatmen durch den Mund Hhhaaa. Nun verschließt ihr den Mund während des Ausatmens und lasst die Kehle in unveränderter Form. Macht das auch bei der Einatmung. Es hört sich ein bisschen wie ein Wellenrauschen an. Versucht, diese Atemtechnik während der Übungen beizubehalten." Ich tue, was Kathrin uns sagt. Es ist komisch, so dazustehen und mit geschlossenen Augen zu atmen, ich habe das Gefühl, ich würde hin und her schwanken. Außerdem will mir das mit dem Wellenrauschen noch nicht so ganz gelingen. „Jetzt führt die Arme über die Seiten nach oben zusammen und dann hinunter auf Herzhöhe. Wiederholt das Ganze fünf Mal ..." Die Übungen sind wahnsinnig anstrengend. Ich glaube, es gibt keinen unbeweglicheren Menschen als mich. Bei Isabella sieht das so leicht aus. Teilweise denke ich, ich halte es nicht mehr aus, ich habe überhaupt keine Kraft. Meine Arme und Beine zittern. Ich schwitze. Mir tropft der Schweiß von der Stirn. Und als ich verstohlen meinen Blick schweifen lasse, muss ich leider feststellen, dass es da nur mir so geht. Das ist mir so peinlich. Am Ende der Stunde liegen wir am Boden, und Kathrin löscht das Licht. Der Raum wird nur noch von dem Schein der beiden Kerzen neben ihrer Matte erfüllt. Danach geht Kathrin durch die Reihen und deckt alle mit den Decken zu. „Entspannt euch jetzt. Fühlt, wie euer Körper immer mehr in den Boden sinkt. Wie er eins wird mit der Erde. Spürt noch mal in eure Arme und Beine, in den Rücken und den Bauch ..." Die Entspannung ist so schön, und es tut so gut, dass ich doch glatt kurz einnicke. Jemand tippt mich sanft an die Schulter, und ich öffne die Augen. Alle sitzen bereits wieder im Schneidersitz. Ich laufe rot an ... wie peinlich, jetzt weiß jeder, dass ich eingeschlafen bin. Schnell setze ich mich auf. Kathrin schenkt mir ein Lächeln und blinzelt mir zu. „Nehmt nun eure Arme über die Seite nach oben und führt sie dann wieder auf Herzhöhe. Holt euch Kraft und Energie für die kommende Woche." Wir wiederholen das Ganze drei Mal. Danach führt Kathrin ihre Hände an die Stirn und verneigt sich vor uns „Namasté. Es war eine tolle Stunde, vielen Dank. Ich wünsche euch einen schönen Abend und natürlich eine erfolgreiche Woche." Kathrin steht auf und geht nach draußen. Isabella kniet sich vor mich hin. „Und? Was sagst du?" Momentan weiß ich das noch nicht so genau. Ich fand es zwar total anstrengend, und ich habe das Gefühl, dass ich niemals so beweglich werde wie Isabella und Kathrin, aber andererseits fühle ich mich federleicht. „Ja, war ganz gut, denke ich!" „Schön. Also ich hatte am Anfang totale Probleme mit der Atmung. Die Übungen waren so anstrengend für mich, dass ich geröchelt habe wie ein Stier, aber langsam geht's ganz gut." Ich nicke zustimmend. „Ja, da sagst du was. Außerdem bin ich so was von ungelenkig." Isabella springt auf und rollt ihre Matte zusammen. „Ach, das wird schon noch. Du darfst bloß nicht am Anfang zu viel von dir erwarten. Aber falls du dich entschließt, das öfter zu machen, dann wird das mit der Zeit schon." Auch ich rolle die Matte auf und lege die Decke zusammen. Nachdem wir unsere Sachen aufgeräumt haben, setzen wir uns an die Theke und trinken noch eine Tasse Ingwertee. Kathrin hat in zwei kleine Schälchen Brezeln gefüllt. Sie verabschiedet gerade die andere Frau, die heute das erste Mal da war, und kommt dann zu mir. Sie legt mir einen Arm um die Schulter „Und? Alles klar bei dir? Ich hoffe, es hat dir ein bisschen gefallen." Schnell steckt sie sich eine Brezel in den Mund und kaut genüsslich. „Mhh, wie ich sie liebe."

Ich muss lachen. „Mir hat es sehr gut gefallen, auch wenn ich mir vorkomme wie ein großer unbeweglicher Klotz." „Ach, das wird schon." Sie reicht Isabella und mir das Schälchen mit den Brezeln, und wir greifen zu. „Und wie bezahlt man die Stunden?" „Mit Geld", scherzt Kathrin. „Nein, jetzt mal im Ernst, du kannst nach jeder Stunde bar bezahlen, oder du kaufst dir eine Zehnerkarte. Ist ein bisschen günstiger und praktischer, denn du kannst sie hierlassen und musst dann nicht immer an das Geld denken." „Gut. Dann mache ich das so. Bezahlen kann ich sie aber erst beim nächsten Mal."

„Mhh", Kathrin schluckt schnell ihre Brezel, „das ist kein Problem, denn die erste Stunde ist sowieso umsonst!" Kathrin tänzelt hinter ihren Tresen und hakt bei Isabellas Karte die heutige Stunde ab. „Wir könnten ja immer zusammen gehen, wenn du

Lust hast! Zu zweit macht es doch viel mehr Spaß, was meinst du?" Isabella blickt mich erwartungsvoll an. Warum eigentlich nicht, sie ist sehr nett und war mir auf Anhieb sympathisch. „Gern", sage ich deshalb lächelnd. Isabella schnappt sich einen Kursplan und legt ihn zwischen uns auf den Tresen. „Wie hast du denn immer so Zeit?", fragt sie mich. „Also ich arbeite jeden Tag, also Montag bis Freitag bis um achtzehn Uhr. Ich bin Fotografin, und wenn im Frühjahr die Hochzeiten und so losgehen, dann auch ab und zu am Samstag oder Sonntag. Und du?" „Meistens komme ich so gegen halb fünf von der Arbeit, aber es kommt immer darauf an, was los ist." „Was arbeitest du?" „Ich bin bei der Polizei", sagt sie strahlend. „Krass. Mit Uniform oder ohne?" „Ohne, ich bin seit zwei Jahren bei der Kriminalpolizei, da arbeitet man in Zivil." Das ist ja spannend, und wie das klingt ‚in Zivil'. „Hast du da keine Angst?" Isabella winkt ab. „Nein nein, wieso denn, meine Kundschaft ist meistens schon tot, die tun mir nichts mehr!" Entgeistert schaue ich sie an. „Und das macht dir gar nichts aus, die Leichen anzuschauen und anzufassen? Die stinken doch bestimmt." Isabella nickt. „Stinken tun manche schon, es kommt halt drauf an, wie alt sie sind. Aber man gewöhnt sich an alles." Also ich weiß ja nicht, ob ich mich daran gewöhnen könnte. Nein, ich denke nicht. Der Gedanke allein ist schon gruselig. Am Ende entscheiden wir uns für die Abendkurse am Montag und Mittwoch. Nachdem wir eine zweite Tasse Ingwertee getrunken und die restlichen Brezeln verputzt haben, ziehen wir uns um und verlassen das Studio. „Soll ich dich vielleicht mitnehmen?", fragt mich Isabella. Dankbar nehme ich an. Im Auto plaudern wir noch ein bisschen über Isabellas Job. Als sie vor meiner Haustür hält, schnalle ich mich ab und möchte aussteigen, da hält mich Isabella zurück. Sie umarmt mich. „Schön, dass wir uns kennengelernt haben. Ich finde dich wirklich sehr nett!" Ich bin mal wieder total überrumpelt. Warum werde ich heute von allen umarmt? Natürlich finde ich sie auch sehr nett, aber solche Intimitäten auszutauschen, obwohl wir uns noch gar nicht richtig kennen, das ist mir einfach fremd. Daher löse ich mich aus ihrer Umarmung und steige aus. „Ja, finde ich auch. Bis Mittwoch dann." Isabella beugt sich über den Beifahrersitz, um mich besser sehen zu können. „Soll ich dich mitnehmen?" „Das wäre nett, ja." „Gut, dann bis Mittwoch um kurz nach sieben!" Ich schließe die Beifahrertür von ihrem alten Mini, und Isabella fährt mit quietschenden Reifen davon.

Kapitel 20

Am Mittwoch klingelt es pünktlich um kurz nach sieben an meiner Tür. Ich sammle noch schnell meinen Geldbeutel und die Yogahose ein, stopfe beides in meine Tasche und laufe die Treppe hinunter. Unten angekommen, empfängt mich eine freudestrahlende Isabella. Überschwänglich nimmt sie mich in die Arme „Hallo Emma, schön, dich zu sehen, ich freu mich schon so wahnsinnig auf die Stunde. Ich hatte einen echt anstrengenden Tag." „Was war denn los?" Langsam laufen wir zum Auto, und ich lege meine Tasche auf die Rücksitzbank (insofern man das eigentlich überhaupt Rücksitzbank nennen kann). Isabella lässt sich seufzend in den Fahrersitz fallen und schnallt sich an. Als ich sitze, fährt sie los und sagt: „Ach na ja, heute hat irgend so ein Bekloppter gemeint, er muss auf seine hochschwangere Ex-Freundin einstechen. Ganze zwanzig Mal." Schockiert starre ich sie an „Mein Gott, das ist ja krass. Hier in Detmold?" Isabella nickt. „Hat sie überlebt?" „Nein, leider nicht. Die Nachbarin hat die Schreie gehört und hat noch versucht, sie wiederzubeleben, doch es kam jede Hilfe zu spät, aber das Baby konnte während einer Notoperation gerettet werden. Es wurde glücklicherweise nicht getroffen!" Bis wir auf dem Parkplatz beim Yogastudio ankommen, schauen wir beide schweigend zum Fenster hinaus. Nachdem wir ausgestiegen sind, hakt Isabella sich bei mir unter. „Wie hältst du das nur aus, wenn du so was siehst, ich würde Alb-träume davon bekommen!" Sie antwortet nur: „Darüber reden", und schnell wechselt Isabella das Thema. „Sag mal, hättest du vielleicht Lust und Zeit, nachher mit mir essen zu gehen?" Ich überlege kurz, ich habe eigentlich nichts vor, also warum nicht? „Ja, gerne!"

Während der Yogastunde komme ich mir wieder vor wie ein Rhinozeros, das zehn Kilometer Dauerlauf hinter sich hat. Die

Übungen sind so anstrengend ... wie die das mit der Atmung machen, ist mir ein Rätsel. Zwischendurch habe ich das Gefühl, dass ich einfach zusammenbreche. Wir verharren jetzt schon seit gefühlten fünf Minuten (wahrscheinlich sind es höchstens 2) im „herabschauenden Hund". Meine Arme schmerzen, alles zittert, ich habe einfach keine Kraft mehr. Aber ich kann jetzt nicht einfach aufgeben, wie sieht das denn aus? Ich weiß, ich weiß, Kathrin hat gesagt, man soll in „das Kind" gehen, wenn man nicht mehr kann, aber ich will mir diese Blöße irgendwie nicht geben. Also muss ich durchhalten. Gerade in dem Moment, als mein linker Arm vollkommen schlapp zu machen droht, dürfen wir in die nächste Asana gehen. Endlich kommen wir in die Position des Kindes ... ahh tut das gut. Bei der Entspannung schlafe ich diesmal nicht ein, da mir die ganze Zeit Bilder durch den Kopf schießen, wie der Mann auf die Frau einsticht. Also mein Beruf wäre das wirklich nicht, jetzt war ich ja noch nicht einmal vor Ort, und trotzdem muss ich ständig dran denken. Das ist doch schrecklich, immer mit so negativen Situationen konfrontiert zu sein. Ich kann mir auch irgendwie die kleine, zierliche Isabella gar nicht mit einer Waffe und als Polizistin vorstellen, muss ich gestehen. Nach der Stunde gönnen wir uns noch eine Tasse Ingwertee und danach eine wohltuende Dusche.

Isabella entführt mich in ein schnuckeliges, kleines italienisches Restaurant. Es ist sehr gemütlich eingerichtet. Das Licht ist gedimmt, und ein netter, pummeliger Italiener begrüßt Isabella freundlich mit einem Kuss auf die Wange. „Ciao Bella." „Mario, wie geht es dir?" Mario führt uns beide zu einem kleinen Tisch für zwei Personen am Fenster und rückt uns die Stühle zurecht. „Ach Bella, du weißte ja wiee dase so iste, immer die Probleme mit de Frauen." Ich muss kichern. Mario reicht uns die Karte. „Darfe ich euche erklären die Spezialität des Tages? Oder wollte ihr lieber Pizza?" Wir schütteln beide den Kopf. Isabella sagt: „Bitte erkläre uns doch die Spezialitäten." Mario räuspert sich kurz, streckt die Brust raus und legt los. „Also da hätten wir einemale die Risotto mit Meeresfrüchten und de Safran, ist e meine Geheimrezepte, sehr lecker. Dann hätte ich Saltimbocca a la romana in die Angebote. Bandnudeln mite Seeteufel und eine selbst gemachte Eis zu die Nachtisch." Isabella und ich überlegen kurz und entscheiden uns am Ende beide für das Risotto und eine Flasche Wasser. Als eine ältere, ebenfalls pummelige, dunkelhaarige Italienerin die Flasche Wasser bringt und uns in Weingläser gießt, zwinkert mir Isabella frech zu. Die Frau wirft uns einen argwöhnischen Blick zu, dreht sich ohne ein Wort um und geht. Fragend blicke ich Isabella an, und sie flüstert: „Das ist Marios Frau, sie kann es nicht leiden, wenn er mit mir flirtet." Wir kichern. Isabella hebt ihr Glas, und wir prosten uns zu. „Auf einen schönen Abend." Isabella erzählt mir, dass sie schon immer Polizistin werden wollte, schon seitdem sie denken kann. Nach dem Abitur hat sie sich dann beworben und hat den Einstellungstest geschafft. Zunächst war sie im normalen Streifendienst tätig, und seit zwei Jahren ist sie eben bei der Kriminalpolizei. Für mich persönlich stand diese Berufswahl nie zur Debatte. Wer will auch schon in einem Job sein, wo man ständig Gefahr läuft, verletzt oder gar getötet zu werden? Ich schüttle den Gedanken ab. Plötzlich taucht Mario auf und bringt uns einen Teller Antipasti. „Aber den haben wir doch gar nicht bestellt", protestiere ich, aber Mario winkt ab „Das e geht e auf die Haus, für zwei so schöne Signorinas." Strahlend bedanken wir uns. Isabella stöhnt auf. „Was für ein Glück, mein Magen knurrt schon die ganze Zeit, ich dachte langsam, ich müsste verhungern." Ich muss lachen. „Ja, geht mir genauso." Die Antipasti sind wirklich köstlich. Nachdem wir alles razeputz aufgegessen haben, schaut mich Isabella neugierig an. „Erzähl doch mal was von dir, du wirkst immer so ein bisschen verschlossen auf mich." Ich habe eigentlich keine Lust über mich und mein Leben zu reden, es gibt ja auch nicht viel, und über den Unfall kann ich unmöglich sprechen. Also zucke ich mit den Schultern. „Ach, da gibt es nicht viel zu erzählen." Isabella scheint meinen kleinen Stimmungsumschwung zu merken und fängt an, von sich zu erzählen. „Willst du wissen, wie ich meinen Mann kennengelernt habe? Eine wirklich tolle Geschichte!" Ich nicke begeistert und erleichtert, dass Isabella so ein feines Gespür hat und mich nicht drängt. „Also, wir haben uns vor ungefähr acht Jahren kennengelernt. Es war an einem Mittwochnachmittag. Nach einem ziemlich anstrengenden Tag wollte ich eine Runde joggen gehen. Ich war völlig in Gedanken. Plötzlich hat mich ein lauter Schrei aus meinen Gedanken geholt, aber da war es schon zu spät. Ein Fahrradfahrer konnte mir nicht ausweichen, oder ich ihm nicht mehr. Kann man sehen, wie man will, auf jeden Fall hat er mich umgefahren. Ich war stinkwütend sag ich dir!" Erschrocken sitze ich da. „Ist dir was passiert?" Isabella schüttelt den Kopf. „Nein, zum Glück nichts Schlimmes. Wir liegen also auf dem Weg, ineinander verheddert, das Fahrrad neben uns. Stöhnend rappeln wir uns hoch, und ich funkle den Übeltäter wütend an. Nach diesem blöden Tag kam mir der genau recht! Ich hab ihn also beschimpft, ob er keine Augen im Kopf hat und dass er ein Idiot sei. Er schaute mich unschuldig an und entschuldigte sich die ganze Zeit. Aber ich wollte seine Entschuldigung nicht hören und stand mühsam auf. Alles schmerzte, ich hatte das Gefühl, dass mich kein Fahrrad, sondern ein Lkw umgefahren hat. Kleine Schmerzenslaute entfuhren mir, und der Mann war sofort an meiner Seite. ‚Kann ich Sie ins Krankenhaus bringen?', hat er mich gefragt. Aber ich wollte von ihm gar nichts. Er jedoch bestand darauf, und ich ließ mich überreden. Er kettete sein Fahrrad an und rief ein Taxi. Im Krankenhaus stellte sich natürlich heraus, dass ich nur ein paar Prellungen erlitten hatte. Nachdem mich der Rennfahrer nach Hause gebracht hatte, hoffte ich, dass ich diesem Idioten nie mehr begegnen muss. Aber er fing an, mir Blumen zu schicken und um mich zu werben. Richtig süß eigentlich. Irgendwann ließ ich mich zu einem Abendessen überreden. Aber es hat ihn ein geschlagenes Vierteljahr harte Arbeit gekostet." Isabella kichert. „Erst bei diesem Treffen habe ich ihn mir zum ersten Mal genau angeschaut. Da musste ich feststellen, dass er unglaublich gut aussieht. Er war sehr höflich, ein echter Gentleman. Als er mich nach Hause brachte, war mein Zorn besänftigt. An der Haustür küsste er mich, und ich wehrte mich nicht. Es kribbelte überall." Seufzend schaut mich Isabella an. „Tja, und von diesem Moment an war es um mich geschehen. Seitdem sind wir ein Paar. Vor drei Jahren haben wir geheiratet, und kurze Zeit später sind wir in unser Haus gezogen." Mario unterbricht Isabellas Erzählung und serviert unser Risotto. Es duftet köstlich. Gierig machen wir uns darüber her. Als wir das Risotto aufgegessen haben, serviert uns Mario noch das selbstgemachte Eis, das er zuvor angepriesen hat. Nachdem wir gezahlt haben, schlendern wir zurück zu Isabellas Auto. Isabella hakt sich bei mir unter, und ich genieße das Gefühl der Vertrautheit zwischen uns. Es fühlt sich an, als würden wir uns schon ewig kennen. Daher platzt es plötzlich aus mir heraus: „Meine Mutter ist letztes Jahr bei einem Autounfall ums Leben gekommen!" Isabella bleibt stehen und nimmt mich ohne ein einziges Wort in den Arm. Ich bin froh, dass ich es ihr gesagt habe. Nun steht nichts mehr zwischen uns, und ich weiß, dass ich Isabella vertrauen kann. Während der Umarmung warte ich darauf, dass sich der Schmerz und die Leere wieder einstellen, aber sie bleiben aus. Ich atme tief ein und aus, und Isabella lässt mich los. „Alles in Ordnung, Emma?", fragt sie mich. „Willst du darüber reden oder lieber nicht?" Irgendwie verspüre ich den inneren Drang, ihr davon erzählen zu müssen. Während der Heimfahrt fange ich an, Isabella von dem Tag des Unfalls zu erzählen. Wie glücklich wir über das Angebot der Chefin meiner Mama waren. Mit welcher Euphorie und Vorfreude wir in unseren Urlaub starteten. Die Schilderung des Unfalls halte ich kurz, denn als ich daran zurückdenke und wieder die Bilder vor meinen Augen habe, muss ich die Tränen hinunterschlucken. Isabella parkt ihren Mini vor meinem Haus und stellt den Motor ab. Schweigend nimmt sie meine Hand und drückt sie. Ich erzähle ihr von meinen Erlebnissen im Krankenhaus und von der Beerdigung. Es sprudelt jetzt nur so aus mir heraus. Mit Maria habe ich nie darüber gesprochen. Sie weiß zwar von dem Unfall, aber über Details haben wir nie geredet. Es tut gut, mein Herz auszuschütten. Dann erzähle ich, wie ich mich verkrochen habe, wochenlang, wie Maria mich wieder zum Leben erweckt hat, dass mein Vater sich wieder um mich bemüht. „Oh Emma." Das ist alles, was sie sagt. Isabella schließt mich zärtlich in ihre Arme und streicht mir sanft über mein Haar. „Es tut gut, darüber zu reden, Isabella, ich habe noch nie darüber gesprochen." Es ist, als falle mir ein Stein vom Herzen, eine große Last, die sich nun verflüchtigt. Ich fühle mich irgendwie ... befreit. Isabella drückt mir einen Kuss auf die Wange und lächelt mich an. „Schön, dass du mir so vertraust! Ich wünsche dir noch einen schönen Abend Emma. Ich schreibe dir meine Nummer auf, falls du reden möchtest." Isabella zieht einen Zettel aus ihrer Handtasche und schreibt mit einem roten Kugelschreiber ihre Handynummer auf. Dankbar nehme ich sie entgegen und schreibe ihr auch meine Nummer auf. „Gut, dann bis spätestens Montag? Ich nehme dich wieder mit?", sagt Isabella fröhlich. „Ja, ich freue mich!" Ich werfe die Autotür zu und winke ihr noch mal zum Abschied. Leichtfüßig laufe ich die Treppe hinauf zu meiner Wohnung. So leicht habe ich mich schon lange nicht mehr gefühlt.

Kapitel 21

In den nächsten Wochen wurde die Freundschaft von Isabella und mir immer tiefer. Wir gingen jede Woche zweimal zum Yoga und nicht selten danach zu Mario eine Kleinigkeit essen. Ich erfuhr, dass Isabellas kleiner Bruder im Alter von 12 Jahren an Leukämie gestorben ist. Irgendwie ist jedem von uns schon einmal etwas Schreckliches widerfahren, und sieh dir an, sie sind alle wieder glücklich, Maria, Isabella … da werde ich es doch auch irgendwann schaffen, wieder glücklich zu sein!? Isabella erzählte mir außerdem, dass sich vor zwei Jahren herausgestellt hat, dass sie keine Kinder bekommen kann. Markus und sie haben es sich so sehr gewünscht. Zwischendurch dachten die beiden über eine Adoption nach, aber es wäre nicht das Gleiche. Daher entschieden sie sich einstimmig dafür, keine Kinder zu haben. Ich dagegen erzählte ihr viel von meiner Mutter.

Relaxt sitze ich mit Isabella und Maria auf meiner Dachterrasse, ich habe sie zum Kaffee eingeladen, damit die beiden sich endlich einmal kennenlernen. Die vergangenen vier Wochen habe ich es nicht geschafft, die Zwei einander vorzustellen. Maria hat einen leckeren Käsekuchen gebacken, und so sitzen wir nun hier, lassen uns die Sonne ins Gesicht scheinen und schlürfen genüsslich unseren Kaffee. Nachdem jeder von uns drei Stückchen Kuchen in sich hineingestopft hat, der Kuchen schmeckt einfach himmlisch, wie alles was Maria kocht, haben wir das Gefühl, jeden Moment zu platzen. Wir lassen uns tief in unsere Stühle sinken und legen die Hände auf den Bauch. Isabella und Maria haben sich von Anfang an super verstanden. Darüber bin ich sehr glücklich, denn sie sind momentan die wichtigsten Menschen in meinem Leben. Sie geben mir Halt und Kraft, aber das Wichtigste ist, sie helfen mir, wieder glücklich zu sein. „Du sag mal Emma …"

Isabella richtet sich in ihrem Stuhl ein wenig auf, legt ihre Hand zum Schutz vor der Sonne an die Stirn und schaut mich an. „Hm?" „Ich habe vorhin in deiner Küche einen Zettel an deinem Kühlschrank hängen sehen. Eine Liste." Ach die Liste, an die habe ich in letzter Zeit gar nicht mehr gedacht. „Ja, ich habe sie Ende letzten Jahres geschrieben. Dinge, die mir helfen sollen, wieder glücklich zu werden." Nun richtet sich auch Maria auf. „Und? Hast du schon ein paar Punkte abgearbeitet?" Ich zucke mit den Achseln. „Ja ein paar. Aber nichts Weltbewegendes." Isabella springt auf, „Wartet, ich hole sie einfach mal" und rennt in die Küche. Einen Moment später sitzt sie wieder am Tisch, legt das Blatt Papier vorsichtig vor sich hin und liest sich meine To-Do-Liste sorgfältig durch. Maria streckt ungeduldig ihren Arm nach dem Zettel aus. „Isabella, ich will auch wissen, was da steht!" Isabella wirft Maria ein verschmitztes Lächeln zu. „Na komm und hol ihn dir." Maria lacht laut los. „Das ist nicht dein Ernst!?" Isabella nickt und lacht ebenfalls. *Die zwei sind wie kleine Kinder,* schießt es mir durch den Kopf. In dem Moment springt Maria auf, stürzt um den Tisch, und versucht, Isabella das Papier zu entreißen. Mit offenem Mund beobachte ich die beiden. Isabella nimmt die Liste und hält sie mit ihrer rechten Hand weit weg von Maria. Maria dagegen tänzelt nun um Isabella herum, um an den Zettel zu gelangen. Da kann ich wirklich nur mit dem Kopf schütteln. Die beiden sehen so albern aus. Isabella hält sich mittlerweile vor lauter Lachen den Bauch mit ihrem freien Arm fest, und Maria laufen vom Lachen Tränen über die Wangen. Nun muss auch ich in ihr kindliches Gelächter einstimmen. Da schafft es Maria endlich, Isabella das Papier zu entreißen. Noch immer lachend, lässt sie sich wieder in ihren Stuhl sinken. In Ruhe studiert sie meine Liste. Als sie zu Ende gelesen hat, hebt sie ihren Kopf. „Na, dann wird's ja mal Zeit, dass wir einen weiteren Punkt angehen" Isabella räuspert sich. „Da habe ich eine gute Idee, jeder von uns darf sich einen Punkt aussuchen. Die können wir dann gemeinsam abarbeiten. Was haltet ihr davon?" Ich überlege kurz, aber es hört sich nach einer guten Idee an. Jeder von uns studiert eine Zeit lang meine Liste. Am

Ende fragt Isabella. „Hat jeder einen ausgesucht?" Maria und ich nicken zustimmend. „Ok. Emma, du darfst anfangen." „Also ich wäre für Punkt sechs, eine ganze Nacht lang durchtanzen!" Isabella nickt und wendet sich an Maria. „Und du?" Maria nimmt meine Hand. „Ich nehme Punkt eins. Das Grab deiner Mutter besuchen." Mein Herz rutscht mir in die Hose, und ein beklemmendes Gefühl macht sich in mir breit. Einerseits plagt mich das schlechte Gewissen, weil es mittlerweile Anfang Mai ist und ich seit der Beerdigung nicht am Grab war. Aber andererseits habe ich Angst, dass der Schmerz mich wieder übermannt und ich wieder in diese Leere falle. Verzweifelt versuche ich den Kloß, der sich in meiner Kehle breitgemacht hat, herunterzuschlucken. Maria drückt meine Hand „Das schaffen wir schon zusammen. Du hast doch Isabella und mich! Es wird Zeit, Emma." Zögerlich nicke ich und schaffe es endlich, den Kloß herunterzuschlucken. Nun schaue ich hoffnungsvoll zu Isabella. Sie nickt mir aufmunternd zu. „Also ich wäre für den Renovierungspunkt. Das wird ein Spaß!" Das klingt gut. „Womit wollen wir beginnen?", frage ich in die Runde. Maria meldet sich zu Wort. „Na mit meinem Punkt natürlich, dann hast du das Schlimmste hinter dir! Bei deinem Punkt kann ich allerdings nicht mitmachen, das ist was für junge Leute wie euch Zwei. Aber beim Renovieren bin ich gern dabei!" Isabella strahlt. „Sehr gut, sehr gut. Ich würde vorschlagen, wir erledigen Punkt eins sofort. Es spricht alles dafür. Das Wetter ist ein Traum, du kannst nicht so viel darüber nachdenken, und Maria und ich haben beide Zeit." Wieder rutscht mir das Herz in die Hose. Ich versuche ein Lächeln zustande zu bringen, aber ich ziehe nur eine Grimasse. Isabella und Maria stehen gleichzeitig auf, gehen um den Tisch herum und ziehen mich hoch. „Na los, auf geht's." Widerwillig stehe ich auf. Indem ich zunächst den Tisch abräume, versuche ich, Zeit zu schinden. Aber Isabella und Maria helfen kräftig mit, und im Handumdrehen steht das Geschirr in der Spülmaschine und der restliche Kuchen abgedeckt im Kühlschrank. Am liebsten hätte ich laut geschrien, dass ich da nicht hin möchte, aber es würde ja doch nichts bringen. Also schlüpfe ich in meine roten Ballerinas und hänge meine

Handtasche um. Meine zwei Mädels stehen schon fix und fertig an der Tür und warten. Da der Tag so wunderbar ist, beschließen wir, zu Fuß zu gehen. Außerdem ist das die Gelegenheit, die vielen Kalorien, die wir gerade in uns hineingeschaufelt haben, wieder herunterzubekommen. Eine Dreiviertelstunde Fußmarsch später erreichen wir den Friedhof. Sobald ich das Friedhofstor sehe, zieht sich mein Brustkorb zusammen. Beklemmung und Atemnot macht sich breit. Plötzlich wird mir schwindlig, und ich bleibe stehen. Maria und Isabella bleiben ebenfalls stehen und haken sich rechts und links bei mir unter. Liebevoll streichelt mir Maria über meine rechte Wange. „Emma, wir sind bei dir, es ist alles gut." Zärtlich, aber doch fordernd ziehen mich die beiden in Richtung Friedhofstor. Wie in Trance lasse ich mich führen. Alles um mich herum verschwimmt. Mein Herz pocht nun laut und schnell in meiner Brust. Plötzlich bleiben wir stehen, und der Schleier um mich herum lichtet sich etwas. Mein Blick fällt auf ein wunderschönes, mit verschiedenen Blumen übersätes Grab. Erschrocken stelle ich fest, dass jemand meine Aufgabe übernommen hat. Jemand hat das Grab meiner Mutter gepflegt. Und was habe ich getan, nichts. Ich schäme mich so. Jede positive Energie, die noch in mir war, weicht aus mir. Kraftlos lasse ich mich auf meine Knie sinken und lege mein Gesicht in meine Hände. Erstickt flüstere ich: „Ich bin so eine Idiotin. Nicht einmal Blumen habe ich ihr mitgebracht. Was bin ich nur für eine Tochter!" Tränen steigen in mir auf. „Mama, es tut mir so leid." Maria legt tröstend ihre Hand auf meine Schulter, und Isabella setzt sich neben mich auf die Kieselsteine. Schützend legt Isabella ihren Arm um meine Taille und ihren Kopf auf meine Schulter. Still spreche ich zu meiner Mutter: „Mama, es tut mir so leid. Bitte verzeih mir, dass ich nicht gekommen bin. Du darfst nicht denken, dass ich dich vergessen habe. Ich liebe dich und vermisse dich über alles. Ich dachte nur, dass es mich zerstört." Eine Viertelstunde später, als meine Tränen langsam versiegen, stehen Isabella und ich auf. Angestrengt überlege ich, wer anstatt meiner das Grab gepflegt hat. Maria scheint meine Gedanken gelesen zu haben. „Du fragst dich bestimmt, wer die Blumen gepflanzt hat."

Immer noch schuldbewusst und mit schlechtem Gewissen nicke ich. „Das war ich." Erstaunt reiße ich die Augen auf. Na klar, warum bin ich da auch nicht von selbst drauf gekommen, wer sonst hätte es sein können? Dankbar falle ich Maria in die Arme. „Du bist die Allerbeste!", flüstere ich erstickt, und wieder laufen mir die Tränen über die Wangen. Erstaunt stelle ich fest, dass mich weniger der Besuch des Grabes schmerzt, als die Tatsache, dass ich mich nicht darum gekümmert habe. Das ist es, was mich so traurig macht. Daher nehme ich mir vor, mich ab sofort selbst darum zu kümmern. Isabella reicht mir ein Taschentuch, und ich wische mir die Tränen weg. „Wollen wir gehen?", fragt sie, und Maria und ich nicken. Wieder haken sich die beiden bei mir unter. Schweigend laufen wir nach Hause. Mir ist nicht zum Reden zumute. Auch wenn sich nicht, wie ich es befürchtet hatte, die Leere und der Schmerz eingestellt haben. Zu Hause angekommen, habe ich mich wieder weitestgehend regeneriert. Die frische Luft und die Sonne haben ihr Zugehöriges getan. Irgendwie habe ich ein bisschen Angst davor, alleine zu sein, und fürchte, dass der momentane Gefühlszustand nur so stabil ist, weil meine Freundinnen da sind. Als wir in mein Wohnzimmer treten, frage ich die beiden: „Habt ihr Lust auf einen Mädelsabend? Ich möchte jetzt nicht alleine sein!" Isabella kramt in ihrer Tasche. „Ich muss nur schnell mal Markus anrufen und ihm Bescheid sagen." Sie zieht ihr Handy hervor und verkrümelt sich in die Küche. Maria nimmt mich noch mal in den Arm und drückt mich fest an sich. „Natürlich bleibe ich bei dir. Ich hoffe, es war nicht zu schlimm für dich und ich habe dich nicht allzu sehr damit überrumpelt." Sanft löse ich mich aus ihrer Umarmung und versuche, ein bisschen zu lächeln. „Nein Maria, ich bin dir sehr dankbar dafür. Für alles, was du für mich und meine Mutter bisher getan hast." Isabella öffnet die Schiebetür, kommt fröhlich hereingelaufen und legt ihre Arme um unsere Schultern. „Mädchenabend ist gebongt. Markus lädt seine Kumpels zum Pokern ein." Kurzerhand beschließen wir, uns Pizza zu bestellen, Wein zu trinken und ebenfalls zu pokern. Zwei Weinflaschen später und mit vollen Taschen, denn Maria hat uns total abgezockt, verabschiedet sich

Maria ins Bett. Isabella überlegt, ob sie mit dem Taxi heimfahren soll oder einfach bei mir übernachtet. Nach kurzem Hin- und Herüberlegen zückt sie ihr Handy und schreibt Markus eine SMS, dass sie zu betrunken ist, um Auto zu fahren und bei mir schläft. Markus antwortet, dass das in Ordnung sei und dass er sie liebt. Ich leihe Isabella einen Pyjama und gebe ihr eine frische Zahnbürste. Zu zweit kuscheln wir uns in mein Bett und quatschen noch ein bisschen, bevor uns vor Müdigkeit die Augen zu fallen. Es tut gut, nicht alleine zu sein.

Kapitel 22

Am nächsten Morgen werde ich von einem kleinen Grunzen geweckt. Erschrocken schlage ich die Augen auf und blicke mich um. Erleichtert stelle ich fest, dass es Isabella ist, die sich von hinten an mich gekuschelt hat. Ich grinse. So gut wie heute Nacht habe ich schon lange nicht mehr geschlafen und gekuschelt natürlich auch nicht. Weil es sich gar so gut anfühlt, schließe ich wieder die Augen und döse noch einmal ein. Zwei Stunden später werde ich vom Kaffeeduft geweckt. Seufzend öffne ich meine Augen. Isabella steht lächelnd, mit einem großen Tablett in der Hand, vor mir. „Guten Morgen", flötet sie fröhlich. „Ich habe Frühstück für dich gemacht." Isabella lässt sich auf dem Bett nieder. Schnell setze ich mich auf, und sie stellt mir das Tablett auf die Beine. „Ich komme sofort, ich hole nur schnell mein Tablett." Flink unsaust Isabella in die Küche und lässt sich dann mit ihrem Tablett in der Hand aufs Bett sinken. Fröhlich genießen wir unser Frühstück im Bett und schauen dabei Sitcoms.

Als wir mit unserem Schlemmerfrühstück fertig sind und uns angezogen haben, rufen wir Maria an und laden sie auf ein Eis in der Innenstadt ein. Dort gibt es eine Eisdiele, die ihr Eis selbst macht, und es schmeckt einfach göttlich. Es ist Sonntag und der Laden gerammelt voll. Daher holen wir uns ein „Eis to go" und setzen uns am Markt auf eine Bank. Fröhlich löffeln wir unseren Eisbecher und genießen die Sonne, die heute wieder von einem strahlend blauen Himmel scheint. Isabella schabt den Rest von ihrem Blaubeereis aus dem Becher und kaut dann überlegend auf dem rosa Plastiklöffel herum. Dann knufft sie mich in die Seite und fragt: „Was hältst du davon, wenn wir nächstes Wochenende deinen Punkt der Liste erfüllen? Ich habe nämlich gehört, dass nächste Woche ein neuer Club eröffnen soll. Markus bekommt für die Eröffnung zwei Karten, und wie ich ihn kenne, hat er eh keine Lust, mit mir tanzen zu gehen. Er hat zwei linke Füße, müsst ihr wissen. Der Hochzeitswalzer war eine reine Katastrophe. Obwohl er extra heimlich Tanzstunden genommen hat. Aber er hat einfach kein Rhythmusgefühl. Aber wie heißt es immer so schön, der gute Wille zählt." Isabella lacht und schaut mich fragend an. Begeistert springe ich auf und sammle die leeren Eisbecher meiner Freundinnen ein. „Das klingt fantastisch. Aber davor müssen wir unbedingt shoppen gehen!" Isabella klatscht vor Begeisterung in die Hände. „Oh ja ... Shoppingtour!!!", quietscht sie. Ich werfe die Pappbecher in den Müll und wende mich dann wieder an Isabella. „Ich hab Dienstagnachmittag frei, wie sieht es da bei dir aus?" Isabella überlegt angestrengt. „Ach, ich hab so viele Überstunden, da muss mir mein Chef einfach frei geben!" Nun schaue ich Maria an, die bisher recht still dagesessen hat. „Was ist mir dir? Kommst du auch mit?" Maria schüttelt den Kopf und schenkt mir ein Lächeln „Nein nein. Solche Shoppingtouren sind was für junge Hühner, nichts für alte Hennen." Schelmisch zwinkert sie mir zu. Isabella mimt ein Huhn und fängt zu gackern an. Daraufhin müssen wir alle drei laut loslachen.

Ungeduldig werfe ich einen Blick auf die Uhr. Diese Kundin macht mich noch schier wahnsinnig. Seit einer halben Stunde darf ich mir nun schon ihre Schimpftiraden anhören, dass sie auf den Bildern zu dick aussieht und dass ich wohl den falschen Beruf gewählt hätte, wenn ich nicht einmal gelungene Aktfotos zustande bringe. Genervt puste ich mir eine Strähne aus dem Gesicht und versuche immer noch, höflich zu ihr zu sein. Mal ganz ehrlich, man kann einfach nicht alles wegkaschieren, aber das kann ich ihr ja schlecht an den Kopf werfen. Sonst bekomme ich Ärger mit meinem Chef. Also immer nett lächeln und versuchen, diese Furie zu besänftigen. Inständig hoffe ich, dass ich ihr doch ein paar Bilder schmackhaft machen und dieses ganze Debakel so schnell wie möglich hinter mich bringen kann. Außerdem bin ich in einer Viertelstunde mit Isabella verabredet. Nach weiteren zehn Minuten hat sich meine nette, vollbusige, vollschlanke Blondine mit den knallroten Lippen doch für drei Bilder entscheiden können, die sie ganz annehmbar findet. Aber weiterempfehlen könne sie uns nicht. Beim Hinausgehen wirft sie mir noch „Was für ein Saftladen" zu und verschwindet. Erleichtert, dass ich es endlich geschafft habe, diese schreckliche Person loszuwerden, atme ich hörbar auf. Joachim spitzt um die Ecke und checkt, ob die Luft rein ist. Als er den Raum mit seinem Blick abgescannt hat, kommt er auf mich zu. „Was war das denn für eine nette Zeitgenossin?! Am liebsten hätte ich sie ja mal gefragt, was ihr einfällt, meine liebste Angestellte so anzupampen!" Ich zucke mit den Achseln und massiere mir danach die Schläfen. Mein Kopf brummt, als hätte sich ein Schwarm Wespen darin eingenistet. „Ach, jetzt ist es ja überstanden." Da fällt mein Blick auf die große Uhr hinter unserem Tresen, erschrocken stelle ich fest, dass ich schon fünf Minuten über unserem Verabredungszeitpunkt bin. Mist. „Joachim, ich muss los, Isabella wartet schon seit fünf Minuten. Ist das in Ordnung für dich?" Joachim nickt freundlich. „Na klar, das war doch so besprochen. Marie kommt gleich aus der Mittagspause, und so lange hüte ich den Laden alleine. Termine haben wir eh erst wieder am Nachmittag. Also mach schon, dass du abhaust." Freundschaftlich verpasst er mir einen kleinen Klaps, und ich renne in unseren Aufenthaltsraum, um meine Tasche zu holen. Im Laufen tippe ich schnell eine SMS an Isabella. „Hi Süße, hatte schreckliche Kundin, brauch noch fünf Minuten. Beeil mich. Bussi." Völlig außer Atem, weil ich die Strecke bis zum Marktplatz gejoggt bin, komme ich bei Isabella an und stammle abgehakt und laut schnaufend „Sorry." Um wieder zu Kräften zu kommen, stütze ich meine Hände auf die Knie, lasse den Kopf runterhängen und atme tief ein und aus. Isabella legt ihre rechte Hand auf meine Schulter. „Du hättest dich doch nicht so abhetzen müssen, Schnucki. Wollen wir vielleicht erst einmal einen Kaffee trinken gehen oder eine Kleinigkeit zu Mittag essen, bevor wir losshoppen? Ich verhungere, und du kannst dich etwas regenerieren!" Dankbar für diesen Vorschlag nicke ich, immer noch außer Atem. Ich sollte öfter Sport machen, schießt es mir durch den Kopf. Zumindest brennt meine Lunge jetzt nicht mehr so, und ich richte mich auf. Isabella hakt sich bei mir unter, und wir peilen das nächste Café an. Da der Himmel zwar heute bedeckt aber die Luft angenehm mild ist, setzen wir uns draußen hin. Isabella und ich bestellen uns jeweils einen Kaffee „Latte" und ein Tomate-Mozzarella-Baguette. Nachdem wir uns gestärkt und ich Isabella in aller Ausführlichkeit von der schrägen Tussi und ihren Schimpftiraden erzählt habe, stürmen wir den ersten von vielen Läden. In jedem einzelnen Geschäft stapeln wir die Kleidungsstücke bergeweise in unseren Kabinen und veranstalten eine Modenschau nach der anderen. Ich glaube, so viel Spaß beim Shoppen hatte ich noch nie. Irgendwann holen wir uns absichtlich die schrägsten Klamotten und kringeln uns vor Lachen. Nach einem vierstündigen Shoppingmarathon, mit schmerzenden Füßen und Gesichtsmuskeln, packen wir unsere gefühlten tausend Taschen auf die Rücksitzbank von Isabellas Mini. Erleichtertes Seufzen entfährt uns beiden, als wir uns in die Sitze sinken lassen. „Sitzen kann so schön sein", stöhnt Isabella. „Oh ja", seufze ich. Alles schmerzt, meine Arme, mein Rücken, meine Beine, die Füße … alles. Shoppen ist definitiv als Sport anzusehen. Zu Hause angekommen, hilft mir Isabella, meine Tüten nach oben zu schleppen, ein Aufzug wäre uns jetzt sehr willkommen. Aber man kann ja nicht alles haben. Eigentlich wollte ich Maria meine Eroberungen zeigen, aber ich bin zu kaputt, und daher beschließe ich, meinen Abend in der Badewanne zu verbringen. Oben angekommen, staple ich die Tüten auf meinem Sofa, und Isabella umarmt mich herzlich zum Abschied. Sobald ich alleine bin, schleppe ich mich ins Bad und lasse Wasser in die Wanne laufen. Als die Badewanne voll ist und der Schaum fast über den Rand quillt, stürze ich mich in die Fluten. Seufzend schließe ich die Augen.

„Gibst du mir mal bitte die Butter?" Maria hält mir die Hand hin, und ich reiche ihr die Butter. Es ist Samstag, Maria hat vor einer halben Stunde mit Brötchen in der Hand an meiner Tür geklingelt, und jetzt sitzen wir auf der Terrasse in der Morgensonne und genießen Kaffee und Brötchen. Heute wollen Isabella und ich zu der Cluberöffnung gehen, und ich bin schon wahnsinnig aufgeregt. Es ist Ewigkeiten her, seitdem ich das letzte Mal tanzen war. Mal überlegen, ich glaube, das letzte Mal an meiner Abschlussfeier von der Schule. Wir sind danach mit der ganzen Klasse in einen Technoclub gezogen. Damals war ich unsterblich in Lars verliebt, er saß in der Schule vor mir, und ich hatte den ganzen Tag nichts Besseres zu tun, als in Tagträumen zu schwelgen. Aber leider war ich nicht sein Typ, und er schenkte mir kaum Beachtung. Bis zur Abschlussfeier, da fing er plötzlich an, mir schöne Augen zu machen. Ich schmolz dahin. Lars lud mich auf ein Getränk nach dem anderen ein, insbesondere Schnaps. Leider war ich zu naiv und verliebt, um zu erkennen, was er wirklich von mir wollte. Irgendwann fing er an, mich zu küssen, was mich natürlich fast umgehauen hat, seit zwei Jahren schmachtete ich ihm erfolglos hinterher, und plötzlich wollte er mich. Auf Wolke sieben schweben ist gar kein Ausdruck dafür, was ich in diesem Moment empfand. Allerdings hatte ich irgendwann so viel Schnaps intus, dass sich alles um mich herum drehte. Lars schleppte mich an die frische Luft und fing an, mich zu befummeln. Erst fand ich das Ganze noch recht spaßig, aber als er versuchte, meine Hose zu öffnen, ging mir das dann doch etwas zu schnell. Erfolglos versuchte ich, ihn von mir wegzudrücken, aber das schien ihn anzuspornen. Immer fester und drängender wurden seine Küsse, mittlerweile tat es richtig weh. Mit aller Kraft stemmte ich mich gegen ihn, um mich unter ihm wegzuwinden. Ohne Erfolg. Langsam wurde ich panisch. Plötzlich fing es zu regnen an. Mit meinen Händen trommelte ich auf seinen Rücken ein, doch er presste mich immer fester an die Wand. Urplötzlich tauchte unser „Klassenclown" aus dem Nichts auf, packte Lars an den Schultern und riss ihn um. Danach verpasste er ihm zweimal mit der Faust Schläge ins Gesicht und rief mir zu: „Lauf Emma!" Immer noch völlig panisch lief ich einfach los, bis ich irgendwann vor unserem Haus stand. Der Alkohol schien wie weggeblasen. Oben angekommen, brach ich weinend zusammen, und meine Mama fand mich im Flur auf dem Boden kauernd wie ein kleines Kind. Zärtlich wiegte sie mich in den Armen, während ich ihr alles erzählte.

Diese Erinnerung verursacht mir immer noch Übelkeit, daher schiebe ich den Gedanken daran schnell weg. Damals beschloss ich jedenfalls, nicht mehr in Clubs zu gehen und insbesondere, mich nie mehr von einem Mann abfüllen zu lassen. Maria wirft mir einen besorgten Blick zu. „Alles in Ordnung, Schätzchen? Du siehst so traurig aus?" Angeekelt trifft es wohl besser, traurig darüber, dass ich sein mieses Spielchen nicht durchschaut habe. Aber ich will nicht mehr darüber sprechen. „Ja alles super."

Nach dem Frühstück zeige ich Maria meine vielen Eroberungen von der Shoppingtour mit Isabella. Da ich wie immer nicht weiß, was ich anziehen soll, bitte ich Maria um ihre Hilfe. Nach und nach führe ich ihr ein Teil nach dem anderen vor. Am Ende liegt ein Berg Klamotten auf meinem Bett, und wir entscheiden uns einstimmig für das schöne dunkelgrüne Seidentop mit Spitze um das Dekolleté und eine Jeans. Dazu passend grüne High Heels, die ich extra zu dem Top gekauft habe. Gegen Abend steckt mir Maria kunstvoll die Haare hoch, und ich lege ein dezentes Make-up auf. Als ich mich fertig angezogen habe, klatscht Maria verzückt in die Hände. „Du siehst einfach Klasse aus, Emma!" Daraufhin werfe ich mir meine schwarze Lederjacke über, packe Geld und Schlüssel ein, als es an der Tür klingelt. Schnell laufe ich zur Gegensprechanlage und drücke drauf. Isabella schreit mir über den Lautsprecher entgegen. „Hey Süße, kommst du runter?" „Sofort." Schnell hänge ich den Hörer wieder ein. Maria drückt zärtlich meinen Oberarm. „Ich wünsche dir viel Spaß, tanz ein bisschen für mich mit." Ich nicke fröhlich. Gemeinsam laufen wir die Treppe hinunter. Maria verabschiedet sich noch einmal an ihrer Wohnungstür mit einer festen Umarmung. So schnell mich meine Schuhe tragen können, laufe ich hinunter zu Isabella. Die steht direkt vor der Haustür und umarmt mich stürmisch. Beinahe hätte ich das Gleichgewicht verloren und wäre rücklings umgefallen, aber ich kann mich gerade noch an der Türklinke festhalten. „Oh da bist du ja endlich, ich bin schon so aufgeregt! Du auch?" Ich komme gar nicht zum Antworten, Isabella packt meine Hand und zieht mich zum Taxi. Mein persönlicher Taxi-fahrer grinst mich vom Fahrersitz aus an, als wir auf die Rückbank steigen. „Hallo Ishan", begrüße ich ihn freudig. Wir haben uns längere Zeit nicht gesehen. Isabella schaut mich verblüfft an. „Ihr kennt euch wohl?" Ich nicke. „Ja, er ist mein persönlicher Taxifahrer. Er hat mir nach dem Unfall sehr geholfen, hat mich überall hingefahren." Bevor Ishan losfährt, stelle ich die beiden einander vor. Isabella gibt Ishan die Adresse von dem Club und schaut mich dann vielsagend an. Da ich nicht genau weiß, was sie von mir möchte, frage ich: „Was ist?" Sie hält ihre Handtasche auf dem Schoß fest. „Bist du bereit für den ultimativen Weiberabend?" Zögerlich nicke ich. „Sehr gut!" Isabella zieht zwei Piccolo aus ihrer Tasche, schraubt von meiner Flasche den Deckel ab und reicht sie mir. Begeistert nehme ich den Prosecco entgegen. Isabella kramt noch mal in ihrer Tasche und zieht zwei Strohhalme hervor, den einen steckt sie in meine Flasche. Danach macht sie sich an ihrem Piccolo zu schaffen. Als sie fertig ist, stoßen wir feierlich auf unseren Abend an. Zehn Minuten später treffen wir vor dem Club ein. Schnell schlürfen wir unseren letzten Rest Prosecco. Isabella bezahlt Ishan, und ich neige mich ebenfalls nach vorne. „Könntest du uns auch später wieder abholen?" Betroffen blickt er mich an. „Es tut mir leid Emma, ich kann nicht. Meine Frau und ich haben heute Hochzeitstag, und sie bringt mich um, wenn ich nicht pünktlich zu Hause bin." Ich werfe einen Blick auf meine Armbanduhr. „Aber es ist doch bereits halb zehn!", sage ich erstaunt. „Was machst du dann noch hier?" Ishan winkt ab. „Ja ja, ich weiß, aber mein Chef hat gesagt, ich müsste diese Fahrt noch machen!" Isabella mischt sich ein. „Also, dann aber jetzt schnell nach Hause!" Er nickt. „Ich will sie mit Blumen und Champagner überraschen, ich hoffe, das besänftigt sie ein wenig." Aufmunternd lege ich ihm meine Hand auf die Schulter. „Bestimmt, jede Frau freut sich über Blumen, und wenn dann auch noch Champagner dabei ist … da kann eigentlich nichts mehr schief gehen. Sag ihr noch, wie sehr du sie liebst und wie wundervoll sie ist, und sie wird dahinschmelzen." Isabella und ich steigen aus, und Ishan lässt die Scheibe runter. „Danke euch!" Wir drücken beide Daumen. „Das wird bestimmt ein schöner Abend für euch." Winkend laufen wir in Richtung Eingang.

Als ich meinen Blick von dem Taxi abwende und meine Aufmerksamkeit auf den Club richte, bleibe ich abrupt stehen. Isabella stolpert, da sie sich wieder bei mir untergehakt hat. „Was ist los?" Schockiert deute ich mit dem Zeigefinger auf die Schlange, die sich vor dem Club gebildet hat. „Das ist los!" Isabella lacht laut los. „Ach Süße, keine Sorge, ich kenne den Türsteher, er ist ein Kunde von Markus, baut gerade ein Haus mit seiner Frau. Lass mich nur machen." Zielstrebig läuft Isabella an der Schlange vorbei zu dem Tier, dass sich Türsteher nennt. Als er Isabella erkennt, breitet sich ein Lächeln über seinem griesgrämigen Gesicht aus. Hinter uns höre ich Gemurmel und Getuschel. Es passt den Leuten wohl nicht so ganz, dass wir uns vordrängeln. Kann ich verstehen. „Hallo Hans." Isabella und Hans küssen sich links und rechts auf die Wange. „Ich wusste gar nicht, dass du heute hier arbeitest. Wie geht's deiner Frau und dem Baby?" Ein Funkeln huscht über sein Gesicht. „Ach uns geht's super. In drei Wochen haben wir Termin. Ich bin mal gespannt, ob unsere Tochter pünktlich zur Welt kommt!" „Das freut mich zu hören. Darf ich dir meine Freundin vorstellen?! Emma, das ist Hans. Hans, das ist Emma." Wir reichen uns die Hände, und Hans schenkt mir ein Lächeln. „Der neue Club ist echt toll geworden! Ich lass euch schnell vor." Hans löst die Kette, und wir huschen hinein. Isabella flötet ein „Danke" in Richtung Hans, packt mich dann an der Hand und zerrt mich die Treppen hinunter. Die Schimpftiraden, die aus der wartenden Schlange auf uns abgefeuert werden, höre ich nur kurz, denn als wir am Ende der Treppe angekommen sind, dröhnen uns schon die Klänge lateinamerikanischer Musik entgegen. Schnell geben wir unsere Jacken an der Garderobe ab. Durch einen schweren roten Samtvorhang geht es in den Club.

Mit offenem Mund starre ich auf die Tanzfläche. Überall tanzen ineinander verschlungene Paare zu erotischer Salsamusik. „Du hast mir ja gar nicht erzählt, dass das ein Salsaclub ist", schreie ich Isabella vorwurfsvoll ins Ohr. Isabella zuckt nur mit den Schultern und fängt an, ihre Hüfte rhythmisch zu den heißen Klängen zu bewegen. Ich scanne den Raum. Linker Hand befindet sich eine große Bar und genau gegenüber von uns eine Bühne mit einer Liveband. Die Tanzfläche ist riesengroß und nimmt den Großteil des Raumes ein, und sie ist jetzt schon brechend voll. Verzweifelt blicke ich Isabella an und zupfe an ihrem roten Kleid. Fragend schaut mich Isabella an. „Ich kann das nicht, Isabella!" „Was kannst du nicht?" Verängstigt schreie ich ihr wieder ins Ohr. „Ich kann nicht so tanzen wie die da und auch nicht meine Hüfte kreisen lassen wie du!" Isabella lacht laut auf, packt meine Hand und zieht mich in Richtung Bar. „Ach Emma, wo ist dein Selbstvertrauen? Hast du jemals in deinem Leben auf Salsa getanzt?" Betroffen schüttle ich den Kopf. „Na also, woher willst du dann wissen, dass du es nicht kannst? Ich schlage vor, dass wir uns erst mal einen Drink holen und du dich etwas locker machst. Du sollst den Abend genießen und nicht wie ein verängstigtes Huhn durch die Gegend laufen!" An der Bar angekommen machen wir es uns auf zwei freien Hockern bequem. Isabella reißt den Arm in die Luft und winkt einem Barkeeper. Der sexy Mann mit Muskeln aus Stahl – sein weißes, ärmelloses Shirt bringt sie noch mehr zur Geltung kommt sofort auf uns zu und fragt mit einem unwiderstehlichen Lächeln: „Na, was wollen die Ladies trinken?" Verführerisch blinzelt er mir zu, und ich blicke beschämt zu Boden. Isabella, selbstbewusst wie sie ist, setzt ihr strahlendstes Lächeln auf und bestellt zwei Mochitos mit Himbeeren für uns. Schnell drehe ich mich zur Tanzfläche, um weiteren Blicken des Barkeepers auszuweichen und mich nicht noch mehr zu blamieren. Fasziniert beobachte ich die tanzenden Paare. Isabella drückt mir das kalte Glas in die Hand und prostet mir zu. „Auf uns! Auf dass du endlich mehr Selbstvertrauen bekommst! Und auf einen tollen Abend!" Wir schlürfen an unserem Cocktail – er schmeckt himmlisch. Isabella schaut mich forschend an. „Ganz ehrlich Emma, du verkaufst dich unter Wert. Das müssen wir so schnell wie möglich ändern!" Nach dem ersten Cocktail reißt auch mich die Musik langsam mit. Steif wie ein Stück Holz versuche ich mich dazu zu bewegen. Das sieht bestimmt total affig aus, schießt es mir durch den Kopf. Isabella neben mir tanzt wie eine griechische Göttin. Wahnsinn, wie sie ihren Körper zu den Klängen der

Musik bewegen kann. Ich bin neidisch. Nach einem weiteren Cocktail zieht mich Isabella ganz fest an sich ran und lässt ihre Hüften kreisen. „Mach es mir einfach nach. Lass dich fallen Emma, du bist zu steif." Nach einem tiefen Seufzer versuche ich mich fallen zu lassen, aber es gelingt mir nicht. „Du machst dir zu viele Gedanken, was andere von dir denken, lösch alle deine Gedanken, und folge einfach der Musik. Du kannst das, da bin ich mir sicher!" Sexy und erotisch reibt Isabella ihren Körper an meinen und versucht, mich zum Mitmachen zu animieren. Langsam werde ich lockerer, und ich stelle mich auf Isabellas Bewegungen ein. Zwei Lieder später bin ich schon ganz gut, finde ich. Euphorisch begebe ich mich wieder an die Bar und bestelle zwei weitere Mochitos. Der Stahlmuskelmann stellt die beiden Cocktails vor mir ab, ich ziehe einen Geldschein aus meiner Jeans und lege ihn auf den Tresen. Der Barkeeper legt seine Hand auf meine, beugt sich über die Bar zu mir herüber. „Die gehen aufs Haus, Süße!" Peinlich berührt laufe ich knallrot, wie eine überreife Tomate, an und erwidere mit piepsiger Stimme: „Danke." Den Blick auf den Tresen geheftet und tunlichst bedacht, ihm nicht in die Augen zu blicken, nehme ich die Getränke und drehe mich zu Isabella um. „Ich bin wirklich so eine Nuss!" Fragend blickt sie mich an und schlürft an ihrem Cocktail. „Na, der Barkeeper gibt uns die Getränke aus, baggert mich an, und was mache ich? Ich laufe rot an und piepse irgendwas von danke und versuche zu flüchten. Nein, nicht versuche, ich bin geflüchtet." Kopfschüttelnd nehme ich einen großen Schluck von meinem Mochito. Isabella lacht „Ach Em, es ist noch kein Meister vom Himmel gefallen. Das wird schon noch!" Nachdem wir unsere Getränke geleert haben, stürmen wir die Tanzfläche. Isabella schmiegt sich wieder an mich, und ich habe das Gefühl, als würden uns alle anstarren. Ach was soll's. Der Alkohol zeigt langsam seine Wirkung. Plötzlich tippt mir jemand an die Schulter. Erschrocken drehe ich mich um. Zwei südländisch aussehende Männer stehen hinter mir. Nicht von schlechten Eltern, muss man sagen. Man könnte denken, sie sind aus einem dieser Hochglanzmagazine herausgestiegen. Sie grinsen mich bzw. uns an. „Dürfen wir die Ladies zum Tanz auffordern?"

Isabella ist gleich ganz aus dem Häuschen und wirft sich dem linken der beiden Männer an den Hals. Total perplex blicke ich ihr nach. „Und was ist mir dir?", fragt mich der andere. Da ich immer noch total von den Socken bin, nicke ich einfach nur. Isabella und der Latino wiegen sich bereits zur Musik. Mein Latino stellt sich kurz als Antonio vor. Er nimmt meine Arme und legt sie um seinen Hals. Danach schlingt er seine um meine Hüfte und beginnt, mit seiner Hüfte zu kreisen. Erstaunlicherweise fällt es mir total leicht, mich auf seinen Rhythmus einzustellen. Dieser Mann kann so wahnsinnig gut tanzen, ich kann es kaum glauben. Stundenlang und ohne Pause tanzen wir zur Musik der Liveband. Ich bin wie in einem Rausch. Es macht so fürchterlich viel Spaß, dass ich gar nicht mehr aufhören möchte. Gegen drei Uhr morgens bin ich so erschöpft, dass Antonio mich an die Bar einlädt. Isabella und ihr Tänzer, er heißt Raoul gesellen sich auch zu uns. Bei Tequila und Salzstangen erzählen die beiden, dass sie seit vier Jahren ein Paar sind und letzten Monat in Las Vegas geheiratet haben. Isabella und ich werfen uns einen vielsagenden Blick zu. Klar, wie sollte es auch anders sein, als dass zwei so unwiderstehlich gut aussehende Wahnsinnstänzer schwul sind? Zehn Tequilas später geht das Licht im Club an. Irgendwie fühle ich mich leicht betrunken. Lallend frage ich: „Is wohl Seit su gehen?" Ei ei ei … ich bin wirklich betrunken. Die anderen drei lachen freundlich und nicken. Langsam versuche ich aufzustehen, komme jedoch ins Straucheln. Antonio ist sofort an meiner Seite und stützt mich. Gemeinsam gehen wir zur Garderobe, um unsere Jacken zu holen. Danach bringt mich Antonio hinaus an die frische Luft. Irgendwie habe ich das Gefühl, dass Isabella nicht so betrunken ist wie ich. Sie ist total aufgedreht und gut gelaunt wie immer. Wie hat sie das nur geschafft? Isabella zieht ihr Handy hervor und ruft uns ein Taxi. Während wir warten, unterhält sich Isabella noch mal mit Hans, und ich klammere mich an Antonio. Die frische Luft hat meinen Zustand nicht verbessert, im Gegenteil, ich habe das Gefühl, als wäre es schlimmer geworden. Alles dreht sich um mich, und außerdem sehe ich plötzlich alles doppelt. Hilfe, so schlimm betrunken war ich ja schon ewig nicht mehr. Als das

Taxi kommt, öffnet Antonio die Tür und hilft mir hinein. „Danke für den schönen Abend", presse ich hervor und versuche zu lächeln. Antonio schenkt mir ein strahlendes Lächeln und seine dunkelbraunen Augen leuchten. „Ich danke dir für den tollen Abend Emma. Gute Nacht, meine Dancing Queen!" Vorsichtig schließt er die Tür des Taxis und verabschiedet sich von Isabella. Seufzend lehne ich meinen Kopf an die Scheibe. Sie fühlt sich kühl und angenehm an. Mir ist total schlecht, und alles dreht sich um mich. Isabella lässt sich auf den Sitz neben mir fallen und gibt dem Taxifahrer meine Adresse. Der Taxler, ein dicker, nach Schweiß stinkender, ungepflegter Mann Mitte vierzig dreht sich zu uns um. Mit unfreundlicher, genervter Miene schaut er zu mir. „Muss die da kotzen?" Mit einem Kopfnicken in meine Richtung: „Ich sags euch, wehe die kotzt mir ins Auto. Kostet 100 Euro extra!" Ich schlucke. „Isch muss nisch kotzen." Schnell schließe ich die Augen, um mich zu konzentrieren, damit mir nicht doch noch ein Malheur passiert. Einige Minuten später rüttelt Isabella an meinem Arm. „Emma. Em, wir sind zu Hause." Langsam schlage ich die Augen auf, mir ist immer noch total schlecht. Ich erkenne Isabella, die sich zum Taxifahrer lehnt. „Lassen Sie bitte die Uhr weiter laufen, ich bringe sie nur schnell hoch und komme wieder." Der Taxifahrer nickt. Isabella steigt aus und kommt um das Taxi herum, um meine Tür zu öffnen. Da ich mein Gesicht immer noch an die Scheibe gelehnt habe, wäre ich fast aus dem Auto gefallen. Zum Glück war ich noch angeschnallt. Isabella hievt mich wieder ins Taxi, löst meinen Gurt und hilft mir heraus. Mühsam steigen wir Stufe für Stufe hinauf zu meiner Wohnung. Auf meinen High Heels bin ich so wackelig auf den Beinen, dass ich gefühlt eine Stufe hoch und zwei wieder runter nehme. Nach einer gefühlten Ewigkeit kommen wir endlich oben an. Isabella setzt mich aufs Bett, zieht mir die Kleidung und die Schuhe aus. Danach legt sie mich hin und deckt mich zu. Vorsichtshalber stellt sie einen Eimer neben mein Bett. Außerdem zwingt sie mich, ein Glas Wasser mit einer Aspirin-Tablette zu trinken. Mit einem Schmatz auf die Stirn wünscht sie mir eine gute Nacht und löscht das Licht.

Irgendwann am frühen Nachmittag werde ich vom Klingeln meines Telefons geweckt. Es fühlt sich an, als ob jemand mit dem Presslufthammer neben mir hantiert. Mit schmerzverzerrtem Gesicht versuche ich, die Augen zu öffnen. Aber meine Lieder sind so schwer, und mein Kopf tut so unsäglich weh, dass ich postwendend meine Augen wieder schließe. Übelkeit macht sich breit. Außerdem habe ich einen fürchterlichen Geschmack im Mund und unsäglichen Durst. Stöhnend ziehe ich die Decke über den Kopf, um das Klingeln des Telefons zu überdecken. Unerbittlich läutet das Telefon weiter, bis endlich der Anrufbeantworter anspringt. Angestrengt lausche ich, wer mich so unwirsch geweckt hat. Na klar, wer sonst, fröhlich wie immer trällert Isabella auf den AB. „Hallooooo Emma ... na, alles klar bei dir? Ich hoffe, du hast deinen Rausch ausgeschlafen, und es geht dir wieder guuut! Markus muss jetzt noch mal auf die Baustelle, ein Kunde ist wohl nicht so zufrieden, und er muss sich das mal anschauen. In einer halben Stunde bin ich bei dir. Bringe Frühstück mit. Ciao Süße ... Ach, ich fand es im Übrigen sehr lustig gestern!" Stöhnend versuche ich, meinen Kopf zu heben und nun doch die Augen zu öffnen. Aua ... nein, das geht einfach nicht. Daher schließe ich wieder meine Augen und döse kurz darauf wieder ein.

Das durchdringende Klingeln der Wohnungstür reißt mich hoch. Aufgeschreckt sitze ich im Bett und halte meinen Kopf. Kleine Schmerzenslaute entfahren mir. Was ist denn hier bloß los? Da fällt mir ein, dass ja Isabella vorhin angerufen hat und vorbeikommen wollte. Also überwinde ich meinen inneren Schweinehund und kämpfe mich aus dem Bett. An der Schlafzimmertür angekommen, muss ich mich erst mal am Türrahmen festhalten, weil der Boden aus Wackelpudding zu bestehen scheint. Nach einer kurzen Pause scheint sich der Boden jedoch wieder stabilisiert zu haben, und ich taste mich weiter vor bis zu meiner Haustür. Krächzend begrüße ich Isabella an der Gegensprechanlage und drücke auf den Summer. Danach lehne ich meinen Kopf an die Wand und hoffe, dass die Bienen aus meinem Kopf verschwinden. Isabella klopft an die Tür, stöhnend öffne ich die Tür und blicke in ein strahlendes Gesicht. Wie macht sie das nur, sie sieht so gut aus, als hätte sie die ganze Nacht in ihrem Bett verbracht und nicht auf der Tanzfläche eines neuen Clubs. Freudestrahlend hält sie mir eine Tüte mit duftenden Croissants und Brötchen unter die Nase und schiebt mich dann zur Seite. „Schätzchen, du siehst aus, als hättest du einen draufgemacht", sagt sie süffisant, packt mich an der Hand und zieht mich ins Badezimmer. „So. Du hüpfst jetzt unter die Dusche, und ich mache Frühstück." Gequält streife ich meine Unterwäsche ab. Ein kleiner Seufzer der Erleichterung entfährt mir, als das Wasser eiskalt über meinen Kopf und mein Gesicht läuft. Fünfzehn Minuten später stehe ich mit einer Kaffeetasse in der Hand auf meiner Terrasse. Isabella hat Maria angerufen, die bereits am gedeckten Tisch sitzt. Maria schenkt mir ein Lächeln, ich nippe an meinem Kaffee und setze mich neben sie. „Na, wie war euer Abend?" fragt sie mich. Ich versuche, ein Lächeln zustande zu bringen, aber mein Kopf schmerzt immer noch. „Sehr schön, aber leider habe ich zu viel getrunken! Ich fühle mich beschissen!" Maria tätschelt meine Hand. „Du siehst auch irgendwie ein bisschen mitgenommen aus!" Nun mischt sich Isabella ein. „Ach", mit einer wegwerfenden Geste fährt sie fort, „zwei Kaffeetassen und ein Glas Aspirin, und du wirst dich wie neugeboren fühlen!" Schwungvoll stellt sie ein großes Glas mit einem aufgelösten Aspirin vor mir auf den Tisch. „Los trink!" Gierig stürze ich den Inhalt hinunter, da sich meine Kehle immer noch total trocken anfühlt.

Nach dem Frühstück, ich habe zwei Croissants und ein Brötchen hinuntergeschlungen, und wie Isabella mir befohlen hat, zwei Tassen Kaffee getrunken, außerdem habe ich noch eine halbe Flasche Wasser hinterher gekippt, geht es mir besser. Die Kopfschmerzen und der Schwindel sind nun endlich verschwunden. Dieser blöde Alkohol, man sollte einfach nicht so viel trinken, wenn man es nicht verträgt. Am späten Nachmittag zieht Isabella mehrere Farbpaletten aus ihrer Handtasche hervor, die sie sich von Markus ausgeliehen hat. „Kommen wir zu Projekt Nummer drei, deine Wohnung renovieren." Wir breiten alle auf dem Tisch aus und staunen, wie viele verschiedene Farbtöne es gibt. „Willst du es lieber bunt oder dezent haben Emma?", fragt Maria. Angestrengt überlege ich. Momentan sind alle Wände weiß. Was ich auch ganz hübsch finde, aber ein paar Farbakzente möchte ich gerne setzen. „Also es sollte nicht zu knallig sein, ein paar Akzente aber nicht alles knallbunt!" Schüchtern fragt mich Isabella: „Und willst du das Zimmer von deiner Mutter auch verändern, oder soll es so bleiben?" Darüber habe ich mir noch nie Gedanken gemacht. Eigentlich möchte ich ihre Sachen nicht wegtun, und am allerliebsten würde ich alles so lassen, wie es ist. Daher zucke ich mit den Schultern. Maria überlegt und kommt dann zu dem Entschluss: „Emma Schatz, ich bin der Meinung, es wird Zeit, dass du das endlich mal hinter dir lässt und nach vorne blickst. Es ist nicht gut, in der Vergangenheit zu leben. Vielleicht sollten wir uns etwas für den Raum überlegen. Du musst ja nicht alles wegtun. Aber zum Beispiel die Kleidung und solche Dinge. Warum sollte das Ganze im Schrank hängen bleiben?" Der Gedanke daran, meine Mutter aus meinem Leben zu streichen, versetzt mich in Panik, und ich schüttle heftig den Kopf, die Lippen fest aufeinander gepresst, damit mir kein böser Schrei entfährt. Isabella nimmt mich schnell in den Arm. „Emma, es ist alles gut. Du musst das nicht tun, wenn du noch nicht so weit bist. Aber ich finde Marias Vorschlag auch gut. Du sollst ja nicht alles wegschmeißen. Such dir doch die wichtigsten Sachen heraus und behalte sie, und das andere kommt weg. Es ist ein wichtiger Schritt, um wieder glücklich zu werden. Glaube mir!" Nun wiegt mich Isabella hin und her, um mich zu beruhigen. Ich habe gar nicht bemerkt, dass ich am ganzen Leib zittere. „Also, an welche Farben hast du so gedacht, Emma?" Maria schiebt mir die Paletten hin, um vom Thema abzulenken und mich zu beruhigen. Immer noch angespannt betrachte ich die Farben. „Wir könnten ja zum Beispiel im Wohnzimmer ein fröhliches Gelb integrieren?" Isabella nickt und überlegt angestrengt. „Weißt du, was schön aussehen würde, wenn man eine Wand in einem Sonnengelb lasieren würde. Das lockert den Raum auf und schenkt ihm Wärme!" Ich nicke. „Ja, das klingt gut!" Maria zückt einen Zettel und einen Stift und notiert sich unseren Vorschlag. „Im Schlafzimmer hätte ich gerne einen schönen Sandton, nicht zu dunkel." Maria notiert. „Vielleicht dazu lilafarbene Vorhänge. Ich denke, im Flur und in der Küche möchte ich nichts verändern." „Wann wollen wir damit anfangen?", fragt Isabella. Ich überlege. „Wie wäre es nächsten Sonntag? Samstag muss ich arbeiten. Da muss ich auf einer Hochzeit fotografieren." „Willst du es selber machen?", fragt Maria mich ungläubig. Isabella und ich schauen sie erstaunt an. „Ja", kommt es gleichzeitig aus unseren Mündern. „Wieso nicht?", fragt Isabella. Maria zuckt mit den Schultern. „Naja, wir müssten Emmas ganzes Schlafzimmer ausräumen, und im Wohnzimmer müssten das Sofa und das Regal weg, und mal ganz ehrlich, kann einer von euch lasieren? Es soll doch am Ende auch schön aussehen!" Irgendwie hat Maria recht. Isabella zückt ihr Handy. „Ich ruf mal Markus an und frage, ob er uns einen Maler empfehlen kann. Der sitzt ja an der Quelle!" Isabella verschwindet in der Küche. Maria schaut mich zerknirscht an. „Emma, ich wollte dich nicht verletzen. Es tut mir leid. Ich habe das nur damals auch mit den Sachen von Paul gemacht. Natürlich habe ich auch vieles aufgehoben, aber seine Kleidung zum Beispiel habe ich gespendet. Was soll ich denn damit? Es war für mich damals einfach ein gutes Gefühl. Zwar nicht von Anfang an, aber nach ein paar Tagen habe ich mich erleichtert gefühlt." „Ich bin dir nicht böse."

Freudestrahlend kommt Isabella nach zehn Minuten wieder zurück. „Also. Markus hat schnell seinen besten Freund angerufen. Der ist ein sehr guter Maler, und die beiden arbeiten immer zusammen. Er könnte sich nächstes Wochenende Zeit nehmen und mit seinen Jungs am Samstag deine Wohnung streichen. Wir müssten halt deine Sachen aus dem Schlafzimmer räumen. Zumindest den Schrank ausräumen, Matratze, Decke und Kissen raus. Den Rest würden sie übernehmen. Wenn du am Abend von deinem Shooting nach Hause kommst, wäre alles fertig. Dann müssen wir nur noch deine Vorhänge besorgen. Was hältst du davon?" „Klingt gar nicht so schlecht." Begeistert klatscht Isabella in die Hände. „Wunderbar, dann kommen Maria und ich am Freitagabend zu dir, und wir räumen gemeinsam dein Schlafzimmer aus. Du hast doch Zeit Maria, oder?" Maria lächelt.

„Aber natürlich!" Gegen frühen Abend verabschieden sich die beiden. Ich koche mir noch eine Portion Spaghetti und mache es mir auf meinem Sofa gemütlich. Eigentlich ist der Vorschlag von Maria gar nicht so schlecht gewesen. Auch wenn sich alles in mir dagegen sträubt, aber es ist der nächste Schritt, den ich gehen muss. Na dann mal los …

Zwei Stunden und zwei Packungen Taschentücher später habe ich den gesamten Kleiderschrank meiner Mama aussortiert. Meine Lieblingsstücke behalte ich, alles andere spende ich an mit schwerem Herzen ins Bett.

Isabella und ich schleppen die Kartons zu ihrem Auto, um sie zur Caritas zu bringen. Drei Stück sind es geworden. Inständig hoffe ich, dass wir sie in ihrem kleinen Auto unterkriegen. Aber als wir vor die Tür treten, sehe ich, dass Isabella mit dem Jeep ihres Mannes da ist. Fragend blicke ich sie an. „Tja, als du gesagt hast, du willst die Sachen wegfahren, hat Markus vorgeschlagen, dass ich sein Auto nehme." Ich grinse. „Du hast einen sehr schlauen Mann, Isabella." Wir legen die drei Umzugskartons in den Kofferraum und fahren los. Auf dem Rückweg besorgen Isabella und ich noch die lila Vorhänge für mein Schlafzimmer. Nachdem wir alles erledigt haben, klingeln wir bei Maria, um sie abzuholen. Bei einer Flasche Rotwein machen wir uns an die Arbeit. Zu dritt geht es wirklich schnell. Wir hängen die Vorhänge ab, räumen meinen Kleiderschrank aus und den restlichen Kleinkram aus meinem Schlafzimmer. Im Wohnzimmer rücken wir das Bücherregal an die gegenüberliegende Wand, nachdem wir die Bücher in einem Karton gestapelt haben. Das Sofa rutschen wir in die Mitte des Raumes. Am Ende gebe ich eine Runde Pizza aus, und da es heute Abend so schön mild draußen ist, setzen wir uns bei Kerzenschein auf die Terrasse.

Erschöpft stoße ich die Wohnungstür auf, streife meine Schuhe und Tasche ab und werfe sie achtlos in die Ecke. Was für ein anstrengender Tag! Die Braut hatte mich gebeten, auch von der Hochzeitsfeier Bilder zu machen. Müde werfe ich einen Blick auf die Uhr, dreiundzwanzig Uhr. Ich schleppe mich in die Küche, koche mir eine Tasse Tee und öffne die Schiebetür zum Wohnzimmer. Erstaunt bleibe ich stehen. Wow, das Wohnzimmer ist fertig gestrichen und die Möbel stehen wieder an ihrem gewohnten Platz. Außerdem läuft der Fernseher, wurde aber stumm gestellt, und auf dem Sofa liegt eine schnarchende Maria. Schnell stelle ich meine Tasse Tee auf den Sofatisch und wecke Maria sanft auf, indem ich ihr über das Gesicht streiche. Erschrocken fährt sie hoch und blickt sich verwirrt um. „Ach Gott. Ich bin wohl eingeschlafen." Ich lächle. „Du hättest doch nicht auf mich warten müssen!" Liebevoll tätschelt Maria meine Hand. „Ich weiß, meine Liebe. Ich dachte ja auch nicht, dass du so lange fort bist. Komm, ich zeige dir dein Schlafzimmer." Und schon ist sie auf den Beinen und zieht mich hoch. Auch im Schlafzimmer ist wieder alles eingeräumt. Sogar meine Kleidung wurde feinsäuberlich in den Schrank gehängt. Maria ist ein echter Goldstern. Es sieht wirklich toll aus, richtig gemütlich und mit den lilafarbenen Vorhängen wirklich schön. „Ich habe noch eine Überraschung für dich." Maria packt mich wieder an der Hand und zieht mich in das Schlafzimmer meiner Mutter. Erstaunt stelle ich fest, dass auch hier gestrichen wurde. Es ist die gleiche Farbe wie in meinem Schlafzimmer. „Schön", sage ich lächelnd. „Es sieht gleich ganz anders aus, auch das Wohnzimmer. Es wirkt alles viel frischer!" Maria nickt und gähnt ausgiebig. „Sei mir nicht böse, aber ich bin hundemüde." „Danke für alles Maria." Nachdem Maria gegangen ist, falle ich erschöpft, aber glücklich in mein Bett.

Kapitel 23

Gut gelaunt öffne ich meinen Briefkasten, der fast überzuquellen droht. Schnell überfliege ich die Post ... Werbung, Werbung, Versicherung, Werbung und ein brauner Briefumschlag ohne Absender. Achtlos werfe ich die Post in meinen Einkaufskorb. Für den heutigen Abend habe ich die Mädels eingeladen. Als Dankeschön für die letzten Wochen koche ich für die zwei. Es gibt Zitronenhühnchen mit Rosmarinkartoffeln, und zum Nachtisch Brownies mit Vanilleeis. Vergnügt laufe ich die Treppen hinauf zu meiner Wohnung. Oben angekommen, verstaue ich die Einkäufe im Kühlschrank, wasche und mariniere das Hühnchen und stelle es kalt. Danach mache ich mich an den Teig für die Brownies und schiebe sie in den Backofen. Solange die Brownies im Ofen sind, bereite ich das restliche Essen so weit vor, dass es später nur noch in die Röhre muss. Die Brownies stelle ich zum Auskühlen auf die Arbeitsfläche und koche mir dann eine Tasse Kaffee. Ich nehme meine Post und meine Tasse Kaffee und mache es mir auf dem Sofa gemütlich. Die Werbung lasse ich achtlos liegen. Zunächst widme ich mich dem Versicherungsschreiben. Nichts Besonderes, nur eine Erhöhung von 1,50 Euro monatlich. Na gut, dann der braune Umschlag. Kein Absender, meine Anschrift wurde handschriftlich geschrieben. Abgestempelt in Hamburg. Hm. Gespannt reiße ich die Lasche auf und ziehe einen Brief hervor.

Sehr geehrte Frau Koch,

lange habe ich hin und her überlegt, ob es richtig ist, Ihnen zu schreiben. Meine Therapeutin meinte, es wäre der richtige Weg. Frau Koch, ich bin verantwortlich für den schrecklichen Unfall im November. Bitte legen Sie den Brief jetzt nicht beiseite.

Bitte hören Sie mich an. Mir tut das alles so schrecklich leid. Ich weiß, dass es unverzeihlich war, was ich getan habe. Ich fühle mich deswegen auch schrecklich. Niemals hätte ich betrunken in meinen Wagen steigen dürfen, niemals. Aber leider habe ich es getan und kann es nie mehr rückgängig machen. Vielleicht darf ich Ihnen erklären, wie es überhaupt dazu kam. Bitte glauben Sie nicht, dass ich einer dieser Säufer bin, die ständig betrunken Auto fahren. Es war sozusagen ein Ausnahmezustand. Eigentlich sollte ich an diesem Tag befördert werden. Aber als ich in die Firma kam, überreichte mir mein Chef die Kündigung und erklärte mir, dass mein bester Freund die Stelle bekommen habe. Total geknickt fuhr ich nach Hause, um mir Trost bei meiner Frau zu holen. Aber als ich ankam, erwischte ich sie mit meinem besten Freund im Bett. Meine Frau beschimpfte mich, was ich denn nur für ein Schlappschwanz sei. Ein Nichtsnutz und dass sie sich scheiden lässt. Ich fuhr in die nächste Bar und betrank mich. Als ich betrunken war, dachte ich, ich könnte sie zurückerobern. Also setzte ich mich ins Auto und fuhr los. Ich weiß, all das ist keine Entschuldigung dafür, was ich getan habe. Ich bin momentan im Gefängnis, ich habe zwei Jahre Haft bekommen für das, was ich getan habe. Ich glaube aber, es gibt keine gerechte Strafe für das, was ich Ihnen angetan habe. Dass Ihre Mutter bei dem Unfall ums Leben kam, werde ich mir niemals verzeihen können. Aber Frau Koch, ich bitte Sie inständig, dass Sie mir verzeihen. Bitte verzeihen Sie mir diese furchtbare Tat. Am liebsten würde ich es Ihnen persönlich sagen, wie sehr mir das alles leid tut, wie schrecklich ich mich deswegen fühle. Aber wahrscheinlich sind Sie so voller Wut und Hass mir gegenüber, dass ich es verstehen würde, wenn sie mich nicht persönlich treffen wollen. Aber bitte, bitte antworten Sie mir auf meinen Brief. Wenn Sie mir verzeihen können, kann ich mir vielleicht auch irgendwann selbst vergeben. Es tut mir alles so unendlich leid.

Timo Knauer

PS: für Ihre Antwort: Postfach 554, 02341 Hamburg

Oh mein Gott, träume ich oder halte ich wirklich diesen Brief in der Hand? Schockiert lasse ich ihn in meinen Schoß sinken. Was fällt ihm ein? Wütend zerknülle ich das Blatt Papier in meiner Hand. Jetzt, da ich endlich wieder glücklich bin, da ich nach vorne blicken kann. Nicht jeden Tag an den Tod meiner Mutter denken muss, da schleicht er sich in mein Leben und macht wieder alles kaputt. Ein wutentbrannter Schrei entfährt mir, und ich pfeffere das Papierknäuel in die Ecke. All die schrecklichen Bilder vom Unfall laufen vor meinem Auge ab, und etwas schnürt meine Brust zusammen. Kraftlos sinke ich in mich zusammen, und Tränen laufen mir über die Wangen. Dieser Mistkerl, wie kann dieser Mann nur von mir erwarten, dass ich ihm verzeihe? Er hat meine Mutter umgebracht. Niemals werde ich ihm verzeihen, ich hasse ihn. Wie ein kleines Kind kauere ich mich auf das Sofa und weine. Als es an der Türe klingelt, bin ich nicht in der Lage aufzustehen. Am liebsten möchte ich alleine sein. Aber es klingelt immer weiter. Irgendwann ist es still. Aber nicht lange. Da klopft es laut an meiner Wohnungstür, und dann höre ich Isabellas Stimme. „Emma! Emma, bist du da? Ist alles in Ordnung?" Ein Schluchzen entfährt mir, aber zu mehr bin ich nicht in der Lage. Wenige Minuten später steckt jemand den Schlüssel in die Tür, und Maria und Isabella rufen nach mir. Als sie mich im Wohnzimmer finden, setzen sich beide zu mir aufs Sofa. „Emma, was ist denn nur los?" Mit verquollenem Gesicht und immer noch schluchzend blicke ich sie an. „Oh Gott Süße, was ist nur passiert?!" Schnell zieht Isabella mich an sich heran, um mich zu trösten. Irgendwie stottere ich Br...br...rii... iefff und deute in die Ecke. Maria springt auf und läuft zu dem Knäuel, um es zu entfalten. Stumm liest sie die Zeilen von Timo Knauer und reicht den Brief mit einem argwöhnischen Blick an Isabella weiter. Als Isabella den Brief zu Ende gelesen hat, faltet sie ihn sorgfältig und legt ihn beiseite. Stumm nimmt sie mich erneut in die Arme. Nach einiger Zeit habe ich mich weitestgehend beruhigt. Maria reicht mir ein Taschentuch, ich wische die Tränen weg und schnäuze mich. „Was hältst du davon, wenn wir unser Abendessen in den Ofen schieben und einen DVD-

Abend machen? Irgendetwas Lustiges, was dich wieder etwas aufheitert?!", fragt mich Isabella. Lustlos nicke ich und lasse mich von Isabella und Maria in Richtung Küche schieben. Irgendwie ist mir mein Appetit vergangen, lustlos und deprimiert stochere ich in meinem Hühnchen herum. Auf den Film kann ich mich auch nicht konzentrieren. Wieso nur glaubt dieser Mann, dass ich ihm verzeihen würde? Nach dem Film dränge ich die beiden zum Gehen, ich möchte einfach alleine sein. Widerwillig kommen sie meinem Wunsch nach. Traurig lege ich mich in mein Bett und öffne das Medaillon. „Mama, ich vermisse dich so sehr!" Tränen laufen mir über die Wangen. Vor lauter Erschöpfung falle ich irgendwann in einen unruhigen Schlaf. Albträume suchen mich heim. Ich träume von einem Mann ohne Gesicht, der auf mich zu kommt und mich anschreit: „Bitte verzeih mir, bitte verzeih mir!" Er packt mich an den Schultern und schüttelt mich heftig. „Du musst mir verzeihen!" Schweißgebadet schrecke ich hoch und suche nach dem Lichtschalter. Erleichtert stelle ich fest, dass ich alleine bin und alles nur ein Traum war. Nachdem ich mir kaltes Wasser ins Gesicht gespritzt habe, setze ich mich mit einer Tasse heißer Milch mit Honig auf mein Sofa.

Am nächsten Morgen wache ich mit einem steifen Nacken im Wohnzimmer auf. Mein Kopf schmerzt vom vielen Weinen, und meine Augen sind geschwollen. Stöhnend schleppe ich mich ins Badezimmer. Als ich mich im Spiegel sehe, beschließe ich, mich für heute krank zu melden. Unmöglich kann ich so auf die Arbeit gehen. Mir tut alles weh und ich habe das Gefühl, dass ich langsam aber sicher wieder in das dunkle tiefe Loch falle, das meiner Meinung nach eigentlich schon verschlossen war. Joachim hat geschluckt, dass mich eine Grippe erwischt hat und mir gute Besserung gewünscht. Bei meinem Anblick im Spiegel kommen mir gleich wieder die Tränen. Es fühlt sich an, als wäre der Unfall gestern gewesen, als hätte es die glückliche Zeit dazwischen nie gegeben. Schluchzend lege ich mich wieder in mein Bett und ziehe die Decke über den Kopf. Das Klingeln des Telefons ignoriere ich. Es ist schon spät. Draußen ist es bereits dunkel. Ich möchte einfach alleine sein. Irgendwann streicht mir jemand über den Kopf, vielleicht träume ich wieder. „Emma." Flüstert mir eine zärtliche Stimme ins Ohr. „Emma, wach auf." Ich versuche, die Augen zu öffnen, aber sie sind so verquollen vom Weinen, dass ich nur durch einen Spalt erkennen kann, dass Maria neben mir auf dem Bett sitzt. „Möchtest du etwas essen?" Angewidert schüttle ich den Kopf. „Dann musst du zumindest etwas trinken!" Ich lasse es über mich ergehen und hoffe, dass sie schnell wieder geht. „Ich komme morgen wieder. Schlaf jetzt Emma."

Licht durchflutet plötzlich den Raum, und frische Luft strömt herein. Mein Kopf dröhnt immer noch, und ich fühle mich schrecklich. „Emma." „Hmmm?" Ich öffne die Augen. Maria sitzt wieder neben mir. „Ich habe dir Frühstück gemacht." Ich verziehe das Gesicht. „Ich möchte nichts essen, Maria. Lass mich in Ruhe!" Energisch zieht Maria mir die Decke weg, und wütend sagt sie: „Nein. Vergiss es Emma. Du wirst nicht noch einmal so abrutschen. Jetzt ist Schluss. Klar verstehe ich, dass du traurig bist wegen des Briefes, aber es ist noch lange kein Grund, dich hier zu verstecken. Schluss damit. Ich lasse es nicht zu. Du stehst jetzt auf und isst etwas!" Total perplex schaue ich sie an. So wütend habe ich Maria noch nie erlebt. Also stehe ich auf, ziehe meinen Morgenmantel an und tappe ohne Widerworte hinter Maria her. Nach dem Frühstück fühle ich mich deutlich besser. „Isabella hat sich heute für dich frei genommen." Überrascht blicke ich auf. „Wieso?" Empört schaut mich Maria an. „Na, um dich aufzumuntern, um für dich da zu sein." Ich nicke. Es bringt wohl nichts, wenn ich widerspreche. Wir haben uns gedacht, dass wir heute einen weiteren Punkt von deiner Liste streichen und gemeinsam zum Friseur gehen, um uns verwöhnen zu lassen. Das bewirkt Wunder, du wirst schon sehen!" Gleichgültig zucke ich mit den Schultern.

Isabella umarmt mich eine halbe Stunde später stürmisch und wirft Maria einen argwöhnischen Blick zu. „Können wir los? Ich hab schon bei Jens angerufen. Er hat Zeit für uns drei. Und er freut sich schon wahnsinnig, dich zu sehen Emma." Isabella rast durch die Stadt und parkt direkt vor Jens' Laden. Fröhlich springt sie aus dem Auto. „Na kommt schon", ruft sie ungeduldig und schiebt mich durch die Ladentür. „Emma!", ruft Jens freudestrahlend. „Bella. Wie geht es dir? Wo warst du nur so lange? Du bist doch wohl nicht zur Konkurrenz gewechselt?" Jens kommt auf mich zu und stupst mir mit dem Stiel seiner Rundbürste leicht in den Brustkorb und lächelt verschmitzt. „Nein, im Ernst mein Schatz, wo warst du nur so lange … und wie deine Haare aussehen, da wird es aber allerhöchste Eisenbahn. Überhaupt kein Schnitt mehr!" Ohne mich zu Wort kommen zu lassen, packt mich Jens an der Schulter und führt mich zu einem Stuhl. Maria und Isabella werden von zwei jungen Frauen bedient und nehmen neben mir Platz. „Darf ich euch vielleicht einen Kaffee oder ein Glas Sekt anbieten?" Einstimmig entscheiden wir uns für den Alkohol. Nachdem Jens verschwunden ist, zwinkert mir Maria zu. „Gute Idee?" „Ja." Es ist eine gute Idee. Früher bin ich regelmäßig zu Jens gegangen. Seine fröhliche und freundliche Art tut mir gut. Zwei Gläser Sekt und drei Stunden später erstrahlen wir alle in neuem Glanz. Isabella hat sich helle Strähnchen in ihre dunkle Lockenmähne machen lassen. Maria eine leichte Tönung und ich einen neuen Haarschnitt und Strähnchen. Außerdem hat jede von uns eine Schultermassage bekommen. Ob es am Sekt liegt oder an den letzten drei Stunden mit Jens, weiß ich nicht, aber ich fühle mich leichter und ein wenig fröhlicher. Nachdem wir bezahlt haben, verabschieden wir uns mit einer Umarmung bei Jens. „Schön, dass du mal wieder da warst, mein Schätzchen! Ich hoffe, dass es das nächste Mal nicht so lange dauert, bis ich dich mal wieder zu Gesicht bekomme!" Freundschaftlich knufft mir Jens in die Seite. An Maria und Isabella gerichtet: „Es war schön, euch kennenzulernen!" Nach vielen Küsschen links und rechts treten wir hinaus auf die Straße. Bei mir zu Hause angekommen, holen wir drei Sonnenliegen hervor und legen uns auf meine Terrasse. Isabella leihe ich einen Bikini. Bei selbst gemachtem Eistee genießen wir die Sonne. Am Abend geht es mir dann wieder so gut, dass mich Maria und Isabella mit ruhigem Gewissen alleine zu Hause lassen können.

Nach dem Abendessen greife ich zum Telefon und rufe meinen Vater an. Wir haben uns schon eine ganze Weile nicht mehr gehört. Betroffen erzähle ich meinem Vater von dem Brief. Nach einer kurzen Schweigeminute fragt er: „Emma, hättest du nicht Lust, ein paar Tage zu uns zu kommen?" Aber irgendwie widerstrebt mir der Gedanke. „Ich weiß nicht Papa." „Ich würde mich wahnsinnig freuen, es ist jetzt bald schon wieder ein halbes Jahr her, dass wir uns das letzte Mal gesehen haben. Die Kinder und Katharina würden sich auch wahnsinnig freuen, dich endlich kennenzulernen. Und du würdest ein bisschen zu Hause rauskommen. Vielleicht tut dir ein bisschen Abwechslung ganz gut. Gerade jetzt, da du den Brief bekommen hast und dir das so nahe geht." Irgendwie hat er schon recht. „Aber ich weiß gar nicht, ob ich überhaupt so kurzfristig Urlaub bekomme." „Ach bestimmt, du hast doch auch nächste Woche Geburtstag, da hat dein Chef bestimmt Verständnis." Ach, mein Geburtstag, daran hab ich überhaupt nicht mehr gedacht. „Ich frag ihn mal, ok? Aber versprechen kann ich dir nichts." Mein Vater freut sich wahnsinnig. „Super. Ruf dann gleich an, wenn du Bescheid weißt." „Ja, das mache ich. Bis bald Papa." Also wähle ich die Nummer von Joachim und erkläre ihm die Geschehnisse der letzten Tage, den Brief und dass ich ein bisschen Abstand bräuchte und gerne zu meinem Vater fahren würde. Joachim ist verständnisvoll wie immer, man kann einfach keinen besseren Chef haben. Er ist nicht einmal böse, dass ich ihn wegen der Grippe angelogen habe. Joachim gibt mir ab sofort eine Woche Urlaub. Kurzerhand suche ich mir eine Zugverbindung nach Mannheim für den nächsten Montag heraus und schreibe meinem Vater eine SMS.

Kapitel 24

Am Montag klingelt gegen halb sieben mein Wecker laut und eindringlich. Eine schlaflose und mit Albträumen durchzogene Nacht liegt hinter mir. So wie die letzten paar Tage. Stöhnend stelle ich den Wecker aus und quäle mich aus dem Bett. Schlurfend mache ich mich auf den Weg in die Küche und stelle die Kaffeemaschine an. Der Duft des frischen Kaffeepulvers weckt meine Sinne. Nach einer Wechseldusche, einem Frühstück und zwei Tassen Kaffee fühle ich mich wie neu geboren. Gedanklich gehe ich noch mal mein Gepäck durch, um ja nichts zu vergessen. Plötzlich klingelt es an der Tür. Isabella steht davor, reißt die Hände nach oben und ruft: „Überraschung." Verwirrt blicke ich sie an. „Ich fahre dich zum Bahnhof." „Du bist ja süß. Dankeschön." Da ich schon spät dran bin, werfe ich mir eine leichte Jacke über, packe den Zettel mit meiner Zugverbindung in meine Handtasche und checke deren Inhalt auf Geldbeutel, Schlüssel und Handy … alles da. Isabella krallt sich meinen Koffer, und wir flitzen die Treppe hinunter. Kurz vor acht kommen wir am Bahnhof an. Geschickt manövriert Isabella ihren Mini in eine kleine Parklücke. Danach rennen wir zum Gleis 2. Erleichtert stellen wir fest, dass der Zug fünf Minuten Verspätung hat. Isabella umarmt mich herzlich und gibt mir einen Kuss auf die Wange. „Ich vermisse dich jetzt schon, Emma. Ich wünsche dir eine schöne Zeit bei deinem Pa. Wenn du etwas brauchst oder dich nicht wohlfühlst, ruf mich an, und ich komme geeilt, um dich zu holen." Nach einer weiteren innigen Umarmung rollt der Zug in den Bahnhof, und ich steige ein. Erleichtert, dass ich rechtzeitig da war, lasse ich mich auf einen Fensterplatz fallen und winke Isabella noch mal durch die Scheibe. Danach packe ich meinen MP3-Player aus und nehme mir eine Zeitschrift aus der Rückwand des Vordersitzes. Nach etwa zehn Minuten kommt die Schaffnerin und stempelt mein Ticket ab. Zwanzig Minuten später fährt der Zug in Herford ein. Hier muss ich umsteigen. Ich raffe meine sieben Sachen zusammen und eile aus dem Zug. Ich habe lediglich fünf Minuten Zeit, um von Gleis 2 auf Gleis 6 zu gelangen. Keuchend komme ich auf Bahnsteig 6 an, mein Koffer ist viel schwerer, als ich dachte. Dabei habe ich doch nur für eine Woche gepackt. In Dortmund muss ich ein zweites Mal umsteigen, und am Ende noch einmal in Köln. Im ICE angekommen, setze ich mich an einen Fensterplatz im Boardrestaurant. Da ich tierischen Hunger habe, bestelle ich mir ein Schinken-Käse-Baguette und eine große Cola dazu. Nachdem ich gegessen habe, schaue ich der vorbeirauschenden Landschaft zu und hänge meinen Gedanken nach. Ich genieße die Ruhe. Gegen halb eins fährt der Zug im Hauptbahnhof Mannheim ein. Aufgeregt und leicht hibbelig steige ich aus dem Zug. Auf dem Bahnsteig steht mein Vater und winkt mir zu. Als ich ihn erreicht habe, umarmt er mich stürmisch. „Schön, dich zu sehen, mein Schatz." Ich schenke ihm ein Lächeln, und mein Vater nimmt das Gepäck an sich. Schweigend laufen wir zum Parkplatz. Nachdem mein Vater meinen Koffer in seinen Volvo gepackt hat, fahren wir los. Nach ein paar Minuten Small Talk hängen wir unseren Gedanken nach. Irgendwie bin ich wahnsinnig aufgeregt. Schließlich weiß ich nichts von seiner neuen Familie. Das einzige, was mein Vater erzählt hat, war, dass er nach der Scheidung von meiner Mutter unser Haus verkauft hat. Ein paar Jahre hat er in einer kleinen Zwei-Zimmerwohnung gewohnt. Mit Katharina zusammen hat er sich dann ein Haus am Stadtrand von Mannheim gekauft.

Als wir die Auffahrt zum Haus hinauffahren, wird mir ganz schlecht vor Aufregung. Hoffentlich sind sie nett. Nervös zapple ich hin und her. Mein Vater, aufmerksam, wie er ist, erkennt meine Nervosität und greift meine Hand. „Schatz, du brauchst keine Angst zu haben, sie werden dich lieben." Zweifelnd ziehe ich die Augenbrauen hoch. „Sicher?" Mein Vater lächelt und umarmt mich. „Ja, ganz sicher. Es macht uns glücklich, dass du hier bist! Die Kinder reden seit unserem Telefonat von nichts anderem mehr!" Zwar etwas beruhigt, aber immer noch ein bisschen nervös folge ich meinem Vater zum Haus. Von drinnen höre ich ausgelassenes Kindergelächter. Während mein Vater die Tür aufschließt, atme ich zweimal tief ein und aus. Nachdem er meinen Koffer im Flur abgestellt hat, gehen wir in die Küche. Katharina steht an der Küchenzeile und dreht sich lächelnd zu uns um, als sie uns hört. Sie hat lange rote, wellige Haare, die ihr fließend weich über die Schultern fallen. Außerdem hat sie ganz viele Sommersprossen im Gesicht und leuchtend grüne Augen. Katharina trägt eine hellgraue Schürze über ihrem weißen Sommerkleid, die mit Kuchenteig beschmutzt ist. Auf ihrer rechten Backe klebt ebenfalls etwas Teig. Strahlend kommt sie auf mich zu und reicht mir die Hand. „Hallo Emma. Ich würde dich wahnsinnig gern mal drücken, aber ich hatte gerade einen mittelgroßen Kampf mit meinem Kuchenteig und möchte dich nicht schmutzig machen. Aber ich freue mich wahnsinnig, dass du da bist!" Diese Frau ist einfach wunderbar. Sie hat so eine positive, nette und warmherzige Ausstrahlung. Sofort schließe ich sie ins Herz. „Schatz, koch doch für euch zwei einen Kaffee und setzt euch auf die Terrasse, bis ich fertig bin." Gehorsam zaubert mein Vater mir einen Latte Macchiato und führt mich auf die Terrasse. Vor mir erstreckt sich ein großer Garten. Am Ende steht ein Baum mit einem Baumhaus. An dem Baum ist eine Schaukel befestigt. Laura sitzt lachend auf der Schaukel, und Tim schubst sie an. Als die beiden uns erblicken, springt Laura in hohem Bogen von der Schaukel und beide rennen auf uns zu. Im Laufen schreien sie uns zu: „Papa, Papa, ist das Emma?" „Ja", ruft er lachend. Strahlend bleiben sie vor mir stehen und reichen mir ihre kleinen Hände. Laura ergreift das Wort. „Hallo Emma. Ich bin Laura. Das ist Tim. Oh wir freuen uns so sehr, dass du endlich da bist!" Plötzlich brechen die beiden in schallendes Gelächter aus und schlingen ihre Arme um meinen Bauch. Überrascht von dieser plötzlichen Nähe, weiß ich erst nicht, wie ich reagieren soll. Aber die beiden sind so unglaublich süß, dass ich sie nach einer Schreckenssekunde in die Arme schließe und mit ihnen lachen muss. Nachdem mein Vater die Kinder zu Katharina geschickt hat, damit sie ihr helfen, setzen wir uns in die Sonne. Nach dem Kaffee zeigen mir mein Vater und die Kinder das Gästezimmer. Erschöpft von der Reise, lasse ich mich aufs Bett sinken. Laura stellt sich vor mich hin, stemmt ihre Arme in die Hüfte und sagt: „Also Emma, eigentlich hatte ich gesagt, dass du bei mir schlafen kannst. Aber Papa hat es nicht erlaubt. Er hat nämlich gesagt, dass du bestimmt auch mal deine Ruhe haben willst. Dabei habe ich extra schon meine ganzen Kuscheltiere aus dem Bett geräumt. Damit du auch Platz hast, weißt du. Aber jetzt schläfst du ja hier, also habe ich sie wieder an ihren Platz gesetzt." Gott, die Kleine ist ja so was von süß! Unwillkürlich muss ich lächeln und setze mich auf. „Du bist ja echt süß. Aber zu zweit hätten wir doch gar keinen Platz gehabt in deinem Bett." Laura zuckt mit den Achseln und rennt aus dem Zimmer. Kurz darauf kommt sie zurück, die Arme auf dem Rücken verschränkt. Fragend schaue ich sie an. Da zieht sie einen Teddybären hervor. „Da. Für dich. Damit du gut schlafen kannst." Mir fehlen die Worte. Mein Vater nimmt Laura und Tim an der Hand. „Wir lassen Emma jetzt mal ihre Sachen auspacken." Laura überreicht mir den Teddy und sie lassen mich alleine. Es war eine gute Idee hierher zu kommen. Es ist eine tolle Familie, und ich habe sie jetzt schon alle sehr gern.

Nachdem ich meinen Koffer ausgepackt habe, rufe ich kurz bei Isabella und Maria an, um ihnen zu sagen, dass ich gut angekommen bin und dass es mir hier gut gefällt. Als alles erledigt ist, laufe ich, angezogen vom Duft des Schokoladenkuchens, die Treppen hinunter. Da in der Küche niemand ist, gehe ich in den Garten. Katharina deckt den Kaffeetisch, und mein Vater spielt mit den Kindern im Garten Blinde Kuh. Mit wild gestikulierenden Armen und verbundenen Augen dreht er sich im Kreis, auf der Suche nach den beiden. Ich muss lachen. Er sieht so lustig aus. Als wir mit Kaffee und Kuchen fertig sind, wirft Katharina einen Blick auf die Uhr und stellt erschrocken fest, dass es bereits halb fünf ist. „Kinder, wir müssen noch Hausaufgaben machen. Lauft schnell rein, ich komme sofort." Laura und Tim stöhnen auf und laufen missmutig ins Haus. „Ist es in Ordnung, wenn ich mich ein bisschen in die Hängematte lege? Ich bin ganz schön geschafft", frage ich meinen Vater. „Gute Idee", sagt er lächelnd. Bevor ich es mir gemütlich mache, helfe ich meinem Vater, den Tisch abzuräumen. Als wir fertig sind, gehe ich hinaus, streife meine Schuhe ab und laufe barfuß über den Rasen. Das Gras kitzelt meine Füße. Es fühlt sich wunderbar an. Müde lasse ich mich in die Hängematte sinken. Die Sonne steht nun so tief, dass sie seitlich auf mich scheint. Die Wärme der Sonnenstrahlen liebkost meine Haut. Seufzend schließe ich meine Augen. Irgendwann höre ich ein Flüstern neben mir. „Ich kann sie doch nicht einfach aufwecken. Sieh nur, wie niedlich sie aussieht, wenn sie schläft!" Das ist die Stimme von Laura. Nun schaltet sich Tim ein und flüstert seiner Schwester zu: „Die Mama hat aber gesagt, dass wir sie wecken sollen. Es wird langsam kühl, und Mama will nicht, dass Emma krank wird."

Nun streicht mir Laura zärtlich über die Wange und flüstert mir ins Ohr. „Emma. Aufwachen." Ich öffne die Augen und lächle die beiden an. „Sag mal, ist dir nicht kalt?" Ich schüttle den Kopf. Laura grinst. „Schau mal Emma. Mama hat mir zwei Zöpfe geflochten, und ich durfte mein rosa Kleid anziehen. Jetzt sehe ich aus wie ne Prinzessin!" Laura ergreift zwei Rockzipfel und schwenkt ihr Kleid hin und her. Grinsend wie ein Honigkuchenpferd zeigt sie mir ihre zwei Zahnlücken. Tim rollt mit den Augen und rennt ins Haus. „Männer", sagen Laura und ich gleichzeitig. Wir lachen laut, Laura greift meine Hand und führt mich ins Haus. Katharina steht in der Küche und bereitet das Abendessen vor „Ah. Da seid ihr ja, wollt ihr mir beim Kochen helfen? Emma, kann ich dir 'was Gutes tun? Möchtest du 'was zu trinken?" Dankend schüttle ich den Kopf. „Nein. Aber ich würde gerne beim Kochen helfen." Lächelnd überreicht mir Katharina eine Schürze und sagt: „Gerne. Umso schneller sind wir fertig." Gemeinsam kochen wir eine Soße Bolognese, Spaghetti, bereiten den Salat zu und decken den Tisch. Als wir alle zusammen am Tisch sitzen, sprechen Tim und Laura ihr „Tischgebet". Hierfür nehmen wir uns alle bei den Händen und sagen laut: „Piep,

piep, piep, wir haben uns alle lieb. Jeder isst nur, was er kann, nur nicht seinen Nebenmann. Guten Appetit." Das Abendessen schmeckt köstlich, und nachdem wir uns alle kräftig den Bauch vollgeschlagen haben, zaubert mein Papa noch ein Schokoladeneis aus dem Tiefkühlfach hervor. Das Schokoladeneis ist in null Komma nichts aufgegessen. Da es nun bereits ziemlich spät ist, bringt Katharina die Kinder ins Bett. Währenddessen räumen mein Papa und ich die Küche auf. Danach verabschiede ich mich auch in mein Zimmer und kuschle mich in mein Gästebett. Ich bin hundemüde.

Die Woche bei meinem Vater vergeht wie im Flug. Zweimal gehen wir mit den Kindern nach der Schule an einen schönen Badesee in der Nähe von Mannheim. Es ist ein Heidenspaß, mit Tim und Laura im Wasser herumzutoben und einfach mal wieder Kind sein zu dürfen. Am Donnerstag verbringen Laura, Katharina und ich einen Mädchen-Shopping-Nachmittag, da Tim Fußballtraining hat. Nach einem dreistündigen Shoppingmarathon lassen wir uns erschöpft in einem schönen Kaffee draußen in der Sonne nieder und essen jeder ein großes Eis. Danach holen wir Tim ab, der nach dem Training zu einem Freund gegangen ist, und gehen alle zusammen ins Kino. Ein neuer Kinderfilm läuft, den Laura und Tim unbedingt sehen wollen. Da ich ebenfalls für mein Leben gerne Kinderfilme schaue, bin ich hocherfreut von dieser Nachricht. Es sind schöne, erholsame Tage. Die Zeit, die ich mit den Kindern verbringen kann, genieße ich in vollen Zügen. Sie sind so unglaublich süß. Die zwei sind Heilbalsam für mein Herz. Durch die Anwesenheit von meinem Papa und seiner Familie vergesse ich fast, was geschehen ist. Am Freitag sind die Kinder zunächst in der Schule und danach auf einer Geburtstagsfeier eingeladen. Mein Vater muss unbedingt in sein Büro. Also habe ich den ganzen Tag für mich. Angestrengt überlege ich, wie ich meinen Tag verbringen möchte. Zunächst setze ich mich in den Garten und trinke eine Tasse Kaffee. Katharina kniet an einem Beet. Nachdem ich meinen Kaffee getrunken habe, stehe ich auf und gehe zu Katharina. „Was machst du da?"

Sie blickt zu mir hoch und lächelt. „Ah Emma, ich hab dich gar nicht kommen hören. War wohl so in meine Gedanken vertieft. Ich muss heute einiges im Garten machen. Unkraut jäten, den Rasen mähen ..." Kurzerhand beschließe ich, Katharina zu helfen. „Darf ich?", frage ich sie. „Ja gerne. Ich bin für jede Hilfe dankbar", sagt sie immer noch lächelnd. „In der Gartenhütte sind Handschuhe." Nachdem ich mir die Handschuhe geholt habe, setze ich mich zu ihr und rupfe fleißig das Unkraut heraus. Schweigend verrichten wir unsere Arbeit und genießen die Stille. In Katharinas Nähe fühle ich mich unglaublich wohl und leicht. Sie ist so ein liebenswürdiger, wundervoller Mensch. Als wir mit dem ersten Beet fertig sind, legt Katharina ihre Harke beiseite und schaut mich an. „Sag mal Emma, hast du dir eigentlich schon etwas zu deinem Geburtstag überlegt? Schließlich ist der ja schon morgen!" Hilfe. Mein Geburtstag. Den habe ich total vergessen. Kein Wunder, ohne meine Mama möchte ich ihn auch nicht feiern. Es stimmt mich traurig. Katharina scheint meinen Stimmungswechsel zu bemerken und macht sich wieder an die Arbeit, ohne weiter nachzubohren. Mit meiner Mutter war mein Geburtstag immer wunderschön. Sie hat mich jedes Jahr mit einem kleinen Geburtstagskuchen mit kleinen brennenden Kerzen geweckt und mir „Happy Birthday ..." gesungen. Danach gab es ein tolles Frühstück und das Geburtstagsgeschenk. Am Abend sind wir immer zu Freds Pommes-Stand gegangen und haben Currywurst im Pappteller mit einer großen Portion Pommes gegessen. Das Lustige ist, wir waren das ganze Jahr nicht dort, nur eben an meinem Geburtstag. Warum wir uns diese Pommesbude ausgesucht haben, kann ich jetzt gar nicht mehr sagen. Aber es war ein schönes Ritual. „Alles in Ordnung Emma?" Ich habe gar nicht bemerkt, dass Katharina aufgehört hat zu jäten und mir ihre Hand auf die Schulter gelegt hat. Beschämt schüttle ich den Tagtraum ab und blicke in ein besorgtes Gesicht. „Alles gut, alles gut." Sie zieht die Augenbrauen hoch. „Na, danach sieht es mir aber nicht aus!" Ich zucke mit den Schultern. „Also, wenn du es unbedingt wissen willst. Ich möchte meinen Geburtstag nicht feiern. Dass meine Mama nicht dabei sein kann ... das ist für mich so schlimm. Ich kann das gar nicht in Worten ausdrücken, was ich dabei empfinde, Katharina. Der Gedanke daran, dass ich nie wieder ihre liebliche Stimme höre, wenn sie für mich singt. Oder dass sie mich nie wieder in den Arm nehmen kann. Das bringt mich fast um. Es schmerzt so sehr." Tränen laufen mir über die Wangen. Schnell lasse ich die Harke fallen und verberge mein Gesicht in den Händen. Katharina zieht postwendend ihre Handschuhe aus und setzt sich neben mich. Vorsichtig nimmt sie mich in den Arm. „Ich verstehe dich, aber du bist nicht alleine, Emma. Wir sind alle für dich da. Dein Vater liebt dich von ganzem Herzen. Tim und Laura vergöttern dich. Sie lieben dich wie eine Schwester. Mir bedeutest du ebenfalls sehr viel. Außerdem sind doch da noch deine Freunde. Es ist wirklich schrecklich, was deiner Mutter und dir widerfahren ist, aber du musst versuchen, wieder nach vorne zu blicken. Außerdem bin ich fest davon überzeugt, dass deine Mutter jederzeit bei dir ist. Sie ist in deinem Herzen und sie wacht über dich. Sie hätte nicht gewollt, dass du für immer auf deinen Geburtstag verzichtest. Ihr Wunsch ist es, dass du lebst, glücklich bist und viel lachst." Sie hat recht. Energisch ziehe ich die Handschuhe aus und wische die Tränen fort. „Sorry." Katharina setzt sich wieder an ihren Platz. „Wofür entschuldigst du dich? Man soll seine Gefühle nie unterdrücken." Zwinkernd lächelt sie mich an und beginnt, das Beet weiter vom Unkraut zu befreien. Im weiteren Verlauf des Nachmittages erzählt mir Katharina, wie sie meinen Vater kennengelernt hat. Katharinas Exmann ließ sie einfach im hochschwangeren Zustand sitzen, da er sich in eine zehn Jahre jüngere Jurastudentin verliebt hatte. Katharina war im ersten Moment total überfordert mit der Situation und wusste nicht, wie es weitergehen sollte. Knappe eineinhalb Monate vor der Geburt von Tim und Laura stand Katharina in einem Kaufhaus, um die Einrichtung für das Kinderzimmer auszusuchen. Als ihr eine Spieluhr aus der Hand rutschte und sie sich aufgrund ihres monströsen Bauches nicht danach bücken konnte, eilte ihr mein Vater zur Hilfe. Nachdem alles ausgesucht war, lud er sie zum Essen ein. Sie verstanden sich auf Anhieb und trafen sich von dem

Tag an täglich. Mein Vater half Katharina, das Kinderzimmer einzurichten, baute die Möbel auf und strich die Wände. Nach drei Wochen gestand er Katharina seine Liebe und ihr fiel vor Erleichterung ein Stein vom Herzen, da sie genauso empfand. Tja, von da an waren die beiden unzertrennlich. Kurz nach der Geburt der Zwillinge kauften sie dieses Haus. Mein Vater liebt Tim und Laura, als wären es seine eigenen Kinder. Nach der Gartenarbeit kochen Katharina und ich Lasagne, und nachdem das Essen im Ofen verschwunden ist, gönnen wir uns selbst gemachte Limonade auf der Terrasse. Gegen sechs Uhr poltern die Kinder durchs Haus und rennen lachend in den Garten, dicht gefolgt von ihrem Vater. Stolz breiten Tim und Laura einen Berg Süßigkeiten auf dem Tisch aus, den sie bei der Schnitzeljagd gewonnen haben. Nach dem Abendessen spielen wir gemeinsam eine Runde „Das Nilpferd in der Achterbahn". Es macht wahnsinnig viel Spaß. Die Gartenarbeit war anstrengender, als ich dachte. Da mich gegen Zehn die Müdigkeit übermannt, verabschiede ich mich ins Bett. Als ich im Bett liege, nehme ich mir vor, den morgigen Tag alleine zu verbringen. Auch wenn es stimmt, was Katharina heute gesagt hat, möchte ich meinen Geburtstag doch lieber alleine verbringen. Daher stelle ich mir meinen Wecker. Morgen geht es nach Heidelberg, beschließe ich kurzerhand. Dort werde ich gemütlich in einem schönen Kaffee frühstücken und später vielleicht in den Zoo gehen. Mal sehen, auf was ich Lust habe. Glücklich über meine Entscheidung schlafe ich ein.

Kapitel 25

Gegen 5:30 Uhr klingelt mein Wecker. Schnell stelle ich ihn aus, damit niemand geweckt wird und ich mich unbeobachtet aus dem Haus stehlen kann. Leise ziehe ich mich an und schleiche ins Badezimmer. Nachdem ich meine Tasche gepackt habe, hänge ich sie um, lege eine Nachricht auf den Küchentisch und verlasse geräuschlos das Haus. Sobald ich vor dem Haus stehe, plagt mich schon das schlechte Gewissen. Meine Familie wird bestimmt sehr traurig sein. Aber da drängt sich die Stimme von Leonard dazwischen. „Emma, es ist egal, was andere von dir denken. Wichtig ist, wie es dir dabei geht. Du solltest das tun, was für dich gut ist." Also laufe ich zur gut fünfhundert Meter entfernten Bushaltestelle. Nach einer kurzen Wartezeit steige ich in den Bus und bin voller Vorfreude über meinen Ausflug. Meine Fahrt dauert gute zwei Stunden, bis ich in der Innenstadt von Heidelberg ankomme. Das Wetter ist heute ein Traum. Die Sonne strahlt, und der Himmel ist blau. Nach ein paar Gehminuten finde ich ein hübsches kleines Café mit Blick auf den Neckar. Seufzend lasse ich mich an einem der kleinen runden Tische nieder und greife nach der Karte. Nach kurzem Überlegen bestelle ich ein Fitnessfrühstück und ein Glas Sekt dazu. Ich möchte mit meiner Mama auf meinen Geburtstag anstoßen. Irgendwie habe ich das Gefühl, als wäre sie heute bei mir. Glücklich genieße ich die warmen Sonnenstrahlen auf meiner Haut und beobachte die vorbeischlendernden Leute. Es dauert nicht lange, da wird mir mein Frühstück serviert. Feierlich erhebe ich mein Glas und stoße gedanklich mit meiner Mutter an. Danach mache ich mich hungrig über meine Vollkornbrötchen und den selbst gemachten Quark her. Gegen Mittag lasse ich mir die Rechnung bringen und schlendere dann in Richtung Neckar. Früher, wenn wir einen Ausflug nach Heidelberg gemacht haben, sind meine

Mutter und ich bei schönem Wetter immer hier auf die Wiese gegangen und haben die Wolken beobachtet. Also suche ich mir einen schönen sonnigen Platz und lege mich in die Wiese. Da heute keine einzige Wolke zu sehen ist, schließe ich die Augen und spreche in Gedanken mit meiner Mutter. Ach Mama, ich vermisse dich so sehr. Es wäre so unglaublich schön, wenn du bei mir sein könntest. Plötzlich streicht ein Luftzug mein Gesicht, und ich habe das Gefühl, dass jemand neben mir liegt und über meine Hand streicht. Erschrocken öffne ich die Augen und blicke mich um, aber da ist keiner. „Du bist schon ganz meschugge Emma!" lache ich und lege mich wieder hin. Aber was, wenn Katharina recht hat. Was, wenn meine Mutter tatsächlich immer bei mir ist. Bei dem Gedanken daran und leicht benebelt vom Sekt, döse ich glücklich ein.

Unsanft werde ich kurze Zeit später geweckt. Irgendetwas Feuchtes, Schlabberiges ist in meinem Gesicht. Erschrocken reiße ich die Augen auf. Über mir steht ein bulliger Golden Retriever und schleckt mir fröhlich über mein Gesicht. Panisch setze ich mich auf und versuche, den Hund von mir wegzudrücken. Hilfesuchend blicke ich mich um. Plötzlich erkenne ich eine junge Frau, die winkend und wild gestikulierend zu mir herüberläuft. Laut und leicht erbost ruft sie: „Lucky … Lucky. Du kommst auf der Stelle her. Lässt du wohl die arme Frau in Ruhe. Lucky!" Der Hund sitzt nun schwanzwedelnd vor mir und hechelt laut. Es sieht aus, als würde er mich anlächeln. In dem Moment trifft die junge Frau mit einem Rastalockenturm auf ihrem Kopf bei uns ein und zerrt an Luckys Halsband. Völlig außer Atem erklärt sie mir: „Es tut mir so unendlich leid. So was macht er sonst nie. Ich weiß wirklich nicht, was in ihn gefahren ist." Schnell befestigt sie die Leine an Luckys Halsband. „Kann ich irgendetwas tun, um den Schaden wiedergutzumachen?" Lucky wirft mir einen entschuldigenden Hundeblick zu. Herzzerreißend. Daher winke ich ab. „Ach, alles halb so wild." Ich stehe auf und kraule Luckys Kopf. „Es ist ja nichts passiert, ich bin einfach nur so wahnsinnig erschrocken." Erleichtert bedankt sie sich und schlendert mit ihrem Hund zu der Gruppe junger Leute zurück, mit der sie hier ist. Nachdem sie weg ist, wühle ich in meiner Handtasche nach der Flasche Wasser, die ich heute Morgen eingepackt habe und wasche mein Gesicht. Danach creme ich mich mit Sonnencreme ein. Genießerisch atme ich den Duft der Creme ein. Es gibt, glaube ich, keine besser riechende Lotion als Sonnencreme. Sie riecht nach Sommer, guter Laune und Freiheit. Danach packe ich alles wieder ein und schlendere Richtung Fußgängerzone. Da fällt mir plötzlich ein, dass wir früher immer im „Zuckerladen", so nannte ich ihn, waren. Ob es den wohl noch gibt? Hoffentlich. Als ich vor dem Laden stehe, durchwallt mich ein Gefühl der Glückseligkeit. Schnell steige ich die vier Stufen zur Eingangstür, eine große schwere dunkle Holztür mit Innenverglasung, hinauf und trete ein. Das muss das Schlaraffenland sein! Der Fußboden besteht aus schwarz-weiß-karierten Fließen. Von der Decke hängt ein großer Kronleuchter. Auf der großen dunklen Theke vor mir stehen links viele verschiedene Gläser gefüllt mit Brause, Gummibären, Schlangen, Colafläschchen und vielem mehr. Auf der rechten Seite prangen viele verschiedene Sorten selbst gemachter Schokolade in den verschiedensten Formen und Farben. In einem Regal an der Wand türmen sich Bonbons, Lutscher, Mohrenköpfe und Pralinen. Hinter der Theke im Regal hängen Zuckerketten. Außerdem gibt es Dauerlutscher, Zuckerstangen, Liebesperlen, Zuckerwatte, einfach alles, was das Herz begehrt. Aber was ich noch nicht kenne, ist das kleine Café, das es nun auf der linken Seite des Raumes gibt. In der Auslage kann man sich zwischen vier verschiedenen, wahrhaftig gigantischen Torten entscheiden. Kurzerhand beschließe ich, ein Stück Schokoladen- und ein Stück Buttercremetorte zu essen. Ein Geburtstagskuchen muss schon sein. Mit meinem Teller voll Kuchen und einer Tasse Kaffee lasse ich mich auf eines der Kanapees sinken. Die Torten schmecken einfach himmlisch. Ein leises Seufzen entfährt mir. Zwei ältere Damen, die am Nebentisch sitzen, werfen mir kichernd Blicke zu. Mit dem zweiten Stück muss ich ganz schön kämpfen, aber ich esse alles ratzeputz auf. Danach kaufe ich tütenweise Süßigkeiten und verlasse überglücklich den Zuckerladen. Als nächstes habe ich vor, in den Zoo zu gehen. Ich suche mir die nächste Bushaltestelle und checke die Verbindungen. Im Zoo angekommen, hinterlege ich meine Einkäufe bei der netten Dame am Schalter und biete ihr dafür eine Tüte Bonbons an. Nach guten zwei Stunden habe ich den Zoo durchkämmt und trete den Heimweg an. Erschöpft lasse ich mich im Bus ganz hinten nieder und schließe die Augen. Es war ein gelungener Tag, auch wenn meine Mutter nicht wirklich anwesend war, so hatte ich doch die ganze Zeit das Gefühl, dass sie trotzdem bei mir ist. Gegen halb acht erreiche ich Mannheim. Beschwingt gehe ich nach Hause. Hoffentlich sind sie nicht böse, schießt es mir durch den Kopf. Und schon ist meine gute Laune dahin und das schlechte Gewissen macht sich breit. Schnell versuche ich, das Gefühl abzuschütteln. Als ich um die Ecke biege, bemerke ich, dass das Auto von meinem Dad gar nicht in der Auffahrt steht. Hm, die sind wohl ausgegangen. Naja ich kann ja auch nicht erwarten, dass sie zu Hause herumsitzen, bis ich wieder zurückkomme. Ein bisschen traurig darüber, dass keiner da ist, krame ich meinen Schlüssel hervor und öffne die Tür. Die Tüten stelle ich auf die Garderobe und lege Tasche und Jacke ab. Um ganz sicher zu gehen, dass ich wirklich alleine bin, rufe ich: „Hallo? Ist jemand da?" Aber da keiner antwortet, gehe ich in Richtung Küche. Plötzlich taucht Katharina vor mir auf und erschreckt mich fast zu Tode. Mir entfährt ein lauter Schrei. „Sorry Emma. Ich wollte dich nicht erschrecken!" Das Herz schlägt mir bis zum Hals, und das Blut rauscht in meinen Ohren. „Mann, Katharina! Ich glaub, mein Herz ist gerade kurz stehengeblieben. Wieso hast du nicht auf mein Rufen geantwortet? Ich dachte, es ist keiner da!" Katharina zuckt unschuldig mit den Schultern. Dann zieht sie ein Tuch hinter dem Rücken hervor. „Mach die Augen zu, und vertrau mir." Ich werfe ihr einen skeptischen Blick zu, und sie nickt mir zu. Also lasse ich es über mich ergehen. Katharina verbindet mir die Augen und führt mich, keine Ahnung wohin. „Vorsicht Stufe." Plötzlich bleiben wir stehen und Katharina löst das Tuch. Wir stehen auf der Veranda. Vor mir im Garten stehen meine Familie, Isabella mit Markus, Maria mit einem jungen Mann, Leonard und Kathrin und mein Chef und Marie und singen nun lauthals: „Heute kann es regnen, stürmen oder schneien, denn du strahlst ja selber wir ein Sonnenschein, heut ist dein Geburtstag darum feiern wir, alle deine Freunde freuen sich mit dir. Wie schön, dass du geboren bist ...“ Mir bleibt der Mund offen stehen. Das glaube ich jetzt nicht! Der Garten wurde mit Lampions geschmückt, und auf der Wiese steht der große Esstisch, geschmückt mit Blumen und Kerzen. Überwältigt lege ich meine Hand auf den Mund. Das ist das schönste Geschenk, das sie mir je hätten machen können. Auch wenn ich anfangs meinen Geburtstag nicht feiern wollte, es tut so gut, dass all meine Freunde und meine Familie da sind. Nachdem alle verstummt sind, laufe ich über den Rasen und umarme alle reihum. Jeder gratuliert mir zum Geburtstag und wünscht mir alles Gute. Maria drückt mich am allerlängsten. „Hallo mein Schatz, ich wünsche dir alles Glück der Welt und dass du bald wieder richtig glücklich sein kannst!“ Gerührt drücke ich Maria einen Schmatz auf die Backe. Danach stellt sie mir Frederik vor, ihren Sohn. „Er ist ganz spontan und ohne mir etwas zu sagen vorbeigekommen. Hat sich drei Wochen Urlaub genommen für seine alte Mutter“, sagt sie freudestrahlend und knufft ihm in die Seite. Höflich reicht er mir die Hand und gratuliert mir ebenfalls zum Geburtstag. Er sieht gut aus und macht einen sympathischen Eindruck. Nachdem mich alle gedrückt haben, überreichen mir mein Vater und Katharina ihr Geschenk: einen großen länglichen Karton. Aufgeregt öffne ich ihn. Darin befindet sich ein kobaltblaues, trägerloses Cocktailkleid. Wunderschön. Mein Vater hat es wohl mit den schönen Kleidern, denke ich kichernd. Stürmisch umarme ich meinen Dad und Katharina. Lächelnd drängt Katharina mich, es sofort anzuziehen. Das braucht sie mir nicht dreimal zu sagen. Schnell laufe ich die Treppe zu meinem Zimmer empor und ziehe mich um. Meine Haare lasse ich offen über die Schultern fallen. Erwartungsvoll werfe ich einen Blick in den großen Spiegel am Schrank. „Nicht schlecht, nicht schlecht Emma.“ Sage ich zu meinem Spiegelbild und laufe vergnügt die Treppen hinunter. Unten angekommen, springen Tim und Laura quietschend auf mich zu. „Emma, du siehst ja aus wie eine Prinzessin“, schwärmt

Laura. „Aber es fehlt noch was. Mach die Augen zu, ja?!" Ich folge ihrer Anweisung und schließe die Augen. Laura greift nach meinen Händen und legt etwas hinein. „Jetzt darfst du sie öffnen!" Es ist ein selbst gemachtes Diadem. „Wahnsinn!" entfährt es mir. „Hast du das selbst gemacht?" Laura wird knallrot und scharrt verlegen mit dem Fuß auf dem Rasen. „Ja, naja nicht wirklich. Papa hat mir dabei geholfen!" Ich nehme Laura zärtlich in den Arm. „Danke dir, meine Maus. Das ist ein wundervolles Geschenk! Willst du es mir aufsetzen?" Die Verlegenheit ist wie weggeblasen, und Laura setzt mir mit einem feierlichen Gesichtsausdruck das Diadem aufs Haupt. „Du siehst toll aus. Mami, sieht sie nicht wunderschön aus?" Katharina nickt und Laura tanzt fröhlich um mich herum. „Nun bin ich aber an der Reihe!", tönt es beleidigt hinter mir. Tim habe ich völlig vergessen. „Aber natürlich." Lächelnd überreicht mir Tim sein Päckchen. Langsam packe ich es aus. „Nun mach schon schneller, ich platze bald vor Neugier", beschwert er sich, und ich muss laut lachen. „Aber du weißt doch schon, was drin ist." „Das ist ja egal." Also reiße ich das Papier auf, und zum Vorschein kommt eine Holzschatulle bestückt mit schönen Muscheln. „Das ist ein Schmuckkästchen für deine Ketten und Ringe und so." Ich umarme Tim und bedanke mich. „Vielen Dank. Das ist ein wundervolles Geschenk! Ihr zwei seid so lieb zu mir." Da mischt sich Laura ein. „Na, du bist ja auch unsere große Schwester!" Ist sie nicht zuckersüß!? Nachdem alle das Büffet gestürmt haben, sitzen wir nun laut durcheinanderredend am großen Tisch und genießen das gute Essen. Nach dem Essen erhebt sich Isabella, um einen Toast auszusprechen. „Liebe Emma. Wir wünschen dir alle von Herzen alles Gute zu deinem Geburtstag. Um dir eine kleine Freude zu bereiten, haben wir alle unsere Sparschweine geplündert. Wir haben lange überlegt, was wir dir schenken könnten. Am Ende ist unsere Wahl auf etwas gefallen, dass auf deiner Liste steht und wovon wir der Meinung sind, dass es an der Zeit ist, diesen Punkt dieses Jahr abzuhaken." Die macht es ja ganz schön spannend. Isabella zieht einen großen Umschlag hervor und überreicht ihn mir. Gespannt öffne ich ihn und ziehe einen Gutschein für ein

Flugticket nach New York hervor. „Wir konnten dir leider nicht die ganze Reise finanzieren, aber zumindest hast du schon einmal die Anzahlung." „Ihr seid ja wahnsinnig!" Begeistert springe ich auf, stoße meinen Stuhl dabei um und umarme stürmisch Isabella. „Danke, danke, danke!" Danach drehe ich mich zu meinen Gästen um. „Vielen herzlichen Dank euch allen. Das ist das beste Geschenk aller Zeiten!" Irgendwann legt mein Papa Musik auf und Isabella zieht mich mit sich zum Tanzen. Es dauert nicht lange und es haben sich alle um uns herum versammelt. Es ist ein rauschendes Fest.

Kapitel 26

M ein Kopf dröhnt, als hätte sich ein Schwarm Bienen darin eingenistet. Ich habe eindeutig zu viel getrunken gestern Abend. Schwerfällig strecke ich die Arme und Beine von mir und öffne langsam die Augen. Als ich endlich klar sehen kann, falle ich fast vor Schreck aus dem Bett. Wo bin ich? Und wer in Gottesnamen liegt da neben mir? Langsam wandert mein Blick an mir herunter und ich stelle fest, dass ich außer einem Slip nichts mehr anhabe. Hilfe, was ist hier los? Leise und vorsichtig ziehe ich die Decke von dem Unbekannten, und vor lauter Schreck entfährt mir ein kleiner, unterdrückter Schrei. Schnell schlage ich die Hände vor den Mund, hoffentlich habe ich ihn nicht geweckt. Was hab ich nur getan? Ich habe keine Ahnung, wie ich mich jetzt verhalten soll. Aber eines weiß ich ganz genau, Maria und auch die anderen dürfen niemals davon erfahren. Wie peinlich mir das alles ist. Da hüpfe ich einfach mit einem mir wildfremden Kerl ins Bett, und das auch noch in dem Haus meines Vaters! Aber das Allerschlimmste ist eigentlich, dass ich mich an rein gar nichts erinnere. Jetzt nur ruhig bleiben, Emma. Vielleicht ist ja gar nichts gelaufen. Vielleicht war ich viel zu betrunken, und wir haben nur nebeneinander geschlafen! Das glaubst du doch wohl selbst nicht! Du bist nackt. Naja nicht ganz, zumindest hab ich meinen Slip an, aber das hat ja nichts zu heißen. Panisch blicke ich mich im Zimmer um und suche nach Beweisen. Auf dem Boden liegen unsere Kleidungsstücke verteilt. Es sieht so aus, als wären sie achtlos fallen gelassen worden. Das ist kein gutes Zeichen. Und, oh nein … da liegt Beweisstück Nummer eins, damit bin ich wohl überführt, und der Fall ist geklärt. Eine leere Kondomhülle. Na toll. Das haben sie ja wieder gut hingekriegt, Frau Koch! Vorsichtig schäle ich mich aus dem Bett und ziehe mich leise an. Frederik liegt tief schlafend im Bett und bekommt von alldem nichts mit. Sehr gut. Vielleicht kann er sich ja auch an nichts erinnern, und ich kann das alles hier vertuschen. Daher schnappe ich mir die Kondomhülle und verlasse das Zimmer. Als ich die Türe ganz leise hinter mir geschlossen habe und ich mich erleichtert an den Türrahmen lehne, fällt mir ein, dass das ja mein Zimmer ist. Mist. Was mache ich denn jetzt nur? Wenn mich jemand hier mit meinem Outfit von gestern Abend sieht, der weiß doch sofort, was los ist. Ich lege den Kopf in meine Hände und überlege fieberhaft, wie ich das Problem hier lösen kann. Plötzlich tippt mir jemand an die Schulter. „Emma? Alles ok?" Mir bleibt fast das Herz stehen vor lauter Schreck. „Isabella! Warum schleichst du dich so an?" „Ich habe mich überhaupt nicht angeschlichen, ich wollte lediglich auf die Toilette. Viel wichtiger ist doch, warum du hier an deine Zimmertüre gelehnt stehst und deinen Kopf festhältst? Ist alles in Ordnung? Und warum hast du immer noch das Kleid von gestern an? Hast du dich gar nicht ausgezogen?" Frisch ertappt, laufe ich knallrot an und versuche, das Plastikstück in meiner Hand zu verbergen. „Ähm, naja, weißt du, ich war wohl so betrunken gestern, dass ich mich einfach so, wie ich war, ins Bett gelegt habe." Fieberhaft suche ich nach einer Ausrede. „Ich wollte auch gerade auf die Toilette, aber mir ist plötzlich schwarz vor Augen geworden und da hab ich mich kurz an die Tür gelehnt. Aber jetzt ist wieder alles gut!" Isabella schaut mich zweifelnd an. „Na dann. Möchtest du zuerst ins Badezimmer gehen?" Muss ich ja wohl, denn in mein Zimmer zurück kann ich ja jetzt auch nicht, wenn Isabella da steht. Dann sieht sie ja gleich, was ich angestellt und dass ich nicht alleine geschlafen habe heute Nacht. Daher nicke ich und lasse sie einfach stehen. Im Badezimmer angekommen, drehe ich schnell den Schlüssel um und lasse mich auf die Klobrille sinken. Das Beweisstück vergrabe ich im Müll. Mann, Mann, Mann, das war knapp. Aber ich glaube, sie hat nichts gemerkt. Um den ganzen Schreck loszuwerden, stelle ich mich unter die Dusche und lasse das Wasser auf mich niederprasseln. Nachdem ich mich abgetrocknet, eingecremt, die Augenbrauen gezupft und die Haare geföhnt habe, wickle ich mich in den Bademantel von Katharina und schleiche auf Zehenspitzen zurück zu meinem Zimmer. Leider habe ich keine Ahnung, wie ich Frederik gegenübertreten soll. Vielleicht fällt mir ja spontan 'was ein. Am besten ich tue so, als wäre überhaupt nichts gewesen. Langsam öffne ich die Tür und stecke meinen Kopf ins Zimmer, um die Lage zu checken. Erleichtert stelle ich fest, dass das Bett leer ist und sich keine Kleidungsstücke mehr auf dem Boden befinden. Sehr gut. Er ist weg. Schnell schlüpfe ich ins Zimmer und schließe die Tür. Danach lasse ich den Bademantel aufs Bett fallen und öffne meinen Kleiderschrank. „Guten Morgen, schöne Frau", tönt es plötzlich von links, und ich fahre zusammen. Erschrocken reiße ich ein Kleid aus dem Schrank und halte es vor meinen nackten Körper. Also viele solche Schrecksekunden halte ich heute nicht mehr aus, das macht mein Herz nicht mehr mit. Leider habe ich, als ich in mein Zimmer kam, nicht bemerkt, dass die Balkontür offensteht. Frederik lehnt lässig in der Tür und lächelt mich an. „Na, hast du gut geschlafen?" Oh nein, er hat es also nicht vergessen. So ein Mist. Ich nicke panisch. „Würdest du, also könntest du dich vielleicht bitte kurz … umdrehen", presse ich hervor. „Ich würde mich gern anziehen." „Oh, aber natürlich. Entschuldige bitte", sagt Frederik mit einem kecken Lächeln. Schnell ziehe ich mich an. „Ok, bin fertig." Frederik dreht sich um und kommt schnurstracks auf mich zu, nimmt mich in die Arme und versucht, mich zu küssen. Oh. Schnell drehe ich meinen Kopf und versuche, ihn von mir zu drücken. „Moment." Aber Frederik lässt sich nicht beirren. „Hörst du wohl gefälligst damit auf?" Perplex lässt er mich los. „Was ist denn los?" „Ich will das nicht. Und das, was heute Nacht passiert ist, bleibt unter uns. Wenn Maria davon erfährt! Ich möchte gar nicht daran denken. Wie schrecklich. Da steig ich einfach mit ihrem Sohn in die Kiste. Also vergiss einfach alles, was zwischen uns war." Überrascht blickt er mich an. „Ich glaube nicht, dass meine Mutter etwas dagegen hätte." Ich schüttle den Kopf. „Das ist mir egal. Es war das erste und letzte Mal, dass 'was zwischen uns gelaufen ist. Versprich, dass du es keinem erzählst!" Frederik zuckt mit den Schultern. „Gut. Wenn du das so möchtest, dann akzeptiere ich das. Obwohl es schade ist, denn es war wirklich schön mit dir!" Schnell halte ich mir die Ohren zu. Das will ich nicht hören. „Geh jetzt", sage ich. Aber da fällt mir ein, dass ihm jemand auf dem Gang begegnen könnte. Schnell halte ich ihn zurück. „Stopp. Ich werde erst nachsehen, ob die Luft rein ist!" „Findest du nicht, dass du etwas übertreibst?" Ich ignoriere ihn und öffne die Tür. Schnell überprüfe ich den Gang. Die Luft ist rein. „Du kannst gehen." Ungeduldig schiebe ich Frederik aus meinem Zimmer. Das wäre erst mal geschafft. Hoffentlich hält er den Mund. Ich möchte gar nicht daran denken, was Maria dazu sagen würde. Das alles ist mir so unglaublich peinlich. Um mich etwas abzulenken, packe ich meine Koffer, da wir gegen Mittag Richtung Detmold aufbrechen wollen. Eine halbe Stunde später klopft es an meiner Tür. Erschrocken drehe ich mich um und fixiere die Tür. Wer kann das sein? Da klopft es wieder. Angespannt öffne ich die Tür und stelle erleichtert fest, dass Tim und Laura davorstehen. „Guten Morgen Emma. Hast du gut geschlafen?", fragt Laura. Ich nicke. „Mama macht grad das Frühstück und hat gesagt, dass wir dich wecken sollen. Aber du bist ja schon wach. Also kommst du mit?" Laura ergreift meine Hand und zieht mich aus meinem Zimmer. Oh nein, ich bin doch noch gar nicht darauf vorbereitet, wie ich mich Frederik gegenüber verhalten soll. Wie vertusche ich am besten alles, damit keiner etwas bemerkt? Ah, ich hab's, ich werde ihn einfach ignorieren. Vergnügt laufe ich hinter den Kindern her in den Garten, wo mein Vater und Katharina bereits den Tisch gedeckt haben. „Guten Morgen Emma." Ruft mein Vater, als er mich auf der Terrasse erblickt. „Morgen. Kann ich noch irgendetwas helfen?" „Gerne, du könntest die Käse- und Wurstplatte holen." Ich mache auf dem Absatz kehrt und laufe Richtung Küche. Als ich durch die Terrassentür trete, pralle ich mit jemandem zusammen, irgendetwas ergießt sich über meinen Bauch. Erschrocken schreie ich auf. Als ich aufschaue, erkenne ich, dass Frederik mit einer Karaffe Orangensaft vor mir steht. Der Orangensaft hat sich nur leider zur Hälfte über mich ergossen. „Kannst du nicht aufpassen", zische ich durch die Zähne und funkle ihn wütend an. Frederik stellt schnell die Karaffe weg und holt ein

Tuch. Als er wieder vor mir steht, fängt er an, meinen Bauch trockenzurubbeln. „Sag mal, spinnst du? Hör gefälligst auf damit." Unsanft stoße ich ihn weg und blicke um mich, ob jemand etwas beobachtet hat. Dabei bemerke ich leider nicht Isabella, die uns neugierig zusieht. Als ich mich umgezogen habe, ist der Frühstückstisch bereits fertig gedeckt. Während des Frühstücks versuche ich Frederik weitestgehend zu ignorieren. Was sich als weitaus schwieriger herausstellt, als ich dachte. Frederik sitzt mir nämlich genau gegenüber. Dass er die ganze Zeit versucht, mir ein Gespräch aufzudrängen ist nicht einmal das Schlimmste dabei. Die ständige Füßelei unter dem Tisch ist weitaus schlimmer! Hilfe. Außerdem fühle ich mich von allen beobachtet. Aber als ich mich in der Runde umsehe, erkenne ich, dass alle in Gespräche vertieft sind. Isabella allerdings entgeht nichts. Nach dem Frühstück verabschieden wir uns alle herzlich von meiner Familie. Maria, Isabella und Markus sind bei Frederik im Kombi mit hergefahren. Nun müssen wir uns zu fünft in das Auto quetschen. Markus setzt sich zu Frederik vor, und wir Mädels machen es uns hinten bequem. Laura und Tim kommen noch einmal gerannt und küssen mich durch das heruntergelassene Fenster. „Wir werden dich vermissen!" Die beiden sind so unglaublich. „Ich werde euch auch vermissen." Frederik startet das Auto und rollt langsam die Auffahrt hinunter. Mein Vater, Katharina und die Kinder stehen vor der Garage und winken uns zum Abschied. Es war ein schöner Urlaub. Als wir um die Ecke sind, fahre ich das Fenster hoch und mache es mir bequem. Isabella sitzt als Kleinste in der Mitte und schaut mich irgendwie komisch an. Aber ich kann ihren Blick nicht so recht einordnen. Vielleicht bilde ich es mir auch nur ein. Maria blickt aus dem Fenster. Es ist ausgesprochen still auf der Rücksitzbank. Die Männer sind in ein Gespräch vertieft. Frederik wirft mir über den Rückspiegel dann und wann Blicke zu. Aber vielleicht täusche ich mich auch hier, höchstwahrscheinlich beobachtet er einfach den rückwärtigen Verkehr. Hoffentlich werde ich nicht noch paranoid. Da ich nicht in Redelaune bin, schließe ich die Augen und döse vor mich hin.

Plötzlich stoppt der Wagen, und jemand rüttelt sanft an meiner Schulter. Verschlafen öffne ich die Augen. „Emma, wir sind in Detmold." Markus ist bereits ausgestiegen und wartet auf seine Frau. Ich lasse Isabella aussteigen. „Sehen wir uns morgen beim Yoga? Soll ich dich abholen?" fragt sie mich und zwinkert mir zu. Was hat sie nur? „Ja, aber ich laufe direkt von der Arbeit aus hin. Vielleicht kannst du mich mit nach Hause nehmen?" „Klar", sagt Isabella fröhlich. Nachdem wir uns verabschiedet haben, fährt Frederik weiter. Zu Hause angekommen, steige ich aus, öffne den Kofferraum und hieve meinen Koffer und die Tasche heraus. Frederik springt um die Ecke. „Lass das, das ist doch viel zu schwer für dich. Bitte lass mich deine Sachen nach oben tragen." Energisch schüttle ich den Kopf. „Nein, das schaff ich schon alleine!" Jetzt schaltet sich Maria ein. „Kindchen, sei nicht dumm. Lass dir doch helfen. Wofür haben wir denn einen starken Mann dabei!" Sie hakt sich bei mir unter und zieht mich Richtung Haustür. Der arme Frederik, jetzt muss er alles alleine tragen. Halt. Warum habe ich plötzlich Mitleid mit ihm. Schnell weg, ihr Gedanken, jetzt wird nicht mehr an Frederik gedacht. Bei Maria angekommen, drücke ich sie herzlich und bedanke mich noch einmal für die schöne Überraschung und das tolle Geschenk. „Ich möchte euch gerne am Freitag zum Essen einladen. Als kleines Dankeschön für alles." Maria strahlt. „Sehr schön. Soll ich was mitbringen?" „Nein, natürlich nicht. Ich lade euch doch ein." In diesem Moment kommt Frederik die Treppen hinauf. Stöhnend lässt er Marias Tasche fallen, meinen Koffer und die Tasche hält er noch fest. „Sagt mal, was habt ihr denn eingepackt? Backsteine?" Maria und ich kichern. Frederik läuft schon die Treppe hinauf zu meiner Wohnung. Schnell sprinte ich hinterher und schließe die Wohnungstür auf. Frederik stellt meine Sachen ab. „Essen am Freitag, hm?" Ich nicke. Jetzt muss ich ihn auch einladen, was soll Maria sonst denken, wenn ich nur sie einlade. „Ja. Bist du da noch hier oder schon wieder in München?" Frederik strahlt. „Ich hab drei Wochen Urlaub und habe beschlossen, dass es doch schön wäre, drei Wochen bei meiner Mutter zu bleiben." Uff. Drei Wochen muss ich dieses Spiel spielen? Na gut, das be-

komme ich schon hin. „Alles klar. Dann bis Freitag. Tschüss!"
Ich versuche, ihn aus der Tür zu schieben. „Irgendwie bist du
komisch Emma. Aber irgendwie auch süß. Ich freue mich auf
Freitag! Vielleicht sehen wir uns ja schon eher." Er lächelt mich
an. Schnell werfe ich die Tür ins Schloss.

Am nächsten Tag komme ich relativ spät aus der Arbeit raus. Ge-
hetzt jogge ich die Straßen entlang. Kurz vor halb acht stoße ich
die Türe zum Yogastudio auf und streife völlig außer Atem meine
Schuhe von den Füßen. „Hi Emma", begrüßt mich Kathrin fröh-
lich. „Hast es ja doch noch geschafft." „Sorry. Es war heute viel
los." Schnell verschwinde ich in der Umkleide, wechsle meine
Kleidung und schnappe mir danach eine Matte aus dem Geräte-
raum. Als ich den Trainingsraum betrete, sitzen alle bereits im
Schneidersitz auf ihrer Matte und atmen tief ein und aus. Isabella
dreht sich zu mir um und deutet auf einen freien Platz neben
sich. Möglichst leise breite ich meine Yogamatte aus und setze
mich neben sie. Isabella schenkt mir ein Lächeln, das ich nicht
so wirklich deuten kann. Gegen neun sitzen Isabella und ich
frisch geduscht mit einer Tasse Ingwertee in der Hand und einer
Schüssel voll Gummibärchen bei Kathrin an der Bar. Die meisten
sind schon gegangen. Aufmerksam mustert Isabella mich von
der Seite. „Alles in Ordnung bei dir?", fragt sie mich mit hoch-
gezogenen Augenbrauen. „Klar! Was soll denn nicht in Ordnung
sein?" „Ooch, ich dachte ja, dass du mir vielleicht irgendetwas
erzählen möchtest!? Schließlich bin ich deine beste Freundin."
Nervös rutsche ich auf dem Stuhl hin und her. „Iiich?", frage ich
scheinheilig. „Nö. Da gibt's nichts zu erzählen. Wie kommst du
darauf?" Hoffentlich weiß Isabella nichts von Frederik und mir.
Gütiger Himmel, nein. Aber wie soll sie etwas gemerkt haben.
Außer ... nein, das glaube ich nicht. Vielleicht haben wir wild vor
allen anderen geknutscht, bevor wir in mein Zimmer sind. Leider
kann ich mich an nichts erinnern ... Filmriss, Blackout. Wieso
auch nur musste ich so viel trinken. „Tu doch nicht so schein-
heilig", sagt sie anklagend und wedelt mit einem Colafläschchen
vor meiner Nase herum. „Ich weiß wirklich nicht, auf was du

hinaus möchtest Isabella!" Schnell stopfe ich mir eine Handvoll Gummibärchen in den Mund, um meine Nerven zu beruhigen. „Ich glaube schon, dass du das weißt. Gestern Morgen habe ich Frederik aus deinem Zimmer kommen sehen. Ich denke, du bist mir eine Erklärung schuldig! Schließlich bin ich, wie ich schon erwähnt habe, deine beste Freundin. Daher habe ich ein Recht, jedes kleinste Detail zu erfahren!" Mist. Da ich mich in die Enge getrieben fühle, springe ich auf, schnappe mir meine Tasche und rufe hektisch: „Sorry, aber ich muss jetzt echt los Isabella. Tschüss Kathrin, bis nächste Woche." Isabella blickt mir total verdattert hinterher. Aber bevor sie in irgendeiner Art und Weise protestieren kann, bin ich schon durch die Tür geschlüpft. Auf der Straße angekommen, beginne ich zu rennen. Eigentlich weiß ich gar nicht, wovor ich davonrenne, aber aufhören kann ich auch nicht. Zwanzig Minuten renne ich, bis ich vor lauter Seitenstechen fast keine Luft mehr bekomme. Kurz bevor ich zu Hause ankomme, fiept mein Handy. Ich ziehe es aus meiner Tasche, um die Nachricht zu lesen. Na toll, wer soll es auch anderes sein. „Sag mal, was ist eigentlich los mit dir? Reden am Freitag. Gute Nacht. Isabella." Die ist ja mächtig sauer. Hoffentlich behält sie es für sich!

Kapitel 27

Da ich die ganze Woche bis zum Hals in Arbeit stecke, sehe und höre ich nichts von Isabella, Maria oder gar Frederik. Am Freitag nehme ich mir ab Mittag frei, um in Ruhe alles vorzubereiten. Nachdem ich mir im Internet die Rezepte rausgesucht habe, schnappe ich mir einen Korb und laufe Richtung Supermarkt. Es ist heute unerträglich heiß, und schon auf dem Hinweg läuft mir der Schweiß den Rücken hinunter. Als ich den klimatisierten Supermarkt betrete, atme ich erleichtert auf. In aller Ruhe schlendere ich durch die Regale und fülle meinen Korb. Bevor ich den Nachhauseweg antrete, mache ich einen Abstecher in den Weinhandel nebenan und kaufe mehrere Flaschen toskanischen Rotwein. Voll bepackt laufe ich nach Hause und breche fast zusammen unter dem Gewicht meiner Einkäufe. Alle paar Meter bleibe ich stehen, stelle den Korb und den Beutel mit dem Wein ab, um kurz zu verschnaufen. Was ich nicht bemerke, ist, dass mich jemand von der anderen Straßenseite aus heimlich und amüsiert beobachtet. Als ich meine Einkäufe zum wiederholten Male abstelle und mir den Schweiß von der Stirn wische, legt mir jemand unverhofft seine Hände von hinten auf meine Augen. „Na, schöne Frau", flüstert der Unbekannte in mein Ohr. Vor lauter Schreck stolpere ich über meinen Korb und falle der Länge nach hin. Starke große Hände greifen nach mir und helfen mir auf. Nachdem ich mein Kleid wieder zurechtgezupft habe, blicke ich auf. Das kann doch einfach nicht wahr sein! Vor mir steht Frederik und grinst mich entschuldigend an. „Sorry Emma. Es war nicht meine Absicht, dir weh zu tun oder dich zu erschrecken! Geht's dir gut?" Prüfend lassen wir beide unsere Blicke an mir herabgleiten und stellen erschrocken fest, dass ich mir mein linkes Knie aufgeschlagen habe. Ein kleines Rinnsal Blut läuft an meinem Schienbein herab. Zornig funkle ich Frederik an. Der wiederum durchsucht hektisch seine Hosentaschen nach einem Taschentuch und wird fündig. Ohne mich zu fragen, kniet er sich vor mich und tupft das Blut weg. „Wir sollten die Wunde auswaschen und desinfizieren, nicht dass sie sich noch entzündet." Abwehrend hebe ich die Arme. „Lass mal, du hast schon genug getan. Wir sehen uns heute Abend." Immer noch wütend schnappe ich mir meinen Korb und die Tasche. Leicht humpelnd setze ich meinen Weg fort. Allerdings schmerzen meine Arme nach wenigen Metern so sehr, dass ich wieder alles abstellte. Das ist echt peinlich Emma! Ich sollte vielleicht mal anfangen, ein bisschen Krafttraining zu machen. Kaum habe ich alles abgestellt, ist Frederik an meiner Seite und schnappt sich meine Einkäufe. „Lass es mich wenigstens zu Dir nach Hause tragen. Bei dem Tempo, das du vorlegst, müssen wir heute Abend hungern." Der hat doch nicht alle Tassen im Schrank. Zorn brodelt in mir hoch, aber da er irgendwie recht hat, schlucke ich meinen Ärger hinunter und folge ihm schweigend. Zu Hause angekommen, öffne ich die Wohnungstür und führe Frederik in die Küche. Nachdem er alles auf dem Küchentisch abgestellt hat, fragt er mich: „Hast du irgendwo Erste-Hilfe-Material?" Ein wenig besänftigt nicke ich. „Im Bad." Wir gehen gemeinsam ins Badezimmer. Nachdem Frederik meine Wunde fachmännisch versorgt hat, streicht er mir zärtlich und sanft über das Kinderpflaster, das er soeben auf meine Wunde geklebt hat. Ein leiser Schauer läuft mir über den Rücken, und ich seufze. „Hast du was gesagt?", fragt er mich, und ich schüttle erschrocken den Kopf. „Nein. Aber ich muss mich langsam um das Abendessen kümmern, sonst werde ich nie pünktlich fertig." „Wenn du möchtest, helfe ich dir!" „Na gut." Gemeinsam schneiden wir die Zutaten und waschen den Salat. Das Marinieren der Steaks überlasse ich Frederik. Plötzlich, ich bereite gerade den Nachtisch zu, streicht mir Frederik sanft mit seinen Fingerspitzen über den Nacken. Wieder läuft mir ein wohliger Schauer über den Rücken. Dann nimmt er meinen Pferdeschwanz zur Seite und küsst zärtlich meinen Hals. „Nicht", protestiere ich mit zittriger Stimme. Aber anstatt aufzuhören, legt er seinen Arm um meine Taille und dreht mich zu sich um. Ein Blick in seine dunklen

Augen, und mit meinem Widerstand ist es dahin. Sanft berühren seine Lippen meine. Erst als ich seinen Kuss erwidere, fährt er fort. Mit weichen, warmen Lippen küsst er mich zärtlich und öffnet dann seinen Mund. Unsere Zungen berühren sich, und ich bekomme überall Gänsehaut. Nun lege ich meine Arme um seinen Hals und ziehe ihn nah an mich heran. Immer leidenschaftlicher werden unsere Küsse, und wir lassen uns auf den Boden sinken. Zärtlich streicht mir Frederik eine verirrte Strähne von der Wange und verteilt kleine Küsse auf meinem Gesicht. „Du bist wunderbar, weißt du das?" Ich antworte nicht, sondern lächle nur. Nach ein paar Minuten erhasche ich einen Blick auf Frederiks Armbanduhr und erschrecke. „Oh nein! Es ist schon so spät?!" In einer Stunde werden meine Gäste kommen. „Keine Panik. Wir helfen schnell zusammen, und dann schaffen wir das mit links", flüstert Frederik und knabbert an meinem Ohrläppchen. Eine halbe Stunde später haben wir den Grill aufgestellt, den Tisch gedeckt, die Salate und den Nachtisch vorbereitet. Frederik verabschiedet sich mit einem langen Kuss. „Bis gleich. Ich werde mich professionell verhalten, keiner wird etwas von uns ahnen, in Ordnung?" Dankbar nicke ich. Schnell springe ich unter die Dusche und ziehe mich an. Um kurz vor sieben klingeln Isabella und Markus an der Tür. Markus drückt mir eine Flasche Wein in die Hand, und Isabella schaut mich durchdringend an. An ihrem Blick erkenne ich, dass mich nichts Gutes erwartet, und ich schlucke schwer. Wir gehen in die Küche. „Schatz, möchtest du dich schon mal um den Grill kümmern?" Markus nickt und tritt auf die Terrasse. Isabella packt mich am Arm, zieht mich ins Wohnzimmer und schubst mich auf das Sofa. Die Hände in die Hüften gestemmt steht sie vor mir und funkelt mich wütend an. „Sag mal, was war das bitte am Montag für eine Aktion? Ein Einfaches ‚ich möchte nicht darüber reden' hätte es auch getan! Weißt du eigentlich, wie blöd ich mir vorgekommen bin?" Schuldbewusst schaue ich sie an. „Ich weiß, ich hätte dich nicht so forsch drängen dürfen. Aber ich bin doch von Natur aus so unglaublich neugierig, und wenn meine beste Freundin, die ich von Herzen liebe, vielleicht eine tolle Nacht verbracht hat … noch dazu mit so einem tollen Mann, dann würde ich das gerne wissen. Warum schließt du mich aus?" Ich zucke mit den Schultern, und Isabella setzt sich neben mich. „Ich will dir doch nichts Böses!" Ich überlege, wie ich es ihr erkläre. „Es ist nicht so, dass ich es dir nicht erzählen will. Aber ich hatte eigentlich vor, es geheim zu halten, weil ich auf keinen Fall möchte, dass Maria davon erfährt. Er ist ihr Sohn. Ich schäme mich. Außerdem gibt es nicht viel zu erzählen. Von unserer ersten Nacht bei meinem Dad weiß ich nichts mehr. Ich war zu betrunken." Isabella zieht eine Augenbraue hoch. „Von eurer ersten Nacht?" Erschrocken schlage ich mir eine Hand vor den Mund und nicke ertappt. „Ich habe mich dagegen gewehrt. Ehrlich. Ich war total unfreundlich zu ihm. Aber letztendlich ist es heute Nachmittag wieder passiert!" Isabella grinst. „Möchtest du mir davon erzählen? Ich verspreche auch, dass ich nichts Maria sage!" Also erzähle ich Isabella die ganze Geschichte. Von dem Moment an, als ich neben Frederik aufgewacht bin, bis zu dem Zeitpunkt, als Frederik vorhin meine Wohnung verließ. Kurz nachdem ich meine Geschichte beendet habe und Isabella mich übermäßig erfreut umarmt hat, klingelt es erneut an der Tür. „Versprich mir, dass du nichts sagst!" Isabella hebt die rechte Hand: „Großes Indianerehrenwort. Ich schwöre!" Und nicht nur Isabella hält ihr Versprechen, auch Frederik verhält sich sehr Gentleman-like. Der Abend ist perfekt. Wir lachen viel, essen gut und trinken leckeren Rotwein. Gegen Mitternacht verabschieden sich alle, und ich falle todmüde in mein Bett. Bevor ich einschlafe, beschließe ich, dass ich die kurze Zeit, die Frederik noch da ist, genieße. Nur verlieben darf ich mich nicht. Für eine Enttäuschung ist mein Herz nicht stark genug. Und was kann es schon schaden? Ein bisschen Spaß und Aufmerksamkeit hat noch keinem geschadet. Ich weiß nur nicht, ob ich es die ganze Zeit über vor Maria geheim halten kann oder soll. Aber darüber werde ich mir die nächsten Tage Gedanken machen.

Am nächsten Morgen stehe ich früh auf und besuche das Grab meiner Mutter. Als ich zurück komme, hängt ein roter Stoffsack an meiner Tür. Ich ziehe ihn vom Türknopf, um hineinzuschauen. Zwei Vollkornbrötchen und ein Croissant lächeln mich an. Obenauf liegt ein kleiner roter Zettel. Aufgeregt ziehe ich ihn heraus und entfalte ihn. „Lass es dir schmecken Honey. Hättest du später Lust, eine Runde planschen zu gehen? Ich kenne da einen schönen Badesee, einige Kilometer von Detmold entfernt. Ich hole dich gegen 11 Uhr ab." Das mir jemand so viel Aufmerksamkeit schenkt, bin ich gar nicht gewohnt. Aber ich freue mich auf den Tag am See und natürlich auch auf Frederik. Um punkt 11 Uhr klingelt es an der Tür, und Frederik erklärt mir über die Gegensprechanlage, dass er im Auto auf mich wartet. Nachdem ich mich auf den Beifahrersitz hab sinken lassen, nimmt Frederik mein Gesicht in seine Hände und küsst mich zärtlich. Wieder läuft mir ein wohliger Schauer über den Rücken. Aber dieses Gefühl kann ich nur kurz genießen, sofort kommt mir Maria in den Sinn, und ich drehe mich nervös um. Schnell suche ich nach Anzeichen, dass uns jemand gesehen hat. „Was ist los?" Frederik streicht mir über die Wange. „Was ist mit Maria?" „Ach, meine Mutter ist heute bei ihrer Freundin zu Besuch. Ich hole sie heute Abend wieder ab. Du kannst also ganz entspannt und du selbst sein." Erleichtert atme ich auf. Nach einer guten Viertelstunde Fahrt erreichen wir einen kleinen, im Wald versteckten See. Es ist total idyllisch und kein Mensch weit und breit zu sehen. „Darf man hier baden gehen?" „Ja klar. Warum nicht? Das ist mein Geheimtipp. Als Kinder waren wir hier immer zum Baden und Angeln. Wir haben uns damals hier auch eine kleine Hütte gebaut. Ich bin mal gespannt, ob sie noch steht." Ein wunderschönes Lächeln umspielt seine Lippen, als er mir davon erzählt. Frederik ergreift meine Hand und führt mich zur besagten Stelle. Wind und Wetter haben an dem Holz genagt, aber die Hütte aus Kindertagen steht tatsächlich noch. Sie ist viel größer, als ich sie mir vorgestellt habe. Eine Tür gibt es nicht, nur eine Öffnung in der Wand. Wir treten ein. Die Hocker, die sie gebaut haben, sind teilweise gebrochen, aber drei Stück stehen noch um einen Tisch herum. An der einen Wand lehnen von Spinnweben umgarnt eine Angelrute und ein Kescher. Ein kleines Bücherregal ziert die andere Wand. „Wow." Frederik scheint überwältigt.

„Es ist alles noch da." Verträumt streicht er mit der Hand über den Tisch. „Es war eine schöne Zeit. Draußen hatten wir eine kleine Feuerstelle. Dort haben wir immer unsere Fische gegrillt. Wenn wir mal Erfolg hatten." Er lacht. „Was durchaus selten vorkam." Wir treten wieder hinaus. Draußen breitet Frederik eine große Decke aus. Nachdem wir eine Runde geschwommen sind, legen wir uns in die Sonne. Zärtlich streicht mir Frederik über den Rücken, und ich genieße die Berührung. „Ich sollte dich eincremen, nicht dass du einen Sonnenbrand bekommst!" Wir cremen uns gegenseitig mit Sonnencreme ein. Frederik küsst mich zärtlich und nimmt mir die Sonnenmilch aus der Hand. Schnell bemerke ich, auf was er hinaus möchte. Nervös schiebe ich ihn weg, und er schaut mich fragend an. „Habe ich was falsch gemacht?" „Nein. Aber bist du dir sicher, dass hier keiner vorbeikommt?" „Mach dir keine Gedanken." Frederik küsst meinen Hals und wandert mit seinen Lippen immer weiter hinab. Mein ganzer Körper scheint unter Strom zu stehen. Das Blut rauscht in meinen Ohren, und ich ergebe mich. Verträumt spiele ich mit Frederiks Brusthaaren. Ich fühle mich gerade wie in einem Traum, es ist immer so wunderschön mit ihm. Er ist so einfühlsam und zärtlich, scheint immer zu wissen, was ich möchte und was mir gut tut. Noch nie ist ein Mann so sehr auf mich eingegangen. „Hast du Lust auf Himbeeren?" Ich nicke. Aus seinem Korb zaubert Frederik eine Schale, gefüllt mit den süßen Früchten. Nachdem wir uns gegenseitig mit Himbeeren gefüttert haben, springen wir erneut in den See. Wie Kinder tollen wir herum und bespritzen uns mit Wasser. Gegen siebzehn Uhr bringt mich Frederik nach Hause. Berauscht von dem tollen Tag, greife ich zum Telefon und rufe Isabella an. Diesmal werde ich ihr alles erzählen und kein einziges Detail auslassen. Isabella lauscht gespannt meinen Erzählungen. Als ich geendet habe, fragt sie: „Meinst du nicht, ihr solltet Maria davon erzählen?" „Ich weiß nicht." „Aber immer dieses Versteckspiel. Wenn sie es weiß, könnt ihr euch so oft ihr wollt sehen. Es wäre alles viel einfacher." „Schon. Aber was wenn sie sauer ist? Er ist schließlich ihr Sohn." „Das glaub ich nicht. Ich an deiner Stelle würde es ihr sagen. Früher oder später kommt es sowieso raus. So etwas kommt immer früher oder später ans Licht, und dann ist sie, glaub ich, eher sauer, als wenn du es ihr jetzt erzählst. Ich denke, sie wäre sehr enttäuscht, wenn ihr sie belügt." Isabella hat recht. Daher lade ich Maria für morgen zum Frühstück ein, um ihr alles zu beichten.

Kapitel 28

Da es am nächsten Tag wie aus Eimern gießt, frühstücken wir in der Küche. Maria ist ungewöhnlich still, und ich werde nervös. Daher stopfe ich das Brötchen nur so in mich hinein. „Kindchen, ist alles in Ordnung?" Maria schaut mich mit großen Augen an, und ich verschlucke mich. Hustend nicke ich. Als ich wieder Luft bekomme, nehme ich allen Mut zusammen. „Maria, ich muss dir was sagen." Interessiert blickt sie mich an. „Ich weiß wirklich nicht, wie ich es dir sagen soll." Noch nie ist mir etwas so schwer gefallen. Ich komme mir vor, als hätte ich sie betrogen. „Frederik und ich, also … ähm … wir … wir haben miteinander geschlafen." So, jetzt ist es raus. Auf Marias Reaktion gespannt, schiele ich über meinen Teller. Marias Gesicht hellt sich auf, und sie strahlt. „Na endlich Emma. Ich hab schon überlegt, wann ihr es mir endlich sagt!" Ich falle aus allen Wolken. Damit habe ich nun wirklich nicht gerechnet. Aber woher weiß sie? „Was?" „Na also, ich bin zwar nicht mehr die Jüngste aber blind bin ich noch lange nicht! So wie ihr beide euch anseht, das war doch nicht zu übersehen, dass ihr euch mögt." „Und es macht dir nichts aus?" „Warum sollte es? Ich habe Frederik schon lange nicht mehr so entspannt und glücklich gesehen, und du strahlst ja auch wie ein Sonnenschein. Solange es euch beiden damit gut geht, soll mir das recht sein! Außerdem könnte ich mir keine bessere Frau für meinen Sohn wünschen." „So ist es nicht Maria. Wir sind kein Paar." „Was noch nicht ist, kann ja noch werden. Aber ich werde mich da nicht einmischen. Ihr zwei seid erwachsen. Tut das, was ihr für richtig haltet. Ich verspreche dir, ich werde mich da raushalten." Maria trinkt ihren Kaffee aus. „So, und jetzt gehe ich und schicke Frederik hoch. Macht euch einen schönen Tag." Maria kommt um den Tisch herum und nimmt mich in den Arm. „Ich freue mich für euch, ehrlich. Mach dir also keine Gedanken." Ich kann gar nicht beschreiben, wie erleichtert ich bin, dass Maria das so entspannt sieht. Maria geht nach unten, und ich räume die Küche auf. Nur kurze Zeit später klingelt es, und ich renne freudig an die Tür, um Frederik zu öffnen. „Siehst du, ich habe dir doch gesagt, dass meine Mutter ganz entspannt damit umgeht." „Ich weiß auch nicht, was mich geritten hat. Ich wollte sie einfach nicht verlieren. Sie ist mir so wahnsinnig wichtig." Frederik tritt ein. „Ja ich weiß. Aber das Gleiche gilt für sie. Sie hat dich unwahrscheinlich gern." Ich lächle und ziehe Frederik an mich heran, um ihn zu küssen. Gemeinsam beschließen wir, den Tag auf dem Sofa zu verbringen. Wir schauen alte Kamellen, essen Schokolade und knutschen stundenlang. Wie könnte man einen verregneten Tag besser verbringen?

Die nächste Woche vergeht wieder wie im Flug. Montags gehe ich mit Isabella zum Yoga. Danach treffen wir uns mit Maria und gehen zu unserem Lieblingsitaliener essen, denn das haben wir schon eine Ewigkeit nicht mehr gemacht. Die restlichen Abende verbringe ich mit Frederik. Einmal entführt mich Frederik ins Freiluftkino, hierfür hat er sich extra ein Cabrio ausgeliehen. An einem anderen Tag gehen wir schick essen. Für den Samstag plant er ein Picknick, verrät er mir, und ich freue mich schon wahnsinnig. Am Freitagnachmittag, wir liegen gerade auf meiner Terrasse und lassen uns die Sonne auf den Pelz scheinen, verspüre ich den innerlichen Drang, Frederik von dem Unfall zu erzählen. Daher räuspere ich mich, setze mich auf und trinke einen Schluck Limonade. Frederik nimmt die Sonnenbrille ab und schaut mich fragend an. „Alles in Ordnung bei dir?" Ich nicke betrübt, denn bei dem Gedanken an das Geschehene legt sich sofort wieder ein Trauerschleier um mich. „Ich würde dir gerne etwas erzählen …" Aufmerksam lauscht Frederik meinen Worten, ohne mich ein einziges Mal zu unterbrechen. Während meiner Erzählung macht sich wieder ein Kloß in mir breit, und ein paar Tränen laufen mir an den Wangen herunter. Eigentlich dachte ich, dass es mir mittlerweile besser damit geht. Aber anscheinend hab ich alles nur verdrängt. Oder fange ich an, meine Mutter zu vergessen?!

In der Zeit, die ich mit Frederik verbringe, denke ich wirklich nicht sehr oft an sie. Wir kennen uns jetzt zwei Wochen, mir kommt es vor, als wäre es schon eine Ewigkeit. Auf keinen Fall darf ich zulassen, dass er sich zwischen uns stellt, dass ich sie vergesse. Niemals darf ich mich ganz auf Frederik einlassen. Bei dieser Erkenntnis entfährt mir ein Schluchzer. Frederik ist sofort an meiner Seite und nimmt mich tröstend in die Arme. Als ich seine Nähe spüre, sind die Gedanken plötzlich wieder wie weggefegt. „Es tut mir so leid", flüstert er mir ins Ohr und küsst zärtlich mein Haar. Nach einigen Minuten habe ich mich wieder beruhigt. Da springt Frederik auf. „Ich weiß, was bei Traurigkeit hilft. Gib mir ein paar Minuten, dann bin ich wieder da!" Frederik läuft hinaus, und ich schaue ihm verdutzt hinterher. Kurze Zeit später klingelt es an der Tür. Frederik steht mit einem breiten Grinsen davor und hält etwas hinter dem Rücken. Gekonnt schlängelt er sich an mir vorbei, und ich folge ihm in die Küche. „Mach die Augen zu." Ich tue, was mir gesagt wurde. „Gut, kannst sie wieder aufmachen." Frederik hält mir eine große Packung Schokoladeneis mit Macadamia-Nüssen unter die Nase. Mit großen Augen schaue ich ihn an. „Du bist der Wahnsinn." Ich breche in schallendes Gelächter aus. Schnell holt Frederik zwei große Löffel aus dem Besteckkasten und reicht mir einen. Wir setzen uns wieder hinaus und löffeln das Schokoeis, bis uns schlecht wird. Danach küsst mich Frederik so intensiv und lang, dass es mir fast den Boden unter den Füßen wegzieht. Am nächsten Morgen werde ich von einem zärtlichen Kuss geweckt. Ich schlage die Augen auf. Frederik steht vor mir, mit einem Tablett in der Hand. „Frühstück ans Bett?", frage ich erstaunt. Frederik grinst. „Für meine Prinzessin nur das Beste!" Frederik setzt sich zu mir, und wir genießen unsere frischen Brötchen. Kann dieser Mann eigentlich Wirklichkeit sein, oder befinde ich mich in einer Art Traumzustand?! „Ich verbringe den Vormittag mit meiner Mutter, und heute Nachmittag gehen wir dann picknicken, ist das für dich in Ordnung?", unterbricht er meine Gedanken. „Natürlich. Ich habe eh schon ein schlechtes Gewissen, weil ich dich so in Beschlag nehme. Die arme Maria sieht dich sowieso so selten, und jetzt bist du mal zu Besuch, und sie hat wieder nichts von dir!" „Naja, ganz so schlimm ist es auch nicht. Wenn du arbeiten gehst, gehöre ich doch voll und ganz ihr. Außerdem macht es sie glücklich, dass wir uns so gut verstehen." Nach dem Frühstück verabschiedet Frederik sich, und ich gehe meinen hausfraulichen Tätigkeiten nach, die ich in letzter Zeit ganz schön vernachlässigt habe. Auf gut deutsch, hier sieht es aus wie im Schweinestall. Gegen fünfzehn Uhr klingelt es an der Tür. Na endlich. Seit einer Stunde bin ich mit allem fertig, meine Wohnung erstrahlt in neuem Glanz, und ich versuche, die Zeit totzuschlagen. Aufgeregt renne ich zur Tür. Emma. Ermahne ich mich. Du weißt, was du dir vorgenommen hast. Du darfst dich nicht in ihn verlieben. Also verlangsame ich meinen Schritt und öffne lässig die Tür. Aber als ich in seine strahlenden Augen mit den wunderschönen Lachfalten blicke, bekomme ich weiche Knie. „Bist du soweit?" Ich nicke, ziehe meine Ballerinas an und greife nach meiner Handtasche. Wir beschließen kurzerhand, wieder in den Wald zu fahren, Frederik kennt in der Nähe des Sees eine schöne Lichtung. Als wir auf der Lichtung ankommen, bin ich überwältigt. Es ist wunderschön. Die Wiese ist übersät mit vielen verschiedenen Blumen. Es ist ganz unberührt, als wäre noch nie ein Mensch hier gewesen. Dieser Ort hat etwas Magisches, das mich sofort in seinen Bann zieht. Frederik breitet die Decke aus und stellt seinen Korb ab. Aus dem Korb zaubert er frischgebackene Schokoladenmuffins, verschiedene Beeren, kleine Käsebrötchen und selbst gemachten Eistee hervor. Nachdem wir uns gegenseitig mit unseren Köstlichkeiten gefüttert haben, liegen wir eng aneinandergeschmiegt auf der Decke und genießen das Zwitschern der Vögel und die Sonnenstrahlen, die zärtlich unsere Haut liebkosen. Irgendwann flüstert Frederik mir ins Ohr. „Wir sollten langsam gehen, ich habe noch etwas mit dir vor." Ich setze mich auf. „Was denn?" „Das wird nicht verraten. Aber bevor wir gehen, pflücken wir dir noch einen schönen Blumenstrauß." Oh ja. Als kleines Mädchen habe ich meiner Mutter immer Blumensträuße gepflückt. Fast jeden Tag schenkte ich ihr einen Strauß. Daher werde ich zwei Sträuße pflücken. Einen für meine Mama und einen für mich. Damit die Blumen nicht die Köpfe hängen lassen, bis wir zu Hause sind, fahren wir am See vorbei und tränken die Stoffservietten im Wasser, um die Stiele damit zu umwickeln. Danach stellen wir die Sträuße in den Korb. Nach einigen Minuten erreichen wir einen großen, geschotterten Parkplatz. Frederik parkt seinen Kombi am hinteren Ende und steigt aus. Ich tue es ihm gleich. „Was machen wir hier?" Frederik kommt auf mich zu und greift meine Hände. „Ich habe etwas vor, du darfst mir aber nicht böse sein. Lass es mich zuerst erklären, bevor du etwas sagst." Verwirrt schaue ich ihn an und nicke zustimmend. „Also. Ich habe letztens an deinem Kühlschrank diese Liste hängen sehen. Dann hast du mir gestern von dem Unfall erzählt, und meine Mutter und ich haben uns heute Morgen darüber unterhalten. Als wir auf die Liste zu sprechen kamen, fiel uns beiden auf, dass ein wichtiger Punkt fehlt. Erst war ich hin- und hergerissen, ob ich diesen Punkt gedanklich hinzufügen soll, beschloss dann aber, dass es eigentlich schon wichtig wäre. Dann hatte ich allerdings Zweifel, ob es gut ist, es heute schon zu machen. Aber wenn ich dir davor davon erzählt hätte … ich weiß nicht, ob du dann zugestimmt hättest." Auf was will er eigentlich hinaus? Verlegen scharrt er mit den Füßen im Kies. „Wovon sprichst du eigentlich? Sag doch einfach, was du von mir willst!" Frederik räuspert sich. „Ich möchte, dass du Auto fährst!" Wie vom Donner gerührt stehe ich da und kann nicht mehr atmen. Panik steigt in mir hoch, meine Hände zittern. Heftig schüttle ich den Kopf. Dann finde ich meine Stimme wieder. „Nein. Nein und nochmals nein. Ich kann das nicht. Ich will das nicht. Bring mich sofort nach Hause oder ich laufe zu Fuß. Was bildest du dir eigentlich ein? Was glaubst du eigentlich, wer du bist?" Jetzt schreie ich. Tränen laufen mir heiß über die Wangen. Geschockt starrt mich Frederik an. Mit dieser Reaktion hat er, glaube ich, nicht gerechnet. Schnell mache ich auf dem Absatz kehrt und laufe los. Frederik packt mich an der Schulter und dreht mich zu sich. „Lass mich los, sofort!" Zische ich. „Ich vertraue dir das Schlimmste was mir je widerfahren ist an, und du hast nichts Besseres zu tun, als mich zu quälen?"

„Aber du musst doch irgendwann mal wieder Auto fahren. Je länger du wartest, umso schwerer wird es dir fallen. Emma, ich will dich doch nicht quälen. Im Gegenteil, ich möchte dir doch nur helfen." „Nie wieder werde ich Auto fahren. Nie wieder, hörst du. Wäre ich nicht gewesen, dann hätte meine Mutter überlebt", kreische ich. Seine Augen weiten sich. „Das ist doch völliger Unsinn Emma. Du konntest nichts dafür. Einzig und allein schuld ist der Mann, der viel zu betrunken war, als dass er hätte noch fahren dürfen. Wieso gibst du dir die Schuld? Das darfst du nicht!" Frederik kommt auf mich zu und versucht, seine Arme um mich zu legen, aber ich stoße ihn mit aller Kraft und Wut von mir. „Fass mich nicht an!" Aufgebracht drehe ich mich um und renne davon. Nach einigen Metern bleibe ich allerdings wieder stehen, lasse mich auf die Knie fallen und lege mein Gesicht in meine Hände. Alles verkrampft sich in mir, und mein Körper schmerzt. Tränen der Wut strömen über mein Gesicht. Wie kann er es nur wagen. Unsicher, wie er sich verhalten soll, steht Frederik einige Meter von mir entfernt. Plötzlich setzt er sich in Bewegung und schreitet auf mich zu. Als er bei mir ankommt, hält er kurz inne, setzt sich dann jedoch zu mir auf den Boden. Tröstend legt er seine Arme um mich. Ich bin nicht in der Lage, mich zu wehren, und so dulde ich seine Umarmung. Langsam wiegt mich Frederik hin und her und streicht mir zärtlich über mein Haar. Er sagt nichts. Er ist einfach nur da. Meine Wut verebbt langsam. Meine Trauer schwindet, und nach einigen Minuten habe ich mich wieder einigermaßen beruhigt. Das Zucken meiner Schultern hört auf, und ich atme wieder regelmäßig. Frederik nimmt mein Gesicht in seine Hände und hebt es an, um mir in die Augen blicken zu können. „Es tut mir so leid Emma! Ich wollte dich nicht verletzen. Bitte verzeih mir." Aus traurigen Augen blicke ich ihn an und erkenne, dass es ihm ernst ist. „Du kannst dir gar nicht vorstellen, wie schlecht es mir nach dem Unfall ging! Das alles ist auch jetzt noch schwer für mich." Frederik streicht mir die tränennassen Haare aus dem Gesicht. „Doch das tue ich. Einen geliebten Menschen zu verlieren, ist verdammt schwer." Frederik hilft mir auf, und wir setzen uns auf eine Bank. „Weißt du, meine Mama war mehr als das. Sie war mein Leben, und als sie gestorben ist, war es, als reiße jemand ein Riesenloch in meine Brust. Ich war kurz davor, mich selbst zu verlieren. Am liebsten wäre ich mit ihr gegangen. Du kannst dir nicht vorstellen, wie schwer die Zeit nach dem Unfall war. Wäre Maria, ich meine deine Mutter, nicht gewesen, dann hätte ich es nicht überlebt. Sie hat mich aus dem schwarzen Loch gezogen und mir neue Lebensfreude eingeflößt. Aber meine Wunden verheilen nur langsam. Daher bringen mich Situationen wie diese total aus der Fassung." „Vielleicht sollten wir einfach nach Hause fahren." Ich nicke. Langsam laufen wir in Richtung Auto. Frederik legt seinen Arm um mich und drückt mich an sich. Bevor ich mich ins Auto setzen kann, zieht er mich an sich heran. „Es tut mir wirklich wahnsinnig leid. Ich hoffe du verzeihst mir." „Ja." Erleichtert küsst er mich. In seinem Kuss spiegeln sich Verzweiflung und Erleichterung zugleich. Während der Fahrt fällt mir ein, dass wir ja noch den Blumenstrauß für meine Mutter im Kofferraum haben. „Würdest du bitte am Friedhof vorbeifahren?" „Natürlich." Dort angekommen steige ich aus und hole die Blumen aus dem Korb. Frederik macht keine Anstalten auszusteigen. Ich öffne die Fahrertür. „Gehst du nicht mit?" „Ich weiß nicht, möchtest du denn, dass ich mitkomme?" „Wieso nicht?" Schweigend folgt er mir zum Grab meiner Mutter. Maria hatte vor einigen Wochen eine Vase hinter dem Engel versteckt. Diese ziehe ich nun hervor, fülle sie mit Wasser und stelle die Blumen hinein. Die Wiesenblumen sehen wunderbar aus. Ich lasse mich auf dem Kies vor dem Grab nieder und schließe die Augen. Frederik berührt mich sanft an der Schulter und flüstert: „Ich lasse dich einen Moment alleine, Emma. Ich warte am Auto auf dich. Lass dir so viel Zeit, wie du brauchst!" Ich nicke. Nachdem Frederik gegangen ist, öffne ich die Augen. „Hallo Mama." Es dauert nicht lange, da stellt sich wieder dieses warme Gefühl ein, dass ich immer habe, wenn ich zu ihr spreche. Aufgeregt schildere ich ihr die Vorkommnisse der letzten Tage bis hin zu meinem Ausbruch von gerade eben. Plötzlich überkommt mich das Gefühl völliger Geborgenheit und Sicherheit. Ich spüre die Anwesenheit meiner

Mutter ganz deutlich, in mir und um mich herum. So nah habe ich sie noch nie bei mir gespürt. In meinem Kopf höre ich leise ihre Stimme. „Emma, warum gibst du dir die Schuld an dem Unfall? Niemand ist schuld daran. Es war an der Zeit für mich zu gehen, das weiß ich nun. Mach dir also bitte keine Vorwürfe." Das kann ich nicht glauben. Sie war doch noch so jung. Warum sollte Gott so entscheiden? „Emma, ich bin glücklich hier. Du musst endlich loslassen. Genieße endlich dein Leben und höre auf, in der Vergangenheit zu leben." „Aber ..." „Nichts aber. Wie ich sehe, hast du sehr viele liebe Menschen kennengelernt, die dich lieben und für dich da sind. Das zu sehen, macht mich überaus glücklich. Außerdem hast du einen sehr attraktiven Mann an deiner Seite, halte ihn gut fest. Er wird dich glücklich machen Emma." Ich öffne mein Medaillon. „Aber was, wenn ich dich vergesse?" Wieder überkommt mich ein starkes Gefühl der Geborgenheit und Liebe. „Das wird nicht passieren!" Und sie hat recht. Meine Mutter wird immer ein Teil von mir sein. Ich küsse das Medaillon. „Danke Mama. Ich liebe dich!" Ich bleibe noch einige Augenblicke sitzen, bevor ich mich zum Parkplatz aufmache. Während ich zum Auto zurücklaufe, fasse ich einen Entschluss.

Frederik sitzt auf dem Fahrersitz, das Gesicht in seine Hände auf dem Lenkrad abgelegt. Schnell gehe ich zu ihm. Sanft lege ich meine Hand auf seine Schulter. Erschrocken fährt er hoch. „Emma. Wie geht es dir?" Frederik steigt aus und nimmt mich in die Arme. „Ausgezeichnet", sage ich und Frederik schaut mich verblüfft an. „Was ist passiert?", fragt er. Ich zucke mit den Schultern. „Ich hatte ein Gespräch." Das ist alles, was ich ihm verrate. Sonst hält er mich womöglich noch für verrückt. Als Frederik merkt, dass er nicht mehr Informationen bekommt, akzeptiert er meine Antwort und küsst mich. „Frederik?", unterbreche ich unseren Kuss. „Mhh?" „Darf ich fahren?" Überrascht blickt er mich an und zieht die Augenbrauen hoch. „Bist du dir da sicher?" Ich zupfe an seinem Shirt und antworte: „Ja. Ich denke, du hast recht. Je länger ich warte, umso schwieriger wird es für mich. Ich war nur vorhin so überrumpelt. Aber jetzt bin ich mir sicher, dass es der richtige Zeitpunkt ist. Vielleicht kann ich ja erst einmal ein paar Runden über den Parkplatz drehen?" Frederik nickt und gibt den Weg frei. Langsam setze ich mich auf den Fahrersitz. Jetzt bin ich doch etwas nervös. Nicht nur weil Frederiks Auto viel größer ist, als die, die ich jemals gefahren bin. Frederik lässt sich auf dem Beifahrersitz nieder und erklärt mir kurz die Gangschaltung. In Frederiks Kombi ist eine Sechs-Gang-Schaltung eingebaut, sowas habe ich noch nie gesehen. Wahnsinn. Nachdem ich meinen Sitz und die Spiegel eingestellt habe, greife ich zum Zündschlüssel. „Bereit?", fragt Frederik mich, und ich nicke. Noch einmal tief einatmen und dann los. Zum Glück ist auf dem Friedhofsparkplatz heute wenig los. Langsam drehe ich den Zündschlüssel um, und der Motor heult auf. Kurze Panik erfasst mich, aber ich schlucke sie schnell wieder herunter. Vorsichtig lege ich den Rückwärts-gang ein, versichere mich, dass hinter mir niemand ist, und lasse das Fahrzeug rückwärts rollen. Mein Herz rast. Ohne Probleme parke ich das Monstrum von Auto rückwärts aus. „Das klappt ja wunderbar", sagt Frederik freudig. Ich nicke, lege den ersten Gang ein und gebe Gas. Nachdem ich einige Runden auf dem Parkplatz gedreht habe, bleibe ich stehen. „Alles klar bei dir?", fragt Frederik. Ich halte das Lenkrad mit beiden Händen fest umklammert und nicke. „Ja. Aber es ist ein komisches Gefühl. Nicht unbedingt ein schlechtes. Einfach komisch."

Kapitel 29

Eine Viertelstunde fahre ich wie eine blutige Anfängerin durch die Straßen von Detmold. Ich komme mir total bescheuert vor, weil ich mich nicht traue, schneller als 40 km/h zu fahren. Warum? Aus Angst, dass jemand vor das Auto hüpft oder ich jemandem hinten drauffahre. Dass wieder irgendjemand zu Schaden kommt. Ach ich weiß auch nicht. Frederik sitzt geduldig neben mir und sagt nichts. Nach einer gewissen Zeit geht es immer besser. Ich fühle mich sicherer. Mutig verlasse ich die Stadt und fahre aufs Land hinaus. Nach einer guten Stunde ist es so, als hätte es die Zeit ohne Autofahren nie gegeben. Selbstsicher parke ich gegen späten Nachmittag den Kombi von Frederik vor unserem Haus ein. Und wer hätte das gedacht, es macht sich ein glückliches, euphorisches Gefühl in mir breit. Ich könnte Bäume ausreißen. Lächelnd drehe ich mich zu Frederik, der mich fragend anschaut. Als er mich so glücklich sieht, lächelt auch er. „Wie geht es dir?" „Super! Hat doch ganz gut geklappt oder?" Er nickt. „Ja. Du bist gefahren wie ein Profi. Am Anfang vielleicht noch nicht", neckt er mich, „aber dann war es perfekt." Ich lache, denn er hat recht, ich bin wahrscheinlich gefahren, als hätte ich meine erste Fahrstunde. Frederik blickt auf die Uhr. „Oh. Ich muss meine Mutter abholen. Möchtest du mitkommen, und ich führe meine zwei Liebsten zum Essen aus? Zur Feier des Tages?" Gar keine schlechte Idee. Ich sehe Maria momentan eh so selten. Aber eigentlich hätte ich Isabella auch gerne dabei. „Würde es dir was ausmachen, wenn wir Isabella und Markus auch fragen? Isabella sollte doch auch die guten Nachrichten erfahren." Frederik zieht meine Tasche hervor und reicht mir mein Handy. „Das ist eine gute Idee!" Schnell gehe ich auf Favoriten und wähle Isabellas Nummer. Isabella ist begeistert. Aber Markus muss arbeiten und kann nicht mitkommen. „Möchtest du fahren?", frage ich. „Wie du möchtest. Du kannst ja hinfahren und ich fahre nach Hause dann könnt ihr Mädels Wein zum Abendessen trinken." Als Maria ins Auto steigt, blickt sie mich mit großen erstaunten Augen an. „Also das habe ich ja nun wirklich nicht erwartet, dass du heute wirklich fährst! Frederik, wie hast du das gemacht?" Frederik dreht sich zu seiner Mutter um. „Tja, ich bin halt ein Naturtalent." Wir lachen laut los, und ich starte in Richtung Isabella. Isabella steht Maria in nichts nach. Mit großen erstaunten Augen steht sie in der Auffahrt. Dann rennt sie um das Auto und reißt die Fahrertür auf. „Mann Emma. Das ist ja der Wahnsinn! Du fährst? Seit wann? Ich bin total von den Socken! Ich bin sehr stolz auf dich, mein Schatz." Stürmisch nimmt sie mich in die Arme. „Erzähle ich dir später ok? Jetzt fahren wir erst einmal zu Antonio, ich verhungere nämlich bald!" Schnell flitzt Isabella wieder um das Auto und setzt sich hinter Frederik auf die Rücksitzbank. Antonio begrüßt uns drei Mädels euphorisch mit Küsschen links und rechts. Frederik schüttelt er kurz die Hand und widmet uns sofort wieder seine Aufmerksamkeit. Antonio führt uns durch das Restaurant in den Hinterhof, der als Biergarten dient. An den Steinmauern wächst Efeu, und überall blühen schöne Blumen. Es ist klein aber sehr schön. Über unseren Köpfen schweben Stofflampions in verschiedenen Farben. Auf den Tischen hat Antonio Windlichter und ein Glas mit einem Rosenkopf drapiert. Zur Feier des Tages bestellen wir zunächst einen großen Teller Antipasti. Dazu ordert Frederik eine Flasche Prosecco. Zum Anstoßen auf meinen jüngsten Erfolg. Ich erhebe mein Glas, um einen Toast auszusprechen. „Auf euch. Auf meine besten Freunde. Auf euch, weil ihr die wunderbarsten Menschen seid. Auf euch, weil ihr immer für mich da seid, mich unterstützt und mich in schlechten Zeiten immer wieder aufbaut. Ich danke euch für alles. Ich wüsste nicht, wo ich heute wäre, hätte ich euch nicht kennengelernt! Ich liebe euch von Herzen!" Alle erheben ihr Glas und stoßen mit mir gemeinsam an. Hoffentlich hat das Frederik jetzt nicht falsch verstanden, schießt es mir durch den Kopf. Ich meine das ja ganz freundschaftlich. Schnell werfe ich ihm einen kurzen Blick zu. Er unterhält sich mit Isabella. Also haben die Alarmglocken wieder umsonst geläutet. Er will bestimmt auch nur seinen Spaß haben, und wir verbringen einfach eine schöne Zeit miteinander. Alles andere wäre ja auch sinnlos. Schließlich wohnt er in München und ich hier in Detmold, und ich habe nicht vor, von hier wegzugehen. Weg ihr Gedanken, über so was kann ich mir auch noch später den Kopf zerbrechen. Jetzt wird erst mal mein jüngster Erfolg gefeiert. Es wird ein lustiger Abend. Wir Mädels köpfen zwei Flaschen Sekt, und Antonio bringt uns als Absacker noch einen Ramazotti. Mit Antipasti, Spaghetti, Pizza und Tiramisu vollgefutter machen wir uns auf den Weg nach Hause. Als wir bei mir ankommen, möchte mir Maria unbedingt noch etwas zeigen. Also gehe ich mit zu ihr in die Wohnung. Frederik verabschiedet sich mit irgendeiner fadenscheinigen Ausrede, die ich nicht ganz verstehe. Aber Maria hat mich so unter Beschlag genommen, dass ich gar nicht so recht auf Frederik achte. Maria führt mich in ihr Wohnzimmer, und wir lassen uns auf ihrem Sofa nieder. „Was willst du mir denn zeigen?" „Ah ja. Ich wollte dir, ähm, meine Fotoalben zeigen." Irgendwie benimmt Maria sich komisch. Kann natürlich auch an dem Sekt liegen. Nach einer guten halben Stunde Fotoalben anschauen, bin ich so müde, dass ich mich von Maria verabschiede und die Treppen zu meiner Wohnung emporsteige. Auf dem Weg nach oben suche ich in meiner Handtasche nach meinem Schlüssel, kann ihn aber nirgends finden. Oben angekommen, dringt leise Musik an mein Ohr. Ich blicke auf und sehe, dass meine Tür nur angelehnt ist. Die Musik kommt aus meiner Wohnung. Oh Gott, es hat doch wohl keiner bei mir eingebrochen! Langsam schleiche ich mich auf Zehenspitzen an die Tür heran. Seitlich davon bleibe ich stehen und stupse die Tür mit meiner linken Hand auf. Sie schwenkt auf und mein Blick gleitet über ein Meer von Kerzen. Ich erstarre. Damit habe ich jetzt aber nicht gerechnet. Mit einem schwarz vermummten Mann mit Taschenlampe und großem Sack vielleicht, aber damit nicht. Ich muss über meine Vorstellung lachen. Schwarz vermummter Mann mit Sack. Klar, so sehen alle Einbrecher aus. Ich trete über die Türschwelle in meine Wohnung hinein. Vor mir liegt auf dem Boden ein weißes, gefaltetes Blatt Papier. Ich hebe es auf und entfalte es. „Folge den Kerzen." Oh wie aufregend. Ich habe so was ja schon öfter mal im Film gesehen oder in einem schnulzigen Roman gelesen, aber mir ist so was noch nie passiert. Mit laut klopfendem Herzen folge ich den Kerzen. Vor dem Badezimmer liegt ein weiterer Zettel. „Nimm ein Schaumbad und lass dich verwöhnen." Ich trete in das Badezimmer. Überall stehen Kerzen, es duftet herrlich nach Orangen. Die Badewanne ist gefüllt mit Wasser, und darauf türmt sich Badeschaum. Genau das Richtige. Seufzend streife ich meine Kleidung von mir und lege mich in die Wanne. Aber da ich so wahnsinnig aufgeregt bin, was als Nächstes kommt, halte ich es nicht lange aus. Nach nicht mal zehn Minuten wasche ich meine Haare und steige aus der Wanne. Ich ziehe meinen seidenen Kimono über und lasse meine feuchten Haare über meine Schulter fallen. Ein Blick in den Spiegel. Wie sehe ich aus? Gut. Erregt verlasse ich das Badezimmer und folge weiter den Kerzen. Klassische Musik dringt nun etwas lauter an mein Ohr. Ich öffne die Schlafzimmertür. Auch mein Schlafzimmer ist übersät mit Kerzen. Frederik steht vor mir und lächelt mich an. „Hi", sagt er und kommt auf mich zu. Frederik nimmt mein Gesicht in seine Hände und vergräbt seine Fingerspitzen in meinen Haaren. Dann verteilt er zärtlich Küsse über meiner Stirn, meinen Augen, meinen Wangen, meinen Ohren, meinem Hals. Ich schließe die Augen. Sanfte Schauer laufen über meinen Rücken hinab. Meine Knie werden weich. Langsam wandern seine Lippen sanft zu meinem Mund. Ich glaube, ich werde gleich ohnmächtig. Alles dreht sich um mich herum. Als sich unsere Zungen berühren, schlinge ich meine Arme um seinen Hals und ziehe ihn an mich. Frederik legt mich sanft auf mein Bett und löst die Bändel meines Kimonos. Mein Herz schlägt mir bis zum Hals. Langsam, sehr langsam erkundet er meinen Körper mit seinen Lippen und seiner Zunge. Ich werde fast verrückt unter seinen Berührungen. Es fühlt sich so wunderbar an. Noch nie war ein Mann zuvor so aufmerksam und so zärtlich zu mir. Es ist schon weit nach Mitternacht, und wir sitzen in eine Decke gekuschelt auf meiner Terrasse und blicken in die Sterne. Ich streichle zärtlich über Frederiks Arm. Es tut so wahnsinnig gut, bei ihm zu sein. In seiner Gegenwart muss ich an nichts anderes denken. Nicht an den Unfall und nicht daran, dass ich meine Mutter nie wiedersehen werde. All der Schmerz, der immer noch in mir wohnt, ist wie weggeblasen. Es graut mir vor dem Tag, an dem er wieder nach München fährt.

Kapitel 30

Am nächsten Morgen stehle ich mich leise aus dem Bett. Heute bin ich mit Frühstück holen dran. Nachdem ich schnell zum Bäcker um die Ecke gesaust bin, richte ich zwei Tabletts mit Kaffee, Marmelade, Nutella, Wurst und Käse her. Die Brötchen und Croissants platziere ich ebenfalls auf meinen Tabletts. Dann schleiche ich mich mit dem ersten Tablett zurück ins Schlafzimmer. Frederik sieht so süß aus, wenn er schläft, so unschuldig, denke ich und muss ein Kichern unterdrücken. Leise stelle ich das Tablett auf meinem Nachttisch ab. Dann krabble ich unter die Decke und küsse Frederiks Hals und streiche ihm sanft über den Rücken. „Guten Morgen, mein Siebenschläfer", flüstere ich ihm zärtlich ins Ohr. „Hmm. So möchte ich immer geweckt werden." Ich muss lächeln. „Ich habe dir Frühstück mitgebracht." Frederik schlägt die Augen auf, dreht sich zu mir um und nimmt mich in die Arme. „Du bist ein Schatz. Womit habe ich das verdient?" Lächelnd küsst er mich. Dann setzt er sich auf und deutet auf seinen Schoß. „Ich bin bereit. Was gibt es denn Gutes? Der Kaffee riecht ja schon mal vielversprechend!" Ich stelle das Tablett vor ihm ab und präsentiere stolz mein Frühstück. „Oh. Ich habe was vergessen. Moment, bin gleich wieder da." Ich springe auf und sause in die Küche. Orangensaft darf bei keinem guten Frühstück fehlen. Also fülle ich zwei Gläser, stelle sie auf mein Tablett und laufe vorsichtig zurück ins Schlafzimmer. Frederik strahlt, als ich ihm den Orangensaft auf sein Tablett stelle. „Danke." Nachdem wir alles verputzt haben, räumen wir gemeinsam das Geschirr auf. Während ich die Spülmaschine einräume, verstaut Frederik die Lebensmittel im Kühlschrank. Danach kommt er zu mir und umarmt mich. „Danke noch mal für das tolle Frühstück." Ein langer Kuss folgt, und ich habe Wackelpudding in den Knien. „Habe ich gern gemacht." „Ich habe vorhin überlegt, was wir heute Schönes machen könnten." „Und? Auf was bist du gekommen?" Frederik öffnet langsam die Knöpfe meines Kleids. „Naja ich dachte, nachdem ich dich vernascht habe, könnten wir eine Fahrradtour mit allen machen. Also mit meiner Mutter, Isabella und Markus. Es wäre schön, wenn wir alle zusammen etwas unternehmen würden. Was meinst du?" „Mhh ja." Mehr kann ich nicht mehr sagen.

Eine Stunde später haben wir alle zusammengetrommelt. Am frühen Nachmittag wollen wir uns treffen und aufs Land rausfahren. Frederik bekommt das Fahrrad von meiner Mutter. Beim Anblick ihres Fahrrads werde ich kurz traurig. Aber Frederik bemerkt sofort meinen veränderten Gesichtsausdruck und küsst mich schnell, um alle negativen Gedanken zu vertreiben. Und er hat Erfolg. Nachdem Frederik unsere Fahrräder nach oben getragen hat, checkt er noch kurz das von Maria und trägt auch das nach oben. Maria kommt in sportlichem Outfit die Treppen herunter und wirkt leicht genervt. Zur Begrüßung umarme ich sie und schaue sie fragend an. „Ach", sagt sie mit wegwerfender Geste. „Ich stand eine halbe Ewigkeit vor dem Schrank und wusste nicht, was ich für so eine Fahrradtour anziehen soll. Weißt du, wann ich das letzte Mal Fahrrad gefahren bin?" Ich schüttle verneinend den Kopf. „Siehst du, ich auch nicht. Ich hoffe, ich kann das überhaupt noch, und ihr müsst keine Stützräder für mich alte Frau auspacken." Da muss ich so sehr lachen, dass sich die Miene von Maria auch aufhellt. „Ach, das wird super. Du wirst schon sehen!" Frederik legt seiner Mutter den Arm über die Schulter. „Ach Mama, so was verlernt man nicht." Wir schwingen uns auf die Räder und fahren langsam los. Und wer hätte das gedacht, es klappt wunderbar. Nun gutgelaunt und über alles begeistert, überholt uns Maria und lacht dabei wie ein kleines Kind. „Ich liebe deine Mutter", sage ich zu Frederik. Einige Minuten später treffen wir am Marktplatz ein, wo Isabella und Markus bereits am Brunnen sitzen und fröhlich ein Eis schlecken. „Hey, die Belohnung gibt es doch normalerweise erst hinterher", rufe ich Isabella zu. Die springt auf und umarmt mich herzlich. Danach hält sie mir das Eis unter die Nase. „Willst du auch mal?"

Erdbeereis lächelt mich an. Da kann ich nicht nein sagen. Genuss-voll hole ich mir ein großes Stück Eis. Danach läuft Isabella zu Maria und umarmt sie ebenfalls zur Begrüßung. Markus reicht uns allen die Hand. „Danke für die Einladung. Das ist eine willkommene Abwechslung. Nachdem die beiden ihr Eis auf-gegessen haben, fahren wir los. Ein Ziel haben wir uns nicht herausgesucht. Wir fahren einfach ins Blaue und hoffen, irgend-wann auf einen schönen Biergarten zu treffen. Nach einiger Zeit kommen wir an einem kleinen versteckten Biergarten vorbei. Er grenzt an einen Bauernhof. Vor dem Biergarten erstreckt sich eine große Pferdekoppel mit wunderschönen Tieren. Isabella und ich sind sofort total aus dem Häuschen und versuchen, die Pferde mit Gras anzulocken. Die Männer werfen sich einen vielsagenden Blick zu, und Maria sagt nur: „Dafür bin ich zu alt." Markus ruft uns zu: „Mädels, wir suchen uns schon mal einen Platz." „Ja ja", kommt es aus unseren Mündern. In meiner Jugend bin ich eine Zeit lang geritten, aber irgendwann habe ich damit aufgehört. Leider weiß ich gar nicht mehr, warum. Es hat mir so viel Spaß gemacht damals. Plötzlich steht ein älterer Mann mit tiefen Falten im Gesicht neben uns. „Na?" Wir schauen ihn an. „Hallo." „Wollt ihr 'ne Runde reiten?" „Ist das ihr Ernst?", fragt Isabella. „Na klar. Sonst würde ich ja nicht fragen oder?" Isabella und ich strahlen von einem Ohr zum anderen. „Gerne." „Gut, dann mach ich euch zwei Pferde fertig, und ihr könnt ein paar Runden auf dem Feld drehen. Begeistert rennen wir zum Biergarten und erzählen aufgeregt, was eben passiert ist. „Ihr seid wie kleine Kinder. Echt niedlich, wie ihr euch freut", sagt Frederik, und Markus fügt hinzu: „Na dann wünsche ich euch viel Spaß. Aber fallt nicht von den Pferden." Nach einer guten halben Stunde geben wir die Pferde wieder bei dem Bauern ab und gesellen uns zu den anderen. Die haben bereits ein Bierchen getrunken und unterhalten sich angeregt. „Wollt ihr zwei noch was trinken oder essen?", fragt Maria. In dem Moment klingelt Frederiks Handy. Als er einen Blick auf das Display wirft, verzieht er das Gesicht. „Da muss ich rangehen. Entschuldigt mich bitte." Frederik steht auf und läuft in Richtung Pferdekoppel davon. Isabella und ich setzen uns zu Maria und Markus und bestellen bei der vollbusigen Bäuerin ein Glas frische Kuhmilch. Die Milch schmeckt einfach köstlich. Der Geschmack weckt Kindheitserinnerungen in mir. Die Schwester von meiner Oma hatte einen Bauernhof im Allgäu. Da habe ich als Kind ein paar Mal meine Ferien verbracht. Das war so schön. Ich weiß noch, dass wir jeden Morgen in den Kuhstall gegangen sind, um die Melkmaschinen anzuschließen. Nach getaner Arbeit gab es immer frische Brötchen mit Butter und selbst gemachtem Honig. Dazu habe ich jeden Tag einen Kakao mit frischer, noch warmer Kuhmilch getrunken. Nach dem Frühstück hatte ich immer die ehrenvolle Aufgabe, die Kälbchen mit der Flasche zu füttern. Ach, war das schön. Mit einem enttäuschten Gesichtsausdruck lässt sich Frederik neben mir auf der Bank nieder und holt mich damit aus meinen Gedanken. Ich streiche ihm sanft über den Arm. „Was ist denn los?" „Das war gerade mein Chef. Einige Kollegen sind wohl erkrankt, und daher musste er meinen Urlaub verkürzen." „Das heißt?" „Ich werde heute Abend Richtung München aufbrechen, da ich morgen wieder anfangen muss." Ein Kloß macht sich in meinem Hals breit. Mit einem Schluck Milch versuche ich, ihn herunterzuschlucken. Natürlich versuche ich, meine Enttäuschung zu verbergen, da ich es Frederik nicht noch schwerer machen möchte, als es ohnehin schon ist. Da es schon recht spät ist, brechen wir wieder Richtung Detmold auf. Am frühen Abend treffen Frederik, Maria und ich zu Hause ein. „Maria, würde es dir etwas ausmachen, wenn ich noch kurz mit zu Emma gehe? Ich möchte mich nur noch verabschieden." „Nein. Natürlich nicht!" Oben angekommen, nimmt mich Frederik fest in seine Arme. „Ich werde dich schrecklich vermissen, Emma." Ich vergrabe mein Gesicht in seinem Shirt. „Ja, du wirst mir auch fehlen." Wir gehen ins Wohnzimmer und lassen uns auf dem Sofa nieder. Ich kuschle mich in seine Arme und genieße seine Nähe. Wer weiß, wann ich das wieder kann. Frederik malt verträumt Kreise auf meine Oberschenkel. „Weißt du, eigentlich wollte ich diese Woche ein Auto mit dir kaufen. Da du ja jetzt wieder fährst, wäre das eigentlich der nächste Schritt gewesen. Nicht dass ich wiederkomme und du dich umentschieden hast." Ich knuffe ihm zärtlich in die Seite. „Wieso sollte ich mich umentscheiden, hat doch super geklappt." Da ich von meinem Vater zu Weihnachten Geld bekommen habe, könnte ich mir tatsächlich ein neues Auto kaufen. „Schade. Aber dann muss ich das eben mit Isabella und Maria machen." Frederik lächelt. „Genau. Und dann kannst du mich mal in München besuchen!" Bei dem Gedanken, über die Autobahn zu fahren, wird mir kurz flau im Magen. Zögerlich nicke ich ihm zu. „Das schaffst du Emma. Ich glaube ganz fest an dich. Außerdem würde ich mich so wahnsinnig über einen Besuch von dir freuen!" Mit einem dermaßen überzeugenden Hundeblick drückt er mich in die Kissen und küsst mich. „Wer weiß, wann wir uns sonst wiedersehen! Und du würdest das doch sicherlich vermissen!" Langsam streichen seine Hände an meinem Hals hinab zu meiner Brust. Sofort kribbelt meine Haut, und alles dreht sich um mich herum. „Ja", presse ich hervor. Schnell setzt er sich auf und lässt mich liegen. „Siehst du." Auch ich setzte mich auf und funkle ihn zornig an. „Hey, das war gemein. Du kannst doch nicht einfach aufhören!" „Es tut mir leid Emma. Aber es ist schon spät, und ich habe noch einen weiten Weg vor mir heute. Meiner Mutter muss ich auch noch Tschüss sagen." Entschuldigend küsse ich ihn. Danach stehen wir auf und gehen zur Tür. „Wir telefonieren einfach und schreiben uns, dann wird die Zeit bestimmt schnell vergehen, bis wir uns wiedersehen", sage ich hoffnungsvoll. „Genau. Die nächste Zeit werde ich nur sehr viel arbeiten müssen, also sei mir bitte nicht böse, wenn ich mich nicht regelmäßig bei dir melde. Das soll nicht heißen, dass das nur ein Urlaubsflirt für mich war. Du musst wissen, dass du mir sehr viel bedeutest, Emma!" Mit einem letzten, intensiven Kuss verabschieden wir uns.

Kapitel 31

Den restlichen Juli und fast den ganzen langen August lang höre ich nichts von Frederik. Es scheint fast so, als hätte ich das alles nur geträumt. Vielleicht werde ich ja langsam einfach verrückt? Vielleicht bilde ich mir ja die schöne Zeit mit ihm einfach nur ein? Es war sowieso verrückt zu denken, dass es den perfekten Mann gibt. Beziehungsweise, im Ernst zu glauben, ein Mann würde es mal mit mir, Emma Koch, ernst meinen. Ich weiß, was er zu mir gesagt hat, dass er nicht viel Zeit haben wird. Aber dass er sich gar nicht bei mir meldet … Zum Glück habe ich über die Sommermonate immer sehr viel zu arbeiten, und in meiner freien Zeit treffe ich mich mit Maria und Isabella. Aber trotz allem vermisse ich ihn so wahnsinnig, und es macht mich schier verrückt, dass ich gar nichts von ihm höre. Ende August, an einem Sonntagnachmittag, halte ich es einfach nicht mehr aus. Ich muss ihn jetzt einfach anrufen und fragen, was eigentlich los ist. Schnell sause ich in den Flur, hole mein Telefon und tippe seine Nummer ein. Nach dem zehnten Klingeln will ich schon auflegen, aber da meldet sich eine brummelige, verschlafene Stimme. „Hallo?" „Oh, Hallo. Ähm … hier ist Emma. Ich wollte dich nicht wecken. Es tut mir leid, soll ich ein anderes Mal anrufen?" Sag mal, warum bin ich denn eigentlich so nervös? Jetzt habe ich ein schlechtes Gewissen, weil ich ihn geweckt habe, obwohl er sich ewig nicht gemeldet hat. Allerdings hätte ich ihn ja auch mal anrufen können. Aber, ach egal. „Emma!", sagt er überrascht. „Ja, ich bin's. Wie geht's dir? Hab ja schon lange nichts mehr von dir gehört!" Viel zu bissig, zu verletzt, das ist nicht gut, Emma. Er soll doch nicht gleich merken, wie sehr dir das an die Nieren geht. „Naja. Ich bin völlig ausgelaugt, muss ich gestehen. Ich schiebe einen 24-Stunden-Dienst nach dem anderen. Ich glaube, das einzige, was ich die letzten Wochen gemacht habe, ist schlafen und arbeiten. Ich habe überhaupt kein Privatleben mehr. Eines kann ich dir sagen, lange halte ich das nicht mehr durch." Er klingt wirklich ganz schön ausgebrannt. Jetzt habe ich erst recht ein schlechtes Gewissen, weil ich ihn so blöd angemacht habe. Eigentlich hätte ich mir das ja auch denken können. Bei seiner Abreise hat er schließlich gesagt, dass er viel arbeiten muss. Ich bin manchmal ein doofes Huhn. Aber ich kann ja auch nichts dafür, dass ich ihn so vermisse. „Das tut mir leid", sage ich. Das tut mir leid? Mann Emma, was für ein blödes Gelaber. „Mhh. Sorry bin noch nicht ganz wach. Wir hatten heute Nacht eine sehr lange und anstrengende Operation. Danach musste ich noch die Visite machen, und ich habe mich erst vor zwei Stunden ins Bett gelegt." „Soll ich vielleicht …" „Nein. Ich finde es schön, deine Stimme zu hören." Da ist der alte Frederik. Der Frederik, den ich kenne und so vermisse. „Wie geht es dir? Was hast du so getrieben die letzte Zeit?" Ich drehe eine Strähne um meinen Finger und überlege. Da gibt es eigentlich auch nicht sehr viel zu erzählen. „Nichts Aufregendes jedenfalls. Ich habe auch viel gearbeitet. Du weißt ja, im Sommer ist unsere Hochsaison. Ich bin viel zum Yoga gegangen und habe mich mit Isabella und deiner Mutter getroffen. Außerdem habe ich dich schrecklich vermisst!" So, jetzt ist es raus. Kurze Stille. Wieso sagt er denn nichts? „Ach Emma. Ich vermisse dich auch sehr. Es tut mir auch sehr leid, dass ich mich nicht gemeldet habe. Aber wie schon gesagt, ich musste so viel arbeiten, und wenn ich nach Hause kam, war das einzige, an was ich denken konnte, mein Bett." „Und ich dachte schon …" Frederik stöhnt kurz auf. „Ach Schätzchen. Ihr Frauen immer. Ihr denkt immer gleich das Schlimmste von uns Männern. Wir haben es wirklich nicht leicht mit euch. Emma, ich bin kein Lügner. Das, was ich dir bei unserem Abschied gesagt habe, meinte ich auch so, wie ich es sagte. Du bist mir sehr wichtig!" „Du bist mir auch wichtig", flüstere ich ins Telefon. „Und? Hast du dir schon ein Auto gekauft?", fragt er plötzlich. „Nein." Muss ich ehrlich zugeben. Bisher hat mir die Kraft dafür gefehlt. Um ganz ehrlich zu sein, seit Frederik weg ist, fühle ich mich nicht mehr so stark und selbstbewusst. Aber das verrate ich ihm nicht. „Eigentlich brauche ich auch gar keines, jetzt bin ich die ganze Zeit ohne Auto ausgekommen. Wieso sollte ich mir eines kaufen? Außerdem schone ich so die Umwelt", sage ich freudig, um keine Ausrede verlegen. „Ach Emma. Ich hab mir schon fast gedacht, dass du den Schwanz einziehst, sobald ich weg bin. Das ist nicht gut. Es hat dir doch Spaß gemacht, mit meinem Auto zu fahren." „Ja. Weil du dabei warst." „Ich würde dich jetzt gerne küssen", raunt er mir ins Ohr. Was für ein Themawechsel. Ein leichter Schauer läuft mir über den Rücken bei dem Gedanken an seine Küsse. „Ich würde dich gerne berühren ..." Bei dem Gedanken an Telefonsex muss ich kichern. Denn irgendwie ist mir das peinlich. „Wieso lachst du?" „Telefonsex ist mir peinlich ..." „Wer redet denn hier von Telefonsex?", lacht er laut. „So was würde ich nie, nie nicht tun. Was hältst du von mir?" Er veralbert mich. Na toll. Voll blamiert, Emma. „Wie wäre es, wenn du mich mal besuchen kommst? Dann kann ich dir ein bisschen München zeigen oder verwöhne dich ein ganzes Wochenende lang?" Das klingt wirklich himmlisch. „Aber du musst doch so viel arbeiten?" „Ja das schon, aber die können das ja auch nicht ewig mit mir machen. Ab nächster Woche bekommen wir zwei Ersatzärzte, und dann kann ich bestimmt mal ein Wochenende frei machen. Wie wäre es mit dem ersten Septemberwochenende?" Ich überlege kurz, ob ich da irgendwelche Termine habe. Aber ich denke, das müsste gehen. „Ja. Ich würde gerne kommen."

„Super. Frag doch mal deinen Chef, ob du Freitag und Montag auch noch frei bekommst. Dann hätten wir zumindest den ganzen Samstag und Sonntag füreinander." „Ich frag ihn. Denke, das dürfte kein Problem sein, soviel wie ich den ganzen August gearbeitet habe." „Ach Emma und bring Wanderschuhe oder zumindest feste Turnschuhe mit. Ich will dir die Berge zeigen!" Die Berge. Oh wie schön. Ich war noch nie direkt in den Bergen. Ich freu mich. „Super. Dann frag ich morgen Joachim und schau nach der Zugverbindung und schick dir dann ne Mail." „Schön." „Dann schlaf noch schön. Und ich freu mich auf dich!" „Bis bald Emma. Es war schön, dich zu hören." Freudig erregt lasse ich mich auf mein Sofa plumpsen, als Frederik aufgelegt hat. Während des ganzen Gespräches bin ich durch die Wohnung gerannt, weil ich nicht still sitzen konnte. Es war so schön, seine Stimme zu hören. Ich habe das also doch nicht alles nur geträumt. Und er ist doch kein Mistkerl, der mich nur ausgenutzt hat. Warum muss ich auch immer alles schwarz sehen? Positiv denken Emma, positiv denken. Das hat mir zumindest Leonard beigebracht und er hat recht. Aber ich glaube, in solchen Dingen alles schwarz zu malen, ist ein bekanntes Frauenproblem. Was aber auch daran liegen könnte, dass fast jede von uns mehrfach von einem Mann belogen und betrogen wurde. Wie sollen wir dann auch anders auf solche Situationen reagieren als mit Misstrauen und Angst? Egal. Auf jeden Fall bin ich überglücklich. Nur noch zwei Wochen und dann sehe ich ihn wieder. Juhu. Aber davor muss ich unbedingt shoppen gehen und mich für eine Bergtour ausrüsten.

Am nächsten Tag frage ich während unserer Mittagspause, die wir heute alle zusammen im Running-Sushi um die Ecke verbringen, Joachim nach dem ersten Septemberwochenende. „Ja klar. Du hast, glaub ich, sowieso viel zu viele Überstunden gemacht im letzten Monat. Wie könnte ich dir das dann nicht erlauben." „Danke." „Aber eines musst du mir versprechen. Du musst tolle Fotos von den Bergen machen!" „Klar, das mache ich!" „Ich wollte schon immer nach Bayern fahren. Aber meine Frau will immer in irgendwelche Clubhotels in den Süden. Ich finde das ja nicht gerade spannend, aber was macht man nicht alles für seine große Liebe!" Joachim verdreht theatralisch die Augen, und Marie und ich müssen lachen. Nachdem wir uns eine Stunde lang den Bauch vollgeschlagen haben, schleppen wir uns zurück zum Studio. Zum Glück ist der nächste feste Termin für mich erst in einer Stunde. Also habe ich genug Zeit, mein leckeres Sushi zu verdauen. Ein Mittagsschläfchen wäre jetzt genau das Richtige. Ich mache es mir am Computer mit einer Tasse Kaffee gemütlich und checke die Zugverbindung für Donnerstag in einer Woche. Ich habe mir vorgenommen, am Donnerstag ein bisschen früher aufzuhören und am späten Nachmittag loszufahren. So haben Frederik und ich den ganzen Freitag,

Samstag und Sonntag und den halben Montag. Oh ich freu mich so. Als sich die Verbindung aufgebaut hat, rufe ich die Seite der Bahn auf. Um 15:20 Uhr geht ein Zug. Wahnsinn, 5:57 Stunden muss ich da fahren. Mal sehen, wie es ist, wenn ich später fahre. Oh man, da fahre ich dann 7 Stunden. Oh Gott. Na dann wird es wohl der Zug um 15:20 Uhr. Hoffentlich darf ich schon gegen Mittag Schluss machen. Aber Joachim hat bestimmt nichts dagegen. Ich drucke die Verbindung aus und kaufe mir online ein Ticket, da es so günstiger ist. Nach der Arbeit holt mich Isabella ab, und wir fahren zum Yogastudio. Kathrin begrüßt uns freudig und schenkt uns eine Tasse Ingwertee ein. Aufgeregt erzähle ich Isabella von meinem geplanten Kurztrip nach München. „Also ist alles gut zwischen euch? Alle Bedenken waren umsonst?" „Ja." „Na siehst du. Ich habe es dir doch gleich gesagt. Frederik hat nicht gerade den Eindruck eines Herzensbrechers bei mir hinterlassen. Er ist nicht der Typ, der meiner Freundin einfach so das Herz bricht!" Kurz vor Beginn der Stunde betritt Leonard den Raum. Freudig springe ich von meinem Barhocker auf und umarme ihn stürmisch. „Leonard! Wir haben uns ja schon lange nicht mehr gesehen. Wie geht es dir denn?" „Alles wunderbar. Und bei dir?" „Auch, danke. Was machst du nach der Stunde? Hast du Lust, mit uns zu Antonio zu gehen?" „Gerne." Nachdem sich Leonard umgezogen hat, schnappt sich jeder eine Matte, und wir nehmen in der ersten Reihe Platz. Kathrin hat bereits meditative Musik aufgelegt und einige Kerzen angezündet. Die Sonne scheint noch in den Innenhof und lässt die vielen Blumen erstrahlen. Mit dem Brunnen in der Mitte sieht es einfach märchenhaft aus. Nach einer kurzen Meditation beginnen wir die Stunde mit mehreren Sonnengrüßen. Am Ende entspannen wir uns noch kurz zu einer weiteren Meditation. Nachdem sich Kathrin mit einer Verbeugung und Namasté bei uns für die schöne Stunde bedankt hat, rutsche ich zu Leonard. „Ich wusste ja gar nicht, dass du Yoga machst. Ich habe dich noch nie hier im Studio gesehen." Leonard lächelt. „Lange mache ich das auch noch nicht. Kathrin hat mich vor Kurzem überredet, dass ich doch mal kommen soll. Ich war bisher immer in der Freitagstunde. Daher sind wir uns noch nicht begegnet." Nachdem wir unsere Matten aufgeräumt haben, gehen wir duschen und trinken mit Kathrin zusammen noch eine Tasse Ingwertee. Dazu naschen wir Salzstangen. „Hast du nicht auch Lust, mit uns essen zu gehen, Kathrin?", frage ich sie. Kathrin strahlt. „Ja gern. Lars macht heut die anderen beiden Stunden. Da er morgen nicht kann, haben wir getauscht." „Wollen wir nicht Maria auch noch fragen?", meint Isabella an uns gewandt. „Natürlich. Und du fragst Markus." Schön, das wird bestimmt ein toller Abend. Ich zücke mein Handy und rufe Maria an. „Hast du ein Glück. Ich wollte mir gerade Abendbrot machen. Aber zu Antonio gehe ich natürlich lieber mit, als zu Hause alleine vor meinem Fernseher zu versauern. Holt ihr mich ab?" Isabella flüstert mir zu, dass Markus sie abholt. „Markus holt dich ab, ok?" „Gut. Dann bis gleich." Eine halbe Stunde später sitzen wir alle zusammen bei Antonio im Hinterhof, der wieder wunderschön mit bunten Lampions geschmückt ist. Zur Feier des Tages bestellen wir uns zwei Flaschen Wein und einen großen Vorspeisenteller. Nach dem Hauptgang naschen wir noch die wunderbarste PannaCotta, die wir je gegessen haben. Sie ist mit Lavendel gemacht. Es ist schön, mit all meinen Freunden den Abend zu verbringen. Allerdings wäre es noch schöner, wenn Frederik dabei sein könnte. Da fällt mir ein, dass ich ihm noch eine Mail mit meiner Zugverbindung schicken muss. Hoffentlich kann er sich auch wirklich frei nehmen. Maria tätschelt meine Hand, als sie merkt, dass ich in Gedanken versunken bin. „Ist alles ok mit dir?" Ich lächle. „Ja Maria. Ich habe dir ja noch gar nicht erzählt, dass ich gestern mit Frederik telefoniert habe." „Ach, hat er sich wohl endlich mal gemeldet? Ich habe ja seit seiner Abreise nichts mehr von ihm gehört." „Du darfst nicht böse auf ihn sein. Er muss so viel arbeiten. Er klang wirklich ausgebrannt. Ich habe ihn angerufen, weil ich wissen wollte, warum er sich nicht bei mir meldet." „Ach so, ich dachte schon …" „Jedenfalls hat er mich für das übernächste Wochenende nach München eingeladen." Marias Augen leuchten „Schön." Wir reden und lachen so viel, dass wir gar nicht bemerken, wie die Zeit vergeht. Gegen Mitternacht drängt uns Antonio höflich zu gehen, er hat seine griesgrämige Frau im Nacken. Bei den Autos angekommen, verabschieden wir uns alle mit einer Umarmung. Maria und ich fahren bei Isabella und Markus mit. Da Isabella Wein getrunken hat, lässt sie ihr Auto stehen. Zu Hause angekommen, klappe ich schnell den Laptop auf und lasse ihn hochfahren, solange ich mich im Bad bettfertig mache. Nach einer kurzen Katzenwäsche mache ich es mir mit dem Computer im Bett gemütlich und schreibe eine E-Mail an Frederik. ‚Hallo Frederik. Ich habe ab Donnerstagmittag frei bekommen. Mein Zug geht um 15:20 Uhr und ich komme um 21:17 Uhr in München Hbf an. Ich freu mich auf dich. Kuss Emma. PS: Habe die rote Spitzenunterwäsche an, die du so sexy findest ☺.' Gut. Kann man, denke ich, so lassen. Ich klicke auf ‚Senden'. Schnell checke ich meine anderen E-Mails. Nur Werbung. Also alle löschen. Kurz darauf piepst mein PC. Eine neue Nachricht. Ich klicke sie an, und es ist … Frederik. ‚Wie gerne würde ich dich jetzt in deiner roten Unterwäsche sehen … weißt du, was ich dann mit dir machen würde?' Mein ganzer Körper prickelt. Ein heißer Schauer läuft mir über den Rücken, und ich bekomme Gänsehaut. ‚Was …' Ich schlucke, aufgeregt überlege ich, was er mir jetzt wohl schreibt. Wenige Sekunden später leuchtet seine Nachricht auf ‚Ich würde dich langsam, zärtlich küssen. Meine Zunge würde nach deiner suchen. Danach wandern meine Küsse langsam über deine Wange zu deinem Hals. Meine Zunge erkundet dein Schlüsselbein. Meine Hände streicheln sanft über deinen Spitzen-BH …' So was hab ich noch nie gemacht. Ich muss schmunzeln. Aber es macht Spaß. Also schreibe ich ‚Ich will mehr …' Hibbelig warte ich auf die nächste Nachricht. Ping. Da ist sie. Mit zitternden Händen öffne ich sie. ‚Mit der anderen Hand öffne ich deinen BH und liebkose deine wunderschönen Brüste. Deine Brustwarzen werden hart. Danach wandere ich mit meinen Lippen weiter über deinen Bauch zu deinem roten Slip. Mit den Zähnen ziehe ich ihn über deine Beine. Ah, du bist so wunderschön. Ich küsse deine Oberschenkel …' Nur beim Lesen wird mir schon ganz schwindlig. ‚Mehr …' schreibe ich. Es dauert zwei Minuten, bevor das lang ersehnte Ping ertönt. ‚Es tut mir leid Honey ... ich muss weiter, mein Piepser ging los. Es kam ein Notfall rein. Schlafe schön und träume süß von mir. Kuss' Oh, das werde ich. Aber schade, dass es schon vorbei ist. Wovon ich diese Nacht träume, kann sich wohl jeder vorstellen.

Am Samstag gehen Isabella und ich zum Shoppen. Ich brauche unbedingt eine bequeme Hose zum Wandern und Bergschuhe, damit ich mit Frederik mithalten kann. Es ist gar nicht so leicht, sowas bei uns zu finden. Außerdem hat der Einzelhandel Preisvorstellungen bei Bergschuhen, bei denen man Ohrenflattern bekommt. Aber am Ende finde ich ein Vorjahresmodel. Es ist nur noch ein Paar da. Und welch ein Glück, in meiner Größe. Ja, man muss auch einfach mal Glück haben. Sie sind auf 80,00 Euro runtergesetzt. Das ist ein guter Preis. Um unsere Fantasie von neulich Abend in München fortzusetzen, kaufe ich mir neue Dessous. Nach unserer Einkaufstour gönnen Isabella und ich uns ein ausgiebiges Essen in dem neuen indischen Restaurant, das in der Nähe der Polizei aufgemacht hat. Ich war ja zuvor noch nie beim Inder. Isabella meint, dass sie da letztens mit ihren Kollegen zum Essen war und es wirklich köstlich schmeckt. Allerdings ist es ziemlich scharf, und man muss aufpassen, was man bestellt. Später am Abend telefoniere ich mit meinem Vater. „Tim und Laura vermissen dich", sagt er. „Und Katharina und ich natürlich auch! Wir haben uns gedacht, dass wir dich vielleicht in den Herbstferien besuchen kommen. Wie klingt das?" Ich überlege kurz. „Das klingt nach einer guten Idee. Ich muss zwar arbeiten, aber ihr könnt euch ja tagsüber auch ohne mich vergnügen. Ihr könnt gerne bei mir schlafen, wenn ihr möchtet." Sichtlich erfreut, antwortet mein Vater: „Das ist ja wunderbar, da werden sich die Kinder aber freuen. Wir haben gedacht, es ist ein guter Zeitpunkt, da der Todestag deiner Mutter in die Ferien fällt und wir gern bei dir wären." Trauer überkommt mich. Was? Der Todestag von meiner Mutter. Daran habe ich gar nicht gedacht, dass der ja schon bald ist. „Das ist wirklich lieb von euch. Danke. Ich glaube, ich brauche euch auch." „Sei nicht traurig mein Liebes. Gemeinsam schaffen wir das!" „Ich bin so froh, dass ich euch

habe, Papa." Nach einem kurzen Seufzer erwidert mein Vater:
„Ich liebe dich Emma. Ich kann dir gar nicht sagen, wie glück-
lich ich bin, dass ich dich wiederhabe! Ich wünsche dir eine
gute Nacht. Schlafe schön." „Bis bald Papa. Sag liebe Grüße an
Katharina und die Kinder." Die nächsten Tage bin ich so aufgeregt
und so voller Vorfreude, dass ich gar nicht bemerke, wie schnell
die Zeit vergeht. Am Mittwochabend packe ich meinen Koffer
und packe ihn wieder aus … ich weiß einfach nicht, was ich mit-
nehmen soll. Also Emma, ganz systematisch. Wir brauchen die
neuen Bergschuhe, dazu eine bequeme Hose und ein Shirt. Gut,
das hätten wir. Dann die neue Unterwäsche. Ein schönes Kleid
für abends, falls wir ausgehen. Eine Jeans, mehrere Tops, zwei
Pullover (man weiß ja nie), meine Sneakers, die roten Pumps.
Hmm, was brauche ich noch? Ach, die olivgrüne Stoffhose muss
auch noch mit. Ein bisschen Schmuck, meinen Kulturbeutel, ein
gutes Buch für die Fahrt. Mein rotes Sommerkleid darf nicht
fehlen. Ja, ich denke, das war's. Oder? Ich hasse Kofferpacken.
Am Ende vergesse ich doch wieder etwas Wichtiges.

Vertieft in meinen Roman vergehen die fast sechs Stunden Zug-
fahrt wie im Flug. Als der Zug langsam in den Hauptbahnhof
München einläuft, stecke ich das Buch in meine Handtasche und
raffe meine sieben Sachen zusammen. In meinem Bauch kribbelt
es beim Gedanken daran, dass ich Frederik gleich wiedersehe.
Aufgeregt starre ich aus dem Fenster und schaue, ob ich ihn auf
dem Bahngleis ausmachen kann. Aber das Bahngleis ist so lang,
und es stehen so viele Menschen herum, dass ich ihn nicht sehe.
Einige Minuten später habe ich mich aus dem Zug gekämpft und
stehe etwas orientierungslos auf dem Bahnsteig. Suchend blicke ich
mich um. Aber da ich Frederik immer noch nirgends sehe, laufe
ich Richtung Ausgang. Plötzlich ruft jemand meinen Namen.
Ich drehe mich um, und da sehe ich ihn auf mich zurennen. Vor
Freude lasse ich meine Taschen los und falle ihm in die Arme.
Er küsst mich und dreht mich einmal im Kreis. „Schön, dass du
da bist. Es tut mir leid, dass ich zu spät bin. Aber ich habe die U-
Bahn knapp verpasst und musste auf die nächste warten. Komm,

ich nehme deinen Koffer." Frederik nimmt meinen Koffer und legt den rechten Arm um mich. Glücklich strahle ich ihn an. „Hast du Hunger?" Ich nicke „Ein kleinwenig." „Was möchtest du denn essen?" „Ach, irgendwas Schnelles." Da sehe ich das Burger-King-Schild. „Ich hätte Lust auf einen Cheeseburger." „Eine gute Wahl Madame." Nachdem wir beide jeweils einen Cheeseburger mit Pommes verdrückt haben, fahren wir mit der U-Bahn zu Frederik nach Hause. Dort angekommen, gönne ich mir erst mal eine heiße Dusche. Frederik öffnet so lange eine Flasche Wein und legt klassische Musik auf. Nachdem ich mich frischgemacht habe, streife ich mir eines der neckischen Dessous über, die ich vor Kurzem erstanden habe, und ziehe meinen Morgenmantel drüber. Frederik stößt einen Pfiff aus, als ich aus dem Badezimmer trete, und lächelt mich verschmitzt an. Dann reicht er mir ein Glas Rotwein, und ich setze mich zu ihm aufs Sofa. Es ist so schön, hier bei ihm zu sein. Wir stoßen kurz an, trinken einen Schluck, und Frederik stellt unsere Gläser wieder auf den Tisch. Danach zieht er mich an sich und küsst mich. Mit seinen Händen streicht er mir über das Haar, und sofort verfalle ich ihm wieder. Wie habe ich mich nur danach gesehnt. Zärtlich öffnet er meinen Morgenmantel und bewundert meine neue Unterwäsche. „Die ist ja fast zu schade zum Ausziehen", sagt er verschmitzt. „Aber ich befürchte, sie muss trotzdem dran glauben."

Am nächsten Morgen werde ich vom Kaffeeduft geweckt. Langsam öffne ich die Augen und blicke mich um. Die Sonne strahlt bereits durchs Fenster, und Frederik steht in der offenen Küche und kocht Kaffee. Gähnend streife ich mir meinen Morgenmantel über und laufe zu ihm. Lächelnd dreht er sich zu mir um, „Na meine Schlafmütze?" und reicht mir einen Becher Kaffee. „Schlafmütze? Wie spät ist es denn?" Er wirft einen Blick an die Wand und ich folge ihm. „Es ist erst halb sieben! Da sagst du im Ernst, ich sei eine Schlafmütze?" Er lacht. „Morgenstund hat Gold im Mund." „Na klar." „Wir wollen doch heute in die Berge fahren." „Warum sagst du das denn nicht gleich?" Aufgeregt stelle ich meine Tasse weg und laufe zu meinem Koffer.

Innerhalb kürzester Zeit wasche und ziehe ich mich an. „So. Und wo geht's jetzt genau hin?" Frederik lacht und hält mir ein Croissant mit Marmeladehäubchen unter die Nase. „Jetzt wird erst mal 'was gefrühstückt Madame. Sonst wird das nichts mit dem Bergsteigen." Hungrig beiße ich in das lecker duftende Croissant. „Du hast da was." Frederik deutet auf meine Lippe. Ich bin schon im Begriff mit dem Finger an besagte Stelle zu fassen, als er mich schnell küsst. „Du hattest da ein wenig Marmelade." Ein Croissant und eine Laugenbrezel später machen wir uns auf den Weg zu Frederiks Auto. „Verrätst du mir jetzt endlich, wo wir hinfahren?" Frederik zuckt mit den Schultern. „Klar. Wir fahren an den Königssee." „Ist das nicht in der Nähe von Salzburg?" „Ja. In der Nähe." Gute zwei Stunden später parkt Frederik sein Auto auf dem großen Parkplatz am Königssee. Ich bin schon total aufgeregt. Nachdem er seinen Rucksack gesattelt hat, laufen wir gemeinsam Richtung See. Wir kommen an einigen Souvenir- und Trachtenmodengeschäften vorbei. Unten angekommen erstreckt sich der See in voller Pracht vor uns. „Das ist wunderschön", sage ich zu Frederik. Wir laufen zum Ticketverkauf und stellen uns an eine ca. 20 Meter lange Schlange an. „Als erstes fahren wir mit dem Schiff nach Salet. Dort angekommen wandern wir dann zum Obersee. Von dort aus laufen wir zum Röthbach-Wasserfall, habe ich mir gedacht. Im Anschluss gehen wir zur Anlegestelle zurück und fahren mit dem Schiff nach St. Bartholomä. Wenn du dann noch Lust hast, wandern wir zur Eiskapelle am Fuße der Watzmann-Ostwand", erklärt Frederik mir. Ich schlucke. „Wow. Ein ganz schön straffes Programm hast du dir da ausgedacht." „Ja. Aber es lohnt sich. Du wirst schon sehen. Die Eiskapelle zählt den schönsten Geotopen in Bayern. Der Weg ist zwar am Ende etwas beschwerlich, da es die letzte halbe Stunde nur über Geröll- und Schuttfelder geht, aber für diesen Anblick lohnt sich die Schinderei." Nach einer schier unendlich langen Zeit haben wir endlich unsere Tickets in der Tasche und steigen in eines der Schiffe. Langsam tuckert das Elektroboot los. Mit gezücktem Fotoapparat sitze ich am Fenster und bestaune das Wunderwerk der Natur. Anders kann man die Aussicht nicht beschreiben. Es ist so wunderschön. In der Mitte vom See macht das Boot plötzlich halt. Ich schaue mich erstaunt um und bin schon im Begriff, Frederik zu fragen, warum wir halten. Da kündigt der Bootsführer das weltberühmte Echo vom Königssee an, packt eine Trompete aus und stellt sich außen an den Schiffsrand. Ein schönes Lied erklingt, und die Felswände werfen das Echo zurück. Gebannt hören die Passagiere dem Spiel des Bootsführers zu. Als er sein Lied beendet hat, klatschen alle wild Applaus. Danach packt der Mann seine Trompete wieder ein. Alle spenden ein bisschen Geld für seine Darbietung, und er setzt seine Fahrt fort. Ich bin begeistert. Zunächst hält das Schiff in St. Bartholomä, und die meisten der Passagiere steigen aus. Nach einer kurzen Verweildauer setzt der Bootsführer seine Fahrt nach Salet fort. Dort angekommen, habe ich schon mindestens dreißig Bilder gemacht. Ich kann mich gar nicht sattsehen an dem Anblick der Berge. Besonders beeindruckend finde ich natürlich den Watzmann. Meine Mama hat mir mal die Sage vom Watzmann erzählt. Es hieß, dass ein besonders blutrünstiger König, seine Frau und die Kinder zu Stein wurden, nachdem sie von einer Bauersfrau verflucht wurden. Mit den restlichen Passagieren machen wir uns auf den Weg Richtung Obersee. Der See ist genauso beeindruckend und schön wie alles andere hier. Er ist so klar, dass sich der Himmel und die umliegenden Berge darin spiegeln. Als wir ihn umrundet haben, machen wir an einer kleinen Alm eine kurze Pause und essen dort frisches Brot und trinken ein Glas frischer Bergbauernmilch. Nach unserer kleinen Stärkung wandern wir weiter zum Wasserfall. Hier laufen überall die Kühe frei herum. Große Glocken hängen um ihre Hälse, die bei jeder Bewegung klingen. Es ist so ruhig hier. Weit weg vom Stress und Alltag, ohne lärmende Fahrzeuge und hektische Menschen. Umgeben von Bergen, Wiesen, Blumen und den Kühen. Das ist das Paradies. Am frühen Nachmittag erreichen wir mit dem Schiff St. Bartholomä. Hier gönnen wir uns erst mal jeder ein Radler. „Wie lange läuft man denn zu der Eiskapelle?", möchte ich von Frederik wissen. „Mhh. Ich weiß gar nicht mehr so genau. Es ist schon eine Zeit lang her, dass ich da oben war. Aber ich denke schon so gute eineinhalb Stunden." Ich nicke. „Hast du noch Lust?" Grinsend antworte ich: „Aber Hallo. Wenn ich schon mal an so einem bemerkenswerten Ort wie diesem bin, möchte ich auch alles sehen, was er so zu bieten hat!" Also machen wir uns auf zur Eiskapelle. Der Anstieg ist anstrengend. Noch dazu für mich. So untrainiert und unsportlich, wie ich bin. Zwischendurch bleibe ich immer wieder stehen, um zu Atem zu kommen. Nach über einer Stunde erreichen wir das Geröllfeld, von dem Frederik am Morgen erzählt hat. Und er hat nicht zu viel versprochen. Es geht über Stock und Stein. Aber irgendwie macht es mir riesigen Spaß, wie eine kleine Gämse von Steinbrocken zu Steinbrocken zu hüpfen. Nach weiteren dreißig Minuten erreichen wir dann endlich die Eiskapelle. Staunend bleiben wir davor stehen. „Es ist gigantisch." Die Eiskapelle ist eine Höhle, die Schmelzwasser in den Lawinenschnee gegraben hat. Frederik und ich fotografieren uns gegenseitig vor der Kapelle und treten dann den Rückweg an. Gegen halb sieben erreichen wir St. Bartholomä und fahren mit dem letzten Schiff wieder zurück. Erschöpft lehne ich mich an Frederiks Schulter. „Das war ein toller Ausflug. Aber meine Beine schmerzen." Frederik küsst meine Stirn und streicht mir eine Strähne aus dem Gesicht. „Der Tag war traumhaft schön mit dir! Ich hatte viel Spaß!" Ich lächle. „Ja, das geht mir genauso." Als wir das Auto erreichen, lasse ich mich seufzend in den Beifahrersitz sinken. Nach wenigen Minuten fallen mir die Augen zu. In München angekommen, weckt mich Frederik mit einem sanften Kuss. „Aufwachen, mein Schatz. Wir sind wieder zu Hause." Gähnend recke und strecke ich mich. „Hab ich so lange geschlafen?" Frederik lacht. „Oh ja, ich hab dich wohl ganz schön geschafft." Ich nicke. „Hast du Hunger?" Wie auf Kommando knurrt mein Magen. „Du hast Hunger. Ich wollte dich nicht wecken, sonst wären wir noch irgendwo da unten eingekehrt. Aber wie wäre es, wenn ich uns Pizza und einen Salat bestelle und wir uns dann gemütlich in die Badewanne legen?" „Das hört sich wundervoll an!" Später, als wir im Bett liegen, kraule ich Frederik den Rücken und seufze leise. Was für ein schöner Tag.

Am nächsten Tag fahren Frederik und ich mit der U-Bahn in die Innenstadt. Gegen Mittag essen wir uns durch die Feinkost-stände am Viktualienmarkt. Als unsere Bäuche so voll sind, dass wir fast platzen, suchen wir den Englischen Garten auf und legen uns mitten auf die Wiese in die Sonne. Nach einem kleinen Mit-tagsschläfchen machen wir uns wieder auf den Weg. Frederik erzählt, dass der Tierpark in Hellabrunn wunderschön sein soll, also fahren wir mit der U-Bahn nach Thalkirchen zum Tier-park. Gegen Spätnachmittag ziehen dicke schwarze Wolken am Himmel auf. „Das sieht nach einem bösen Gewitter aus", meint Frederik. In der Ferne kann man schon vereinzelte Blitze er-kennen. „Wir sollten uns auf den Heimweg machen, bevor wir klitschnass werden." Frederik sieht mich verschmitzt an. „Ach wieso denn? Du hast wohl Angst, dass dein Kleid durchsichtig wird?" „Ich bin wohl sehr durchschaubar." Ich kneife ihm in die Seite und lache. Als wir aus der U-Bahnstation treten, regnet es schon wie aus Kübeln. Ein starker Wind lässt den Regen von allen Seiten kommen. Frederik und ich schauen uns an und lachen laut los. „Wer als erstes zu Hause ist", ruft er mir zu und rennt los. Ich fackele nicht lange, ziehe meine Flip Flops aus, da sie mich eh nur behindern würden, und laufe barfuß durch den Sturm. Das Wasser kommt von überall. Nach wenigen Sekunden bin ich komplett durch. Meine Haare kleben mir in Strähnen am Hals und im Gesicht. Mein rotes Sommerkleid hat sich um meine Beine gewickelt. Aber ich renne. Denn ich will gewinnen. Aber Frederik ist einen Ticken schneller als ich. Einen Bruchteil einer Sekunde nach ihm treffe ich am Haus ein. Er zieht mich schnell in den Flur und drückt mich an die Wand. Leidenschaftlich küsst er mich und wischt mir dabei die Haare aus dem Gesicht. Mein ganzer Körper kribbelt. Ich schmecke den Regen auf seinen Lippen. „Ich glaube, wir sollten hochgehen, was sollen nur die Nachbarn denken, wenn sie uns hier sehen", keuche ich. Frederik zieht mich zum Aufzug. Im Aufzug streicht er mir über meinen feuchten Arm. „Du siehst irre sexy aus in deinem nassen Kleid!" In Fredriks Wohnung angekommen, schälen wir uns aus den nassen Klamotten und steigen gemeinsam unter die heiße Dusche.

Den Sonntag verbringen wir bei 33 Grad am Feringasee im Münchner Osten. Lassen uns die Sonne auf den Pelz scheinen, tollen im Wasser herum und essen kiloweise Wassermelone. Gegen Abend zieht wieder ein Gewitter auf, und wir packen unsere Sachen zusammen. Gerade, als wir die Wohnungstür hinter uns schließen, fängt es an zu donnern, und der Himmel ergießt sich über München. Zwei Stunden später ist das Gewitter an München vorübergezogen, und die Abendsonne kämpft sich wieder durch die restlichen, übrig gebliebenen Wolken. Frederik und ich fahren mit der U-Bahn in die Rosenheimer Landstraße, da dort ein absolut guter Grieche sein soll. Ich bin gespannt. Frederik hat einen Tisch für uns beide reserviert, und als wir ankommen, führt uns der Chef des Restaurants zu unserem Tisch und entzündet eine Kerze. Zur Vorspeise wird hier immer ein griechischer Salat gereicht mit dem besten Weißbrot, das ich je gegessen habe. So lecker, ich könnte mich in diesen Salat reinlegen. Nach dem Hauptgang bekommen wir einen großen Teller mit Vanilleeis und frischen Früchten. „Du hast nicht zu viel versprochen Frederik. Das Essen ist wirklich super lecker." Da es unser letzter Abend ist, bestellen wir uns noch eine Flasche Wein, und gegen Mitternacht verlassen wir leicht beschwippst das Restaurant. „Und was machen wir jetzt?", frage ich ihn und hake mich bei ihm unter. „Also ich hätte Lust, tanzen zu gehen." „Aber es ist Sonntag. Hat da überhaupt was auf?" Frederik lacht. „Schatzi, wir sind hier in München. Da finden wir schon was. Ich glaub, in der Innenstadt gibt's da einen richtig guten Club, der hat am Sonntag auch geöffnet."

Wir steigen in die U-Bahn und fahren bis zum Marienplatz. Nach ein paar Minuten zu Fuß erreichen wir den Club. Frederik bestellt uns zunächst zwei Martini. Danach zieht er mich auf die Tanzfläche. Wir bewegen uns zur Musik. Und im Gegensatz zu meinem letzten Clubbesuch mit Isabella habe ich heute keinerlei Hemmungen. Vielleicht liegt es am Alkohol, vielleicht auch an Frederik, man weiß es nicht genau. Während wir unsere Körper zur Musik bewegen, beobachte ich Frederik. Er tanzt wirklich gut. Ob er überhaupt irgendwas nicht gut macht? Ein Gefühl von vollkommenem Glück durchströmt mich.

Sonnenstrahlen kitzeln in meiner Nase, und ich unterdrücke ein Niesen. Langsam öffne ich die Augen. Frederik liegt selig schlafend neben mir. Ich werfe einen Blick auf die Uhr. Erst kurz vor halb sechs. Oh Gott. Viel zu früh zum Aufstehen. Schnell kuschle ich mich an Frederiks Brust und schließe die Augen. Am späten Vormittag weckt mich Frederik mit vielen kleinen Küssen auf mein Gesicht. „Guten Morgen, mein Engel. Hast du gut geschlafen?" „Hmm, ja." Seufzend strecke ich mich und ziehe dann Frederik zu mir heran. „Wie wäre es mit einem leckeren Frühstück", fragt er, aber ich hab anderes im Sinn. „Gleich", flüstere ich ihm ins Ohr und knabbere dann anzüglich an seinem Ohrläppchen. Frederik stöhnt leise auf. „Du weißt, dass ich dir nicht widerstehen kann, wenn du das machst." Ich grinse wissend und streiche mit meinen Fingern sanft über seinen Rücken. Frederiks Lippen wandern über mein Schlüsselbein hinab zu meiner Brust. Wohlige Schauer laufen über meinen Rücken. Nach einer ausgedehnten Dusche laufen wir zu einem Café nicht weit von Frederiks Wohnung entfernt. Da die Sonne so herrlich scheint, suchen wir uns einen Tisch im Hinterhof und setzen uns unter eine Kastanie. Gemeinsam studieren wir die Karte und entscheiden uns für Kaffee, Orangensaft, eine Wurst- und eine Käseplatte. Frische Körnerbrötchen. Rührei darf natürlich nicht fehlen. Frederik besteht außerdem auf den Früchtejoghurt. „Der ist einfach so unglaublich lecker" schwärmt er. Zwei Stunden später verlassen wir vollgefuttert das Café. Da uns noch etwas Zeit bleibt, bis mein Zug geht, gehen wir noch eine kleine Runde spazieren. Traurig sitze ich im Zug nach Detmold. Schade, dass die Zeit immer so schnell vergeht, wenn man glücklich ist und eine schöne Zeit verlebt. Frederik hat mir noch beim Packen geholfen. Danach sind wir mit der U-Bahn zum Hauptbahnhof gefahren. Wann wir uns wiedersehen, konnte er mir nicht sagen. Aber er hofft bald. Vielleicht sollte ich mir aber dieses Mal nicht so viele Hoffnungen machen, damit ich nicht wie beim letzten Mal so enttäuscht bin, wenn ich längere Zeit nichts von ihm höre. Schnell versuche ich, die traurigen Gedanken wegzuwischen. Ich hatte ein wunderschönes Wochenende, und wenn ich heimkomme, sehe ich Maria und Isabella wieder. Also gibt es gar keinen Grund jetzt Trübsal zu blasen.

Als der Zug in den Bahnhof von Detmold einfährt, erkenne ich auf dem Bahnsteig mein Begrüßungskomitee. Isabella und Maria stehen mit einem großen Strauß Blumen am Bahnsteig und halten nach mir Ausschau. Die zwei sind einfach die Besten. Freudestrahlend steige ich aus dem Zug und laufe auf sie zu. Stürmisch umarme ich die beiden. „Und, wie war's?", fragt Isabella. „Super! Es war so eine schöne Zeit, ich wollte gar nicht zurückfahren." Maria lächelt. „Aber dafür hast du ja jetzt wieder uns. Wir werden dir schon die Zeit vertreiben, bis ihr zwei euch wiederseht!" Wir lachen und laufen dann zu Isabellas Mini. Bei mir angekommen, öffnen wir eine Flasche Sekt, die Maria besorgt hat, und stoßen auf meine Heimkehr an. Die Blumen stelle ich auf meinen Couchtisch. Als die Flasche leer ist, verabschieden sich die beiden. „Am Mittwoch gehen wir zum Yoga?", fragt Isabella. „Aber natürlich. Jetzt haben wir ja heute schon die Stunde ausfallen lassen." „Sehr schön. Ich hole dich dann wie gewohnt ab. Freu mich. Ich wünsche euch eine gute Nacht." Isabella drückt erst mich, dann Maria und läuft daraufhin die Treppen hinunter. „Gute Nacht Emma." „Gute Nacht Maria. Danke noch mal, dass ihr mich abgeholt habt. War ein schöner Abend!" Ich werfe einen Blick auf die Uhr. Oh Gott. Es ist schon kurz vor Mitternacht. Morgen muss ich wieder früh raus. Also schnell ins Bad und dann ab ins Bett. Bevor ich das Licht lösche, schreibe ich Frederik noch eine Gute-Nacht-SMS.

Kapitel 32

Genervt werfe ich einen Blick auf die Wanduhr. Marie musste heute früher gehen, da sie so wahnsinnige Zahnschmerzen hat und dringend zum Arzt muss. Gut, kann ich verstehen. Aber wieso gerade heute? Isabella hat heute Geburtstag und schmeißt eine große Party bei sich zu Hause. Bevor die aber startet, wollten Maria und ich sie mit einer üppigen Geburtstagstorte überraschen. Die wollten wir natürlich heute backen. Ja ok, es war ganz schön naiv von uns zu denken, dass wir in ein paar Stunden ein Meisterwerk kreieren können, aber gut. Jetzt musste ich natürlich irgendwie auch noch Maries Kundschaft dazwischen schieben. Jetzt bin ich so weit eigentlich durch. Ein Termin steht noch an. Da kommt Joachim um die Ecke geschlendert. „Stopp", rufe ich und Joachim bleibt erschrocken stehen. „Du bist mein Lebensretter!" Fragend zieht er die Augenbrauen hoch. „Ich?" „Ja du. Hast du heute noch Termine?" „Ne, glaub nicht. Aber ich kann gern noch mal nachsehen." „Nein schon gut. Im Buch steht nichts. Kannst du bitte meinen letzten Termin übernehmen? Ich bin so spät dran, weil ich für Marie mit einspringen musste, und Isabella hat doch heute Geburtstag. Ich muss noch die Torte backen und mich umziehen. Das Geschenk habe ich auch noch nicht verpackt. Wie soll ich das nur alles schaffen?" „Na gut, unter diesen Umständen, wie könnte ich da nein sagen? Mach die Fliege. Und richte ihr alles Gute von mir aus. Viel Spaß heute Abend. Und Emma, trink ein Gläschen für mich mit!" Dankbar lächle ich ihn an. „Du bist der beste Chef, den man sich nur wünschen kann. Ich weiß, das hab ich dir schon tausend Mal gesagt. Aber wenn es doch so ist. Danke Joachim." Ich packe meine Tasche und rase aus dem Laden. Schnell renne ich zur Bushaltestelle. Es wird Zeit, dass ich mir endlich ein Auto kaufe, denke ich mir. So dauert das ja ewig. Ungeduldig warte ich an der Haltestelle auf die richtige Linie.

Währenddessen zücke ich mein Handy und wähle Marias Nummer. Keiner geht ran. Mist. Wo ist sie nur? Zehn Minuten später kommt der Bus, und ich springe hinein. Ein Blick auf meine Armbanduhr verrät mir, dass es bereits halb vier ist. Naja wir sind zu zweit. Das schaffen wir schon! Zu Hause angekommen, flitze ich die Treppe immer zwei Stufen auf einmal nehmend hinauf. Bei Marias Wohnungstür mache ich halt und drücke auf den Klingelknopf. Aber nichts tut sich. Wo treibt die sich nur rum? Weiß sie nicht, unter welchem Zeitdruck wir stehen? Nachdem keiner die Tür öffnet, renne ich zu meiner Wohnung hoch. Stecke den Schlüssel ins Schloss und öffne die Wohnungstür. Ich werfe meine Handtasche auf die Kommode und streife meine Schuhe ab. Erst da bemerke ich den Kuchenduft, der in der Luft hängt. „Hallo Schätzchen", ruft Maria und kommt mit mehlbestäubter Schürze aus der Küche. „Ich dachte mir, ich fange schon mal an. Und als du nicht gekommen bist, hab ich mir eine Backhilfe besorgt." „Hä?" Ich steh auf dem Schlauch. Was für eine Backhilfe? Aber bevor ich mir den Kopf darüber zerbrechen kann, schwingt die Küchentür ganz auf, und ich sehe Frederik über dem Backbuch grübeln. Mein Herz macht einen Sprung. Und der ganze Stress ist wie weggeblasen. Knappe Vier Wochen ist unser Wochenende jetzt schon wieder her. Strahlend laufe ich um die Kochinsel und nehme ihn in die Arme. „Hallo mein Engel", begrüßt er mich. Überglücklich küsse ich ihn. „Du hast gar nicht gesagt, dass du kommst", beschwere ich mich. „Na dann wäre es ja auch keine Überraschung mehr gewesen." Frederik knufft mich liebevoll in die Seite. „Stimmt." „Isabella hat mir eine E-Mail geschrieben, dass sie heute Geburtstag hat und sie sich freuen würde, wenn ich zu ihrer Party komme. Also habe ich meinen Dienst getauscht und hab somit das Wochenende frei." „Ist das nicht toll?", schwärmt Maria. „Aber jetzt müssen wir uns ranhalten, damit wir hier mal fertig werden." Maria und ich haben uns eine Torte mit Fondant-Überzug in den Kopf gesetzt. Das Fondant wollen wir pink einfärben und zum Schluss die Torte mit schwarzen Punkten verzieren. Eigentlich wollten wir sie dreistöckig haben, aber da wir uns zum ersten Mal an so einem Meisterwerk probieren, sollten wir es mal nicht gleich übertreiben und beschränken uns daher auf eine zweistöckige Torte. „Hast du das Fondant besorgt?", frage ich Maria. „Hör mir bloß auf", stöhnt sie. „Es ist schwieriger, Fondant zu bekommen, als eine Waffe oder Drogen zu kaufen. Ich war, glaub ich, in jedem Supermarkt. Dieses Zeug ist nirgends zu bekommen. Also bin ich von Konditorei zu Konditorei. Aber keiner wollte mir etwas verkaufen. Meine letzte Hoffnung war eine kleine Bäckerei gleich bei deiner Arbeit ums Eck. Ich hab mir eigentlich keine Hoffnung gemacht, denn eine normale Bäckerei braucht eigentlich keinen Fondant. Ich bin also da rein. Eigentlich schon total entmutigt erklärte ich also der Chefin mein Anliegen. Und da, stellt euch vor, erzählt sie mir, dass sie Hobbykonditorin ist und sogar Kurse gibt. Ich hab sie gefragt, wieso sie dann ihre Torten nicht in ihrem Laden verkauft. Da erklärt sie mir, dass der Laden eigentlich ihrer Schwiegermutter gehört und die das nicht möchte. Für was Eigenes habe ihr bisher der Mut gefehlt. Aber um nun auf den Punkt zu kommen: Diese nette Dame bestellt ihr Fondant immer im Internet. Früher hat sie es selbst gemacht, aber wenn sie für die ganzen Kursteilnehmer selbst Fondant herstellen muss, nimmt das viel zu viel Zeit in Anspruch. Als sie mir das erzählt hat, war ich natürlich am Boden zerstört. Denn für Bestellungen im Internet haben wir ja keine Zeit. Aber ..." Maria hebt den rechten Zeigefinger in die Luft. „... dann erklärte sie sich bereit, mir etwas von ihrem Fondant abzugeben, weil sie mit mir so nett plaudern konnte. Also ging am Ende doch noch alles gut. Zum Schluss habe ich ihr noch geraten, dass sie sich doch trotz aller Bedenken ihren Traum erfüllen soll!" Erleichtert, dass doch noch alles geklappt hat, nehme ich meine Schürze vom Haken und binde sie mir um. „Was ist noch zu tun?" „Maria und ich haben schon mal die Schokoladenböden gebacken. Die könntest du in der Mitte teilen. Die Erdbeercreme für die Füllung gehört noch gemacht." „Dann übernehme ich die Creme. Maria kann, denke ich, die Böden besser teilen. Ich habe Schiss, dass ich sie schief schneide, und dann wäre alles für die Katz gewesen." Nachdem wir die Böden geteilt und die Creme fertiggestellt haben, machen wir uns an die Arbeit, das Ganze zu stapeln. Um die Torte stabiler zu machen, legen wir Tortenringe um die Kuchen. Als wir fertig sind, müssen wir die Torten eine halbe Stunde in den Kühlschrank stellen, damit die Creme schön fest wird. Frederik färbt so lange das Fondant ein, und Maria kocht uns Kaffee. Nach 30 Minuten klingelt die Eieruhr, und wir holen die beiden Torten aus dem Kühlschrank. Vorsichtig lege ich das ausgerollte Fondant über die größere der beiden Torten. Mit angehaltener Luft streiche ich das Ganze glatt. Erleichtert, dass alles super klappt, schneide ich das überflüssige Fondant weg und widme mich dem zweiten Kuchen. Auch hier schaffe ich es, das Fondant ohne Luftbläschen überzustreifen. Vorsichtig setzt Frederik den kleineren von beiden Kuchen auf den größeren. Hoffentlich behält er die Form und fällt nicht zusammen. Aber wir haben Glück. Nun sind die Punkte dran. Frederik hat das restliche Fondant bereits schwarz eingefärbt und rollt es nun aus. Maria sticht mit Plätzchenformen unterschiedlich große Kreise aus. Um den Übergang zwischen den zwei Tortenteilen zu kaschieren, schneiden wir einen Streifen schwarzen Fondant aus und legen ihn als Band um den oberen Kuchen. Maria befestigt die letzten schwarzen Kreise auf dem Kuchen, und dann treten wir gemeinsam zurück, um unser Werk zu betrachten. „Wow." „Ja." „Er ist wirklich toll geworden." „Stimmt. Er sieht so schön aus, dass man ihn gar nicht anschneiden will." „Wollen wir da jetzt wirklich die ganzen Wunderkerzen reinstecken?", fragt Maria. „Ich weiß nicht, aber was willst du sonst machen?" „Stimmt. Und wenn wir sie anzünden und für sie singen, sieht das auch bestimmt super schön aus." „Auf jeden Fall." Frederik weist uns darauf hin, dass es bereits nach 19 Uhr ist und wir uns etwas sputen müssen. Also verpacke ich noch schnell unseren Gutschein und stecke ihn an den Champagner, den wir dazu besorgt haben. Maria und ich haben für Isabella und ihren Mann einen Gutschein in einem Fünf-Sterne-Luxus-Hotel besorgt. Mit Whirlpool im Zimmer und Himmelbett. Es gibt eine Sauna und ein Schwimmbad und am Abend ein Fünf-Gänge-Menü. Die beiden haben so wenig Zeit füreinander, dass ihnen eine kleine Auszeit zu zweit ganz gut tun wird. Frederik schläft dieses Wochenende bei mir und nicht bei Maria unten. Erst hatte ich ein wenig Bedenken, dass sie vielleicht enttäuscht sein könnte. Aber wie immer habe ich mir umsonst Sorgen gemacht. „Das ist doch selbstverständlich. Ihr seht euch doch sonst so selten", sagt sie. „Ich gehe jetzt nach unten und mache mich fertig für die Party. Ihr holt mich dann ab, wenn ihr fertig seid?" Wir nicken. Als Maria die Wohnungstür hinter sich geschlossen hat, nimmt mich Frederik in die Arme. Seine Haare duften herrlich nach Schokoladenkuchen. „Ich habe dich wahnsinnig vermisst", flüstert er in mein Ohr und küsst mich dann lange auf den Mund. Die Schmetterlinge in meinem Bauch tanzen wie immer kunterbunt durcheinander. Der ganze Stress und die Hektik des heutigen Tages fallen sofort von mir ab. Gemeinsam gehen wir unter die Dusche. Da nur noch wenig Zeit ist, verzichte ich darauf, meine Haare zu waschen und stecke sie nur locker hoch. Für heute Abend habe ich mir das blaue Kleid von meinem Geburtstag zurecht gelegt. Frederik zieht eine Jeans und ein Hemd an, dass er bis zu den Ellenbogen hochkrempelt. Er sieht sexy aus. Nachdem wir uns fertig gestylt haben, nimmt Frederik die Torte und ich den Champagner, und wir machen uns auf den Weg zu Maria. Am Auto angekommen fragt Frederik mich, ob ich fahren möchte, und er würde die Torte halten. Zumindest würde ich dann nicht Gefahr laufen, mein wunderschönes Kleid zu bekleckern, sagt er augenzwinkernd. Gute Taktik. Aber es macht mir eigentlich gar nichts aus, also bejahe ich. Beschwingt lasse ich mich auf den Fahrersitz plumpsen. Maria drücke ich das Geschenk in die Hand. Nachdem Frederik sitzt und ich ihn angeschnallt habe, drehe ich den Zündschlüssel um und lege den Rückwärtsgang ein. Trotzdem ein komisches Gefühl. Jetzt ist es doch schon wieder lange her, dass ich hinterm Steuer saß. Vielleicht wird es wirklich Zeit, dass ich mir ein Auto zulege. Nach ein paar Sekunden verfliegt das „komische Gefühl", und ich bin ganz entspannt. Frederik hat eine CD von Michael Bublé aufgelegt. „Me and Misses Jones", unser Lieblingslied, ertönt.

Als wir ankommen, ist die Party schon in vollem Gange. „Mist, wir sind viel zu spät dran", nörgle ich. Maria grinst. „Das Beste kommt zum Schluss, oder?!" Frederik und ich müssen lachen. Ich parke das Auto am Ende der Straße, weil sonst nirgends ein Platz zu finden ist. „Wie machen wir es am geschicktesten? Einer sucht das Geburtstagskind und lotst sie zu uns, damit wir ihr die Torte überreichen können", sagt Frederik. „Ja, das mache ich", antworte ich ihm. Ich laufe ins Haus und halte Ausschau nach Isabella. Wahnsinn, wie viele Leute sie eingeladen hat, das Wohnzimmer ist gerammelt voll. Ich dränge mich durch die Grüppchen, die sich gebildet haben, und stelle mich auf Zehenspitzen, um sie besser sehen zu können. Nach fünf Minuten sehe ich sie mit einer Gruppe Männer im Garten stehen. Sie unterhalten sich angeregt. Ich renne hinaus und umarme sie stürmisch. „Alles alles Gute zu deinem Geburtstag, mein Engel." Danach drehe ich mich zu ihren Gesprächspartnern um. „Ich muss Ihnen leider das Geburtstagskind für einen Moment entführen. Sie bekommen sie gleich zurück!" Isabella lacht. „Du brauchst sie nicht zu siezen. Das sind meine Kollegen. Ganz nette Kerle", sagt sie zwinkernd. „Das ist Tobias, Manfred, Karl und Tim. Mein Team." „Du bist die Chefin?" „Neein. Das ist Manfred hier. Also zumindest mein nächster Vorgesetzter. Mein Chef ist heute nicht da." Manfred lacht bei Isabellas Ausführungen. „Also mein Schatz, kannst du mir zwei Minuten deiner kostbaren Zeit opfern? Wir haben eine kleine Überraschung für dich." Isabella strahlt. „Na aber hallo, für Überraschungen nehme ich mir immer Zeit." Ich nehme Isabella an der Hand und führe sie ins Wohnzimmer. Maria und Frederik stehen im Türrahmen zur Küche. Ich recke meinen Arm in die Höhe und versuche, ihnen ein Zeichen zu geben. Frederik sieht mich und nickt lächelnd. Er dreht sich zu seiner Mutter um, daraufhin entzündet Maria die Wunderkerzen auf dem Kuchen, und beide schreiten auf uns zu. Die anderen Geburtstagsgäste weichen den beiden aus und bilden eine Gasse. Maria und Frederik geben erneut ein Zeichen, und wir stimmen ein Geburtstagsständchen an. Alle anwesenden Gäste stimmen mit ein. „Heute kann es regnen stürmen oder schneien, denn du strahlst ja selber wie ein Sonnenschein. Heut ist dein Geburtstag, darum feiern wir, alle deine Freunde freuen sich mit dir, alle deine Freunde freuen sich mit dir. Wie schön, dass du geboren bist, wir hätten dich sonst sehr vermisst ..." Isabella ist den Tränen nahe. Mit glasigen Augen steht sie da und hält sich die Hände vor den Mund. Sie ist total ergriffen. Als die letzten Töne verklungen sind, ruft sie begeistert: „Vielen dank. Das ist ja der Wahnsinn." Mit Tränen der Freude in den Augen dreht sie sich zu mir und umarmt mich innig. „Wo habt ihr denn diese wunderbare Torte her?" „Na selbst gebacken. Das ist das Werk von Maria, Frederik und mir. Anlässlich deines 30. Geburtstages dachten wir, können wir ruhig mal unserer Kreativität freien Lauf lassen." „Ihr seid die Besten. Es ist wirklich die schönste Geburtstagstorte, die ich je gesehen habe!" Isabella fällt mir erneut um den Hals. Nachdem Frederik den Kuchen in die Küche gebracht hat, umarmt Isabella zunächst ihn und dann Maria. „Vielen Dank euch beiden. Und Frederik, schön, dass du kommen konntest." „Gerne." „Dann würde ich sagen, eröffne ich mal das Buffet." Isabella dreht sich um und läuft zum Couchtisch. Um ihre geladenen Gäste überblicken zu können, steigt sie kurzerhand auf den Tisch. „Also, erst mal möchte ich mich bei euch für das tolle Ständchen bedanken. Es war einfach wundervoll. Dann freue ich mich natürlich, dass ihr heute alle kommen konntet. Ich wünsche euch einen tollen Abend. Genießt das Essen und zum Nachtisch den tollen Kuchen von meinen zwei besten Freundinnen und Frederik. Feiert, trinkt, esst, lacht und tanzt. Viel Spaß." Die Party ist ein voller Erfolg. Wir rocken das Haus bis früh um fünf. Am Ende helfen die übrig gebliebenen Partylöwen Isabella und ihrem Mann noch beim Aufräumen der herumstehenden Gläser und leeren Flaschen. Gegen sechs Uhr morgens verabschieden wir uns von den beiden Gastgebern. „Wollt ihr nicht hier schlafen? Wir haben doch ein Gästezimmer", fragt Isabella, als wir sie zum Abschied umarmen. Aber Maria wehrt ab. Sie wolle lieber in ihrem eigenen Bett schlafen. Außerdem habe sie schon ein Taxi bestellt. „Ich denke, wir begleiten Maria. Lieb von dir, dass du es uns anbietest, aber ich würde auch lieber in meinem Bett schlafen." Liebevoll umarme ich sie zum Abschied. „Danke noch mal für die tolle Party, wir hatten wirklich wahnsinnig viel Spaß!" Frederik nickt zustimmend. „Wollt ihr nicht morgen, ähm heute Abend zu uns zum Essen kommen?", frage ich. Isabella blickt ihren Mann erwartungsvoll an. Markus überlegt kurz. „Ja gerne." Isabella klatscht in die Hände „Schön. Dann bis morgen Abend. Sagen wir so um sieben?" Ich nicke. „Gute Nacht ihr zwei. Schlaft schön." Das Taxi fährt vor, und Maria winkt den beiden zum Abschied, bevor sie sich ächzend auf die Rücksitzbank gleiten lässt. Frederik steigt vorne ein, und ich setze mich zu Maria. „Ich bin wirklich nicht mehr die Jüngste", stöhnt sie. „Durchzechte Nächte sind wohl doch eher was für jüngere Leute." Frederik und ich lachen. In meinem Bett kuschelt sich Frederik an mich. „Löffelchen?", flüstert er mir ins Ohr. „Ja." „Du sag mal, was hältst du davon, wenn wir uns morgen, beziehungsweise heute, nach einem Auto für dich umsehen?" „Meinst du wirklich?" „Na klar. Sonst fahre ich am Sonntag wieder und beim nächsten Mal, wenn wir uns sehen, hast du dir immer noch keines gekauft. Ich kenn dich doch!" Ich schmunzle. Da hat er recht. Also stimme ich zu. Aneinander gekuschelt schlafen wir ein.

Kapitel 33

Gegen Mittag weckt mich das Klingeln meines Telefons. Eigentlich habe ich keine Lust aufzustehen. Vielleicht lasse ich einfach den Anrufbeantworter drangehen. Au ja. Das ist eine gute Idee. Aber der AB schaltet sich nicht ein. Wieso das denn? Habe ich etwa mal wieder vergessen, das Band zu löschen? Kann gut möglich sein. Kann mich gar nicht daran erinnern, wann ich es zuletzt gelöscht habe. Da das Klingeln nicht aufhört, quäle ich mich dann doch aus dem Bett. Mein Kopf brummt, und mir wird kurz schwarz vor Augen, als ich aufstehe. Oh, dieser böse Alkohol. Aber so viel habe ich doch gar nicht getrunken, oder? Egal. Ich laufe ins Wohnzimmer, wo ich das Telefon vermute. Frederik bekommt von alldem nichts mit. Haben eigentlich alle Männer so einen tiefen Schlaf? Ich nehme das Telefon und drücke auf die grüne Taste. „Hallo?", krächze ich hinein. „Schätzchen, was ist denn mit dir los? Bist du erkältet?", tönt mir die Stimme meines Vaters entgegen. Ich räuspere mich. „Nein nein. Alles gut." „Sehr schön. Ich wollte nur mal hören, wie es dir geht." „Ja, bei mir ist alles gut Papa und bei euch?" „Ach, in meiner Firma geht es momentan drunter und drüber. Wir haben so viele Aufträge, aber leider zu wenig Personal. Zwei sind krank. Einer meiner Angestellten hatte einen Motorradunfall. Zum Glück nichts Schlimmes, aber ein gebrochenes Bein. Und ein anderer hat sich bei seiner Tochter mit den Windpocken angesteckt. Üble Sache bei einem erwachsenen Mann. Naja und meine Sekretärin hat spontan entschlossen, mit einem Amerikaner auszuwandern, den sie vor Kurzem kennengelernt hat und der angeblich ihre große Liebe ist. Tja, also sitze ich fast rund um die Uhr im Büro." „Das hört sich ja nicht so gut an. Und wie geht's den Kindern und Katharina?" „Denen geht es sehr gut. Katharina ist nur etwas genervt vom momentanen Zustand. Weil sie mich so wenig sieht.

Aber es wird bestimmt auch bald wieder besser. Ich bin schon auf der Suche nach einer Aushilfskraft." „Könnt ihr dann nächste Woche überhaupt kommen? Wenn es euch zu viel wird, dann ist das ok. Ich meine, Maria und Isabella sind ja auch noch da. Also es ist nicht so, dass ich den Todestag von Mama alleine verbringen muss!" „Na also hör mal, mein Liebes. Ich habe dir versprochen, dass ich komme. Und wenn meine Firma für ein paar Tage Urlaub macht, das ist mir egal. Ich komme auf jeden Fall. Außerdem sind die Kinder seit Wochen Feuer und Flamme und freuen sich riesig auf dich. Nein, das ist schon alles geplant. Wir kommen auf alle Fälle." „Gut. Ich freue mich auch schon. Ich habe mir gedacht, ihr könnt in meinem Zimmer schlafen und die Kinder in Mamas. Ich schlafe auf dem Sofa." „Du musst dir keine Umstände machen, Emma. Wir können auch im Hotel schlafen." „Papa", rufe ich entrüstet. „Es ist ja wohl selbstverständlich, dass ihr bei mir übernachtet. Ich bestehe darauf." „Na gut." „Wann kommt ihr denn?" „Wir haben gedacht, dass wir Sonntagvormittag losfahren, dann sind wir am frühen Nachmittag bei dir. Am Montag ist ihr Todestag, oder? Dann bist du die Nacht davor nicht alleine." „Also quasi morgen in einer Woche." „Ja." „Wunderbar. Ich freu mich auf euch. Ich wecke jetzt mal Frederik auf. Wir wollen heute Autos anschauen gehen." „Das ist ja prima. Ich drücke dir die Daumen, dass du ein passendes Auto findest. Sag Frederik einen lieben Gruß. Bis bald mein Schatz. Spätestens bis nächste Woche Sonntag." „Bis dann Papa. Liebe Grüße an die anderen." Als ich aufgelegt habe, lasse ich mich auf das Sofa sinken. Nur noch knapp eine Woche bis zum Todestag von meiner Mama. Ich öffne das Medaillon. „Ist es schon wieder so lange her, dass du mich verlassen musstest? Es kommt mir vor wie gestern." Ein Stich in der linken Brustgegend lässt die Erinnerungen an den Schmerz und das schwarze Loch, das nie so richtig verheilen wird, wieder aufflammen. Sie fehlt mir so wahnsinnig. Manchmal habe ich das Gefühl, als könnte ich ihre liebliche Stimme hören. Ihren Gesang unter der Dusche, oder das Summen, wenn sie Kaffee gekocht hat. Immer noch ist es mir unerklärlich, wieso das Schicksal uns getrennt hat. Was haben wir falsch gemacht? Was haben wir verbrochen? Oder ist es wirklich so, dass jeder Mensch nur eine bestimmte Zeit hier sein darf, und wenn sein Zeitkonto abgelaufen ist, dann muss er gehen, egal wie glücklich er ist? Seufzend küsse ich das Bild von meiner Mutter in dem Medaillon und schließe es danach. Eine kleine Träne läuft mir über die linke Wange. Ich höre ein Räuspern und blicke auf. „Alles in Ordnung bei dir?", fragt Frederik, der in Boxershorts im Türrahmen steht. Unauffällig wische ich die Träne von meiner Wange und lächle. „Ja, alles ok. Ich habe mit meinem Dad telefoniert. Schöne Grüße soll ich dir sagen." „Danke. Und was hat dein Vater dir Trauriges erzählt, dass du hier sitzt und weinst?" Frederik löst sich vom Türstock und kommt zu mir gelaufen. „Darf ich?", fragt er höflich und deutet auf den Platz neben mir. Ich nicke. Nachdem er sich neben mich gesetzt hat, legt er den Arm um meine Schulter und zieht mich an sich. „Also was ist los? So gut kenne ich dich mittlerweile, um zu erkennen, dass nicht alles in Ordnung ist." Ich zucke mit den Schultern. „Ja. Du hast ja recht. Ich hab nur grad an meine Mama gedacht. In knapp einer Woche ist ihr Todestag, und es macht mich traurig. Aber es geht schon wieder." „Wann denn?" „Montag in einer Woche." „Hm." „Weißt du, es wird nicht einfach werden für mich. Ist es die ganze Zeit nicht, aber ich habe euch … dich, Isabella, Maria, Leonard und meine Familie. Ihr seid für mich da und lasst mich ab und zu vergessen, was geschehen ist. Aber an diesem speziellen Tag …" Ich breche ab. „Ich verstehe, was du meinst." Zärtlich streicht mir Frederik über die Wange. „Ich werde sehen, dass ich mir Urlaub nehmen kann. Wenn es für dich in Ordnung ist, dann wäre ich gerne für dich da, um dich aufzufangen, falls es nötig wird." Dankbar lächle ich ihn an. „Das ist wirklich lieb von dir. Aber du musst dir nicht frei nehmen. Mein Papa, Katharina und die Kinder kommen ein paar Tage zu Besuch. Ich werde nicht alleine sein. Maria und Isabella gehen auch mit zum Grab." „Jetzt bin ich ein bisschen gekränkt, Honey", sagt er gespielt eingeschnappt. „Das ist doch keine Pflichtveranstaltung für mich. Ich mache das gerne. Versprechen kann ich dir eh noch nichts. Muss das erst mal mit meinem Chef klären." „So war das doch nicht gemeint. Ich würde mich total freuen, wenn du frei bekämst." „Das weiß ich doch." Nachdem wir noch eine Weile Arm in Arm zusammen gesessen haben, beschließen wir zu frühstücken, um dann Frederiks Auto bei Isabella zu holen.

Zwei Stunden später schlendern wir über das Gebrauchtwagen-areal vom Autohaus König. Einen Neuwagen möchte ich mir nicht leisten. Dann wäre ja das ganze Ersparte von Papa auf einen Schlag weg. Nein, das möchte ich nicht. Also halten wir Aus-schau nach einem guten gebrauchten Fahrzeug. Ansprüche habe ich schon. Es darf auf keinen Fall zu alt sein. Außerdem muss es groß sein. Ich will ein stabiles, großes, am besten gepanzertes Auto. Damit mir und meinen zukünftigen Mitfahrern im Falle eines Unfalles nichts passieren kann. So eine Knutschkugel wie meinen Seat werde ich mir auf keinen Fall mehr kaufen. Frederik findet es zwar übertrieben und meint, dass auch die neueren Kleinwagen sehr robust und stabil seien, aber ich lasse mich nicht davon abbringen. Ein Verkäufer in Nadelstreifenanzug kommt nach kurzer Zeit auf uns zugewatschelt. Er reicht uns beiden die Hand und stellt sich als Herr Kammermeier vor. Ich erkläre Herrn Kammermeier kurz mein Anliegen. „Also ich fasse mal zusammen. Sie wollen am besten ein gepanzertes Fahrzeug, wie die Frau Merkel eines hat, und es sollte wenig kosten." Ich nicke begeistert. „Also, das ist wohl unmöglich." „Ist dir aufgefallen, dass mich der Mann nicht ernst nimmt?", frage ich Frederik. Er nickt. Peinlich berührt versucht sich der Verkäufer aus der Affäre zu ziehen. „Ich wollte Sie nicht beleidigen oder Ihnen zu nahe treten. Ich wollte Ihnen nur mitteilen, dass ich Ihnen in diese Richtung nichts anbieten kann. Ich hätte da allerdings einen 3er BMW, der gerade mal drei Jahre auf dem Buckel hat und preislich Ihren Vorstellungen entsprechen könnte." „Wo ist der Haken?", frage ich. „Haken?" „Ja. Ein drei Jahre alter BMW ist doch normalerweise noch nicht in der Preiskategorie zu erhalten, die mir vorschwebt." „Naja. Die Vorbesitzerin hatte ihre eigenen Farbvorstellungen, und daher ist das Fahrzeug recht schwer vermittelbar. Aber vielleicht gefällt Ihnen ja die Farbe. Wir werden es uns einfach mal ansehen." Na da bin ich ja mal gespannt, was mich jetzt erwartet. Wir laufen einmal quer über das Gelände zu einem kleinen Parkhaus. „Hier stehen die neueren Modelle", erklärt Herr Kammermeier. „Bitte folgen Sie mir in den ersten Stock." Der macht es ja richtig spannend. Wahrscheinlich ist das Auto neongelb oder knallorange. Aber als wir in die erste Etage kommen, weiß ich, was er mit „eigenen Farbvorstellungen" meinte. Vor uns steht ein knallig pinker BMW mit schwarz getönten Scheiben. Ein schwarzes Blumendekor erstreckt sich über die gesamte Fahrerseite. Frederik bleibt der Mund offen stehen. „Ist dass das Auto von Barbie gewesen?", fragt er ungläubig. „Das ist ja unglaublich. Sie haben uns wirklich nicht zu viel versprochen. Damit leuchtest du ja bis nach München!" Ich muss laut lachen. „Darf ich Ihnen einmal die Vorzüge dieses Fahrzeugs erläutern?" „Ja bitte", kichere ich. Herr Kammermeier geht zu einem Schlüsselkasten, öffnet ihn und holt den passenden Schlüssel heraus. Als er zurückkehrt, erklärt er: „An Ausstattung hat er wirklich so gut wie alles." Er öffnet den BMW und bedeutet mir, mich auf den Fahrersitz zu setzen. Herr Kammermeier lässt sich auf dem Beifahrersitz nieder. „Sie haben hier elektrische Fensterheber, vorne und hinten. Sitzheizung. Airbags vorne und seitlich. Ein MP3-Radio. Klimaanlage. Rückfahrsensor. Er hat 110 PS. Das einzige Manko neben der Farbe ist, dass er bereits 96.000 Kilometer drauf hat. Aber da es ein Diesel ist, ist es meines Erachtens nicht weiter tragisch. Wie sie sehen, hat er sogar Lederausstattung." Herr Kammermeier streicht zärtlich über den Sitz. Nachdem wir uns gemeinsam noch den Rest des Autos angesehen haben, fragt Herr Kammermeier erwartungsvoll „Und? Was meinen Sie." „Ich weiß nicht. Die Farbe ist schon, wie soll ich sagen. Krass." „Ja ich weiß. Aber sie ist einzigartig." „Da haben sie recht", mischt sich Frederik ein und verkneift sich ein Lachen. „Emma. Wie wäre es, wenn wir ihn mal Probe fahren. Wäre das möglich, Herr Kammermeier?" „Ja aber natürlich. Wir lange wollen Sie denn fahren? Eine halbe Stunde?" „Ja ich denke, das sollte reichen." Ich nicke zustimmend. Herr Kammermeier überreicht mir die

Autoschlüssel, und Frederik und ich steigen beide in den BMW. Von innen sieht er eigentlich echt cool aus. Das schwarze Leder, die teilweise Hochglanz-pinkfarbenene Armatur. Hat irgendwas. Ich parke aus und fahre los. Die Sportsitze sind sehr bequem, stelle ich fest. Frederik fummelt am Radio herum. „Der Klang der Boxen ist super", ruft er, nachdem er den Lautstärkeregler auf ultimo gedreht hat. „Ja! Fahren lässt er sich auch super", schreie ich gegen Robbie Williams' „Feel" an. Frederik dreht die Musik wieder leise. „Ich finde das Auto echt toll. Aber die Farbe. Meinst du nicht, dass man sich sehr schnell daran sattsieht?" „Ich weiß nicht. Ist schon ne krasse Farbe. Voll Mädchen halt." Frederik lacht und rümpft die Nase. „Eigentlich mag ich ja pink." „Dann nimm es. Zumindest hat niemand sonst so ein cooles Auto." Einige Minuten fahren wir schweigend über die Landstraße. „Er hat noch gar nicht verraten, was das Auto kosten soll. Da bin ich ja mal gespannt. Wir sollten auf jeden Fall ein bisschen handeln. Kannst du so was?", frage ich Frederik erwartungsvoll. „Ich werde mein Bestes versuchen." Nach der vereinbarten halben Stunde fahre ich zurück auf das Gelände des Autohauses König. Herr Kammermeier steht schon erwartungsvoll vor dem Gebäude und hält sehnsüchtig nach uns Ausschau. „Wahrscheinlich haben sie eine Wette laufen, wer das Auto als erstes verkauft", überlege ich laut. Frederik lacht auf. „Na dann wollen wir es ihm mal nicht so leicht machen." Herr Kammermeier kommt um das Fahrzeug herum, als ich es abstelle, und hält mir die Tür auf. „Und Frau Koch? Wir fährt er sich?" „Joa ganz gut soweit. Sie haben mir noch gar nicht verraten, wieviel sie dafür wollen." „Vielleicht sollten wir dafür in mein Büro gehen." Herr Kammermeier deutet auf einen Baucontainer. „Entschuldigen Sie bitte, aber unser eigentliches Büro, bzw. Haupthaus, wird momentan renoviert und umgebaut, daher müssen wir mit diesen Containern Vorlieb nehmen. Ich weiß, es sieht nicht gerade seriös aus, aber es ist ja nur vorübergehend." Herr Kammermeier scheint ganz schön nervös zu sein. Kein Wunder, wenn er bald die Wette gewinnen sollte, falls es überhaupt eine gibt. Beim Bürocontainer angekommen, hält uns Herr Kammermeier die Tür auf und deutet auf zwei

Stühle. „Bitte. Nehmen Sie doch Platz." Frederik und ich tun wie uns geheißen und setzen uns. „Wollen Sie vielleicht eine Tasse Kaffee? Wir hätten auch ein Stückchen Kuchen dazu. Mein Chef hatte gestern Geburtstag, und seine Frau hat aus diesem Anlass Kuchen gebacken." Der legt sich ja ganz schön ins Zeug. Würde mich ja echt mal interessieren, ob die nicht wirklich eine Wette am Laufen haben und wenn ja, was der Einsatz ist. Frederik entscheidet sich für beides und ich mich für den Kaffee. Nachdem Herr Kammermeier uns bewirtet hat, sucht er die Akte zu dem pinken BMW heraus und schlägt sie auf. „Also." Er räuspert sich. Nippt noch mal an seiner Tasse Kaffee. Räuspert sich wieder. „Wir haben im Moment eine Aktion laufen. Da würden Sie noch mal ein paar Prozente auf den Wagen bekommen. Also eigentlich kostet er im Moment 17.000 Euro."

Ich verschlucke mich an meinem Kaffee. So viel wollte ich ja eigentlich nicht ausgeben. Da muss ich unbedingt handeln. Naja mal sehen, was er mir nach Abzug der Prozente für ein Angebot unterbreitet. Herr Kammermeier rechnet einige Minuten hin und her und strahlt mich dann plötzlich an. „Sie könnten ihn für 14.800 Euro haben. Winter- und Sommerreifen inklusive." „Ist das Ihr letztes Angebot?", frage ich mit einem Augenaufschlag, der sich gewaschen hat. „Ähm." Räuspern. „Naja." Wieder räuspern. „Wieso?" „Ganz ehrlich, Herr Kammermeier?" Er nickt. „Es ist mir doch noch etwas zu teuer." Herr Kammermeier sackt sichtlich in sich zusammen. Ich weiß, dass er schon viel rausgeholt hat und mir den Wagen für 2200 Euro weniger verkaufen würde, aber ich versuche es weiter. „Kann man da wirklich gar nichts mehr machen? Ich hätte das Auto wahnsinnig gerne." Frederik reißt sich zusammen, um nicht laut loszulachen. „Wie wäre es, wenn sie die ersten zwei Inspektionen gratis dazu bekämen?" „Das ist wirklich sehr großzügig von Ihnen." Die Miene von Herrn Kammermeier hellt sich wieder etwas auf. „Aber das ändert nichts an der Tatsache, dass mir der Preis für das Auto zu hoch ist. Wissen Sie, Herr Kammermeier, ich kann mir das leider nicht leisten." „Vielleicht wollen Sie mir ja Ihre Preisvorstellung offen darlegen?" Ich überlege kurz. Wie weit kann ich runter, ohne dass es völlig unverschämt ist. Hilfesuchend schaue ich zu Frederik. Der malt eine 13 auf seine Jeans. Fragend blicke ich ihn an. „Sicher?", will ich mit meinem Blick sagen und er nickt. Daraufhin wende ich mich wieder dem Verkäufer zu und sage: „13.000 Euro. Und ich bezahle bar." Herrn Kammermeier entgleiten alle Gesichtszüge. Sein Gesicht sieht kalkweiß aus. „13.000?" „Ja. Und die Gratisinspektionen nehme ich gerne dazu. Das war so ein nettes Angebot von Ihnen." Er räuspert sich wieder und trinkt einen Schluck Kaffee. „Da muss ich erst mit meinem Chef sprechen. Das kann ich nicht alleine entscheiden. Bitte entschuldigen Sie mich einen Moment." „Aber natürlich." Als die Tür ins Schloss gefallen ist, dreht sich Frederik zu mir. „Du bist ein ganz schönes Luder, weißt du das? Du machst ja den armen Herrn Kammermeier fix und fertig." „Ich bin ja echt mal gespannt, ob er auf das Angebot eingeht. Das wären 4000 weniger als normalerweise veranschlagt." „Und du bist dir wirklich sicher, dass du das pinke Auto willst?" „Ja. Ich bin mir sogar sehr sicher. Ich finde es toll." „Na dann drücke ich dir die Daumen, dass Herr Kammermeier sich von dir um den Finger wickeln lässt!" Einige Minuten später geht die Tür auf und Herr Kammermeier betritt den Raum in Begleitung eines untersetzten schwarzhaarigen Mannes. „Ah. Sie sind die glücklichen Käufer unseres Schmuckstückes", sagt er und reicht uns die Hand zur Begrüßung. „Heißt das …?", frage ich erstaunt. „Oh ja. Das heißt, Sie bekommen unser Baby für gerade mal 13.000 Euro, inklusive Winter- und Sommerbereifung und zwei gratis Inspektionen." „Wow", sage ich ganz von den Socken. Damit hätte ich jetzt nicht gerechnet. Aber wahrscheinlich sind die froh, wenn sie das Auto endlich los sind. Zumindest macht es den Eindruck. „Gut. Dann machen Sie mal die Papiere fertig, Herr Kammermeier. Ich wünsche Ihnen viel Spaß mit ihrem neuen Fahrzeug." Zum Abschied reicht er uns wieder die Hand und verschwindet durch die Tür nach draußen. Durch das Fenster erkenne ich, dass er einen kleinen Luftsprung macht. Ich grinse. Eine halbe Stunde später haben wir alles vertraglich festgehalten. Am Montag nach der Arbeit kann ich mein Auto holen. Am späten Nachmittag verlassen wir mit Frederiks Wagen das Gelände und fahren zum Einkaufen. Da wir tags zuvor schon geschlemmt haben, gibt es heute einfach nur Spaghetti Bolognese und Salat dazu. Zum Nachtisch kaufen wir ein fertiges Tiramisu aus dem Kühlregal. Zu mehr fehlt uns heute einfach die Zeit. Pünktlich auf die Minute klingelt es um 19 Uhr an meiner Wohnungstür. Isabella und Markus haben bereits Maria im Schlepptau. Überschwenglich begrüßen wir uns, als hätten wir uns Monate nicht gesehen. „Was gibt es denn Leckeres?", fragt Isabella in die Luft schnuppernd. „Spaghetti Bolognese à la Frederik e Emma." „Klingt vielversprechend", lacht Markus. Nachdem alle Platz genommen haben, verteile ich das Essen. Beim Nachtisch erzählt Frederik von unserem erfolgreichen Nachmittag, und alle lachen sich schräg. „Das ist nicht dein Ernst oder? Du hast dir einen pinkfarbenen BMW gekauft?", brüllt Maria vor Lachen. „Ja. Aber das Beste war, wie ich den Verkäufer um den Finger gewickelt habe und den Wagen um 4000 Euro runtergehandelt habe." Weil alle die Geschichte hören wollen, erzählt Frederik sie aus seiner Sicht. Wir lachen Tränen. „Hast du am Montag Zeit, ihn mit mir zu holen?", frage ich Isabella beim Gehen. „Na klar. Ich könnte dich direkt nach der Arbeit abholen. Dann fahren wir am Montag mit deinem neuen Auto zum Yoga." „Au ja." Keiner kann glaube ich, so recht verstehen, wie man sich über ein pinkes Auto freuen kann. Ich schon. Ich finde es von Moment zu Moment besser.

Am nächsten Morgen frühstücken Frederik und ich noch zusammen, und gegen Mittag macht er sich auf den Weg nach München, da er Nachtschicht hat. „Ich melde mich, wenn ich weiß, ob ich nächste Woche frei bekomme." „Mach das. Ich würde mich sehr freuen, wenn es klappt." Frederik zieht mich fest an sich, und ich werde leidenschaftlich geküsst. Alles kribbelt. „Fahr vorsichtig", sage ich atemlos, als ich mich von ihm löse. „Das mache ich doch immer, mein Engel." Ich bekomme noch einen Kuss auf meine Nasenspitze, bevor er sich zur Treppe wendet und seine Tasche lässig über die Schulter schwingt.

Kapitel 34

Isabella holt mich am Montag wie versprochen von der Arbeit ab. Gemeinsam fahren wir bei der Bank vorbei und holen die veranschlagten 13.000 Euro für mein „Barbie-Auto". Ich bin schon ganz aufgeregt. Isabella werden die Augen rausfallen, wenn sie es sieht. Kurzzeitig hatte ich doch noch Zweifel, ob die Farbe nicht zu gewagt ist, aber diesen Gedanken habe ich ziemlich schnell wieder verworfen. Ich liebe dieses Auto. Und für den Preis, hallo!? Da kann man es nur kaufen wollen. Auf dem Verkaufsgelände angekommen, steht mein Baby schon für mich bereit. Isabella klappt der Mund auf, und sie ist sprachlos. Dass ich das noch mal erlebe, dass meine Isabella sprachlos ist. Wahnsinn. „Du, du hast nicht zu viel versprochen", stottert sie. „Toll gell. Das Blumendekor werde ich allerdings entfernen, wenn es geht." „Ach wieso denn? Das ist doch das i-Tüpfelchen. Das kannst du doch nicht machen. Ich würde es so lassen, wie es ist." „Gut. Wenn du meinst." „Das war ein Witz! Ganz ehrlich Emma. Ich hätte dir nie so ein Auto zugetraut." Ich stutze. „Wieso nicht?" „Naja. Es ist so schrill. So ausgeflippt. So krass." „Willst du etwa damit sagen, dass ich nicht schrill, ausgeflippt und krass bin?" Isabella zieht die Augenbrauen hoch. „Ich enthalte mich meiner Meinung." „Ey, du kannst doch hier nicht solche Thesen aufstellen und dich dann deiner Meinung enthalten! Ich kann schrill und ausgeflippt und krass sein, wenn ich will." „Ja klar." Isabella lacht laut. „Aber es ist auch gar nicht schlimm, dass du diese Eigenschaften nicht deine eigenen nennen kannst. Ich liebe dich nämlich so, wie du bist und würde nichts an dir ändern wollen." „Das hast du schön gesagt." Dankbar umarme ich meine beste Freundin. „So. Jetzt aber auf. Wir müssen ein Auto kaufen." „Jawohl." Gemeinsam steigen wir aus und gehen auf den Container von Herrn Kammermeier zu. Dieser hat uns bereits erblickt, öffnet die Tür und kommt auf uns beide zu. „Einen wunderschönen guten Tag die Damen. Frau Koch, wie schön, Sie zu sehen." Ich reiche ihm die Hand und schenke ihm ein umwerfendes Lächeln. „Es ist alles vorbereitet. Kommen Sie doch kurz mit in mein Büro." Wir treten ein. Nachdem wir uns gesetzt haben, schenkt uns Herr Kammermeier Kaffee ein und schiebt einen Teller mit verschiedenen Cookies in unsere Mitte. Drei Unterschriften und einige Minuten später bin ich stolze Besitzerin eines einzigartigen Fahrzeuges. Wir verabschieden uns bei Herrn Kammermeier. Als wir nach draußen getreten sind, sehe ich durch das Containerfenster, wie Herr Kammermeier meinen Umschlag mit den 13.000 Euro glücklich an seine Brust drückt. Kichernd stupse ich Isabella in die Seite und deute auf die Szene. Auch Isabella grinst. „Diesen Mann hast du richtig glücklich gemacht." „Tja. Das ist meine Spezialität." „Wir treffen uns bei mir, ok?", ruft Isabella mir zu, als sie in ihren Mini einsteigt. Ich nicke und steige in mein neues Auto. Als ich mich in den Sportsitz gleiten lasse und die Fahrertür schließe, wird mir bewusst, dass das die erste Fahrt sein wird, die ich alleine mache. Mein Herz flattert kurz. Ein ungutes Gefühl macht sich in meiner Magengegend breit. „Oh Gott", sage ich laut zu mir selbst. Ich umklammere das Lenkrad so fest, dass meine Knöchel weiß hervortreten. „Es ist alles nicht so schlimm, Emma. Fahre einfach hinter Isabella her. Dir kann nichts passieren. Wieso sollte es jetzt anders sein, als wenn Frederik neben dir sitzt?", versuche ich mir gut zuzureden. Isabella fährt neben mich und lässt das Fenster herunter. Ich öffne meines ebenfalls. „Alles ok?" Ich nicke. „Gut." Sie strahlt. „Dann fahr mir einfach hinterher. Du schaffst das Süße." Ich nicke wieder und löse meine rechte Hand vom Lenkrad. Nachdem ich den Zündschlüssel umgedreht habe, ist das mulmige Gefühl beinahe verschwunden. Langsam lasse ich die Kupplung kommen und gebe Gas. Isabella ist schon fast vom Hof gefahren, und ich folge ihr. Nach ein paar Hundert Metern ist das blöde Gefühl ganz verschwunden, und ich kann die Fahrt genießen.

Am Donnerstagabend klingelt das Telefon. Leider liege ich in der Badewanne und habe überhaupt keine Lust, aufzustehen und ins Wohnzimmer zu laufen. Gespannt horche ich auf den Anrufbeantworter, der sogleich anspringen müsste. „Hey Honey", ertönt die Stimme von Frederik. Sofort springe ich aus der Badewanne und versuche mir im Rennen schnell den Bademantel überzuwerfen. Aber der bringt nicht sehr viel. Dicke Schaumklumpen rutschen von meinen Beinen und fallen auf den Boden. Egal. Ich spurtte ins Wohnzimmer und nehme das Telefon von der Ladestation. Im letzten Moment, Frederik verabschiedet sich schon, drücke ich auf den grünen Hörer. „Hallo", rufe ich atemlos. „Hi. Wo habe ich dich denn jetzt hergeholt?" „Ich war gerade in der Wanne." „Mh, das hört sich vielversprechend an." Damit ich nicht noch mehr Überschwemmungen verursache, laufe ich schnell wieder zurück ins Badezimmer. „Es macht dir doch nichts aus, wenn ich mich wieder in die Wanne lege, oder?" „Nein, um Gottes Willen. Ich möchte ja nicht, dass du erfrierst. Und die Vorstellung, du nackt in einer Wanne voller Schaum ... Ah, da laufen mir doch gleich wohlige Schauer über den Rücken." „Du Spinner." Ich muss lachen. „Was gibt es Neues?" „Ja, also ich habe mit meinem Chef gesprochen. Er hat Verständnis für die Situation und gibt mir ein paar Tage frei. Ich habe am Freitag noch Spätdienst und könnte direkt danach losfahren." „Bist du wahnsinnig?", schimpfe ich. „Was?" „Na also hör mal. Du kannst doch nicht nach einem Spätdienst noch von München nach Detmold fahren. Weißt du, wie weit das ist? Und wenn dir was passiert? Wenn du am Steuer einschläfst? Ich kann nicht noch einen Todesfall in der Familie gebrauchen!" „Oh, ich gehöre wohl schon zu deiner Familie?", flüstert Frederik neckend in mein Ohr. Er schafft es doch immer, mich aus dem Konzept zu bringen. „Was?" Frederik lacht. „In Ordnung. Damit du beruhigt schlafen kannst und ich nicht hinter dem Steuer einschlafe, fahre ich einfach Samstag früh los. Wobei ich schon anmerken möchte, dass Freitagnacht ganz sicher weniger Verkehr auf der Autobahn herrscht, als Samstag früh. Ich werde ewig brauchen." „Mach doch, was du willst." „Nicht sauer sein, Honey." „Bin ich nicht." „Ich will dich doch nur ein wenig necken." „Ich weiß", flüstere ich. „Auf jeden Fall freue ich mich wahnsinnig auf dich. Schön, dass du frei bekommen hast. Mir bedeutet es viel, dass du dabei bist!" Ich höre ihn durchs Telefon lächeln. „Ich weiß. Ich freue mich auch auf dich. So. Ich muss jetzt dann mal wieder an die Arbeit. Plansche noch schön und geh nicht unter." „Es kann rein gar nichts passieren, ich habe extra meine Schwimmflügel angezogen. Außerdem wird Fred, meine Badeente, mich bestimmt retten, falls ich in die falsche Richtung abtauchen sollte." Lautes Lachen. „Bis Samstag." „Ja." Lächelnd lege ich auf und schiebe das Telefon auf die Kloschlüssel.

Isabella führt mich am Freitag in die Latinodisco aus, in der wir schon einmal das Tanzbein geschwungen haben. Sie meint, es wäre eine gute Ablenkung von dem mir Bevorstehenden. „Sonst sitzt du wieder nur zu Hause rum und bläst Trübsal. Das kann ich unmöglich zulassen. Maria wollte ich eigentlich auch überreden, aber du kennst sie ja. Sie denkt, sie wäre zu alt. Egal. Irgendwann überzeuge ich sie schon noch", meint Isabella. Es ist wirklich ein schöner Abend. Und dieses Mal muss ich mir nicht erst Mut an-trinken, bevor ich mit Isabella die Tanzfläche stürme. Gegen drei Uhr morgens verlassen wir den Club und fahren mit dem Taxi nach Hause. Todmüde aber glücklich über den gelungenen Abend falle ich in mein Bett. Morgen habe ich viel zu tun, bevor Frederik kommt. Ich muss meine Wohnung auf Vordermann bringen, das Zimmer für die Kinder herrichten und für das Wochenende ein-kaufen gehen. Nach gerade mal fünf Stunden Schlaf, viel zu wenig, wenn man mich fragt, klingelt es an der Tür. Wer mag das sein? Ich werfe einen Blick auf die Uhr. Also Frederik kann es nicht sein. Der braucht mit dem Auto doch knapp sechs Stunden. Zum Glück habe ich heute so viel zu erledigen. Sonst würde ich mich jetzt nicht aus dem Bett quälen. Vom Kleiderhaken an der Tür ziehe ich den blauen Morgenmantel von Mama und werfe ihn mir über. Auf dem Weg zur Wohnungstür versuche ich, meine Sturmfrisur einigermaßen zu bändigen. Bringt eh nichts. Zum Glück habe ich mich wenigstens heute Nacht noch abgeschminkt.

Sonst würde ich jetzt aussehen wie ein Zombie. Ich öffne die Tür und blicke in einen leeren Flur. Komisch. Tja, dann halt nicht. Kann wohl nicht so wichtig gewesen sein, wenn der- oder diejenige nicht mal fünf Minuten warten kann. Als ich schon die Tür wieder schließen will, fällt mein Blick nach unten auf eine Blumenvase und einen mit blauem Papier verpackten Blumenstrauß. Ich hebe ihn hoch und nehme ihn mit hinein. Nachdem ich ihn auf der Küchenzeile abgestellt habe, öffne ich das Papier und blicke auf einen Strauß Lilien. Da muss doch irgendwo ein Zettel sein. Ah ja. Da ist ein Kärtchen. Ich öffne es neugierig. „Es tut mir leid", steht da in Schreibschrift. Die Schrift erkenne ich nicht. Komisch. Wer sollte mir Blumen schicken? Und dann auch noch Lilien. Die Lieblingsblumen meiner Mutter. Und dann dieser Zettel dazu. Plötzlich dämmert es mir. Erschrocken und zornig reiße ich die Augen auf. „Nein", rufe ich. Nein Emma. Das kann nicht sein. Niemals würde er … Und woher sollte er … Das ist Unfug, versuche ich mich zu beruhigen. Ich gehe jetzt ins Bad und dusche mich, und dann mache ich mich an die Arbeit. Es wird sich schon noch aufklären, von wem der Strauß ist. Er muss von jemand anderem sein. Er muss. Jedes Mal, wenn ich an die Blumen in der Küche denke, läuft mir ein kalter Schauer über den Rücken. Vielleicht sollte ich alle anrufen und nachfragen, von wem die Blumen sind? Jetzt mach dich doch nicht so verrückt, ermahne ich mich. Um das Ganze zu verdrängen, lege ich ein Hörbuch ein und stürze mich in die Arbeit. Ich wasche meine Wäsche. Wische Staub. Sauge. Wische. Beziehe die Betten. Putze das Bad. Gehe einkaufen und backe einen Kuchen. Und das alles in einer Rekordzeit von vier Stunden. Gegen halb eins fällt mir ein, dass ich noch nicht einmal etwas gegessen habe. Daher laufe ich zu Maria hinunter und frage sie, ob sie mit mir zum Chinesen geht. All-You-Can-Eat-Mittagstisch für gerade mal 9,90 Euro. Frederik schreibe ich eine kurze SMS. „Schlüssel liegt unterm Fußabstreifer. Bin mit deiner Mama kurz was essen. Freu mich auf dich. Kuss." Zwei Minuten später fiept mein Handy. „Alles klar. Brauch nicht mehr lange." Beim Essen erzähle ich Maria von dem Blumenstrauß, der heute Morgen vor meiner Wohnungstür

prangte. Aber leider hat sie auch keine Erklärung dafür. Meine
Vermutung lege ich ihr nicht dar. Ich bin mir sicher, dass ich ein-
fach mal wieder verrücktspiele. Nachdem wir uns den Bauch so
richtig vollgeschlagen haben, fahren wir nach Hause. Frederiks
Volvo parkt bereits am Straßenrand. Mein Baby parke ich direkt
dahinter. Der Anblick von Frederiks Auto verursacht tausend frei
gelassene Schmetterlinge in meinem Bauch. Maria lächelt mich
an. „Deine Augen blitzen und funkeln ja richtig – nur beim An-
blick seines Autos. Es macht mich so glücklich, dass ihr euch so
gern habt." „Kommst du noch mit hoch?" „Nein. Ich muss mich,
glaub ich, erst mal hinlegen. Ich befinde mich im Fresskoma. So
viel habe ich schon lange nicht mehr auf einmal gegessen. Ich
komme dann später auf ein Stück Kuchen vorbei." Frederik sitzt
mit einer Flasche Bier auf meinem Sofa. „Wow. So schlimm?",
frage ich an die Tür gelehnt. Frederik blickt auf. „Ja", sagt er
traurig. „Was ist denn los?" Schnell gehe ich zu ihm und setzte
mich aufs Sofa. „Du hast einen heimlichen Verehrer …" Kurz
stehe ich auf dem Schlauch. „Ach, du redest von den Blumen?"
Er nickt. „Ich habe keine Ahnung, von wem die sind, ehrlich",
versuche ich mich zu rechtfertigen. Frederik grinst. „Lass dich
doch nicht immer von mir ins Bockshorn jagen. Deswegen ist
es nicht. Mein Dienst gestern war irgendwie nicht so toll. Wir
hatten gegen Ende noch eine Reanimation. Und leider hat es der
kleine Junge nicht geschafft. Ist aus dem dritten Stock gefallen,
als er versucht hat, Peter Pan zu spielen. Seine Eltern haben schon
geschlafen. Keiner kann sich erklären, wie er es geschafft hat,
das Fenster alleine zu öffnen. „Wie alt war er denn?" „Fünf."
„Das ist schlimm." „Allerdings." „Naja, und dann war die Fahrt
auch noch so anstrengend, weil so viel Verkehr war. Da hab ich
das Bier in deinem Kühlschrank entdeckt und mir gedacht, dass
das jetzt genau das Richtige ist." „Aber weißt du, was noch viel
besser hilft?" Er schüttelt den Kopf. Also rücke ich näher an ihn
heran und küsse ihn zärtlich. Frederik seufzt. „Du hast recht.
Viel besser." Und zieht mich noch enger an sich heran. „Hast
du eigentlich Hunger?" Frederik schüttelt verneinend den Kopf.
„Ich war vorhin schnell bei Mc Donalds. Ich würde jetzt lieber

ein kleines Mittagsschläfchen mit dir machen. Ich bin ganz schön kaputt." Das hört sich prima an. Also kuscheln wir uns eng aneinander und dösen auf dem Sofa. Am späten Nachmittag trinken wir mit Maria, Isabella und Markus Kaffee und verspeisen meinen leckeren russischen Zupfkuchen. Abends spazieren Frederik und ich gemeinsam zum Friedhof, um meiner Mama die Lilien zu bringen. Egal, wer sie geschickt hat. Sie hat diese Blumen geliebt, also sollten sie ihr Grab schmücken. Auch ein Jahr später zieht sich noch alles in mir zusammen, wenn ich vor ihrem Grab stehe. Es ist so viel Zeit vergangen, und trotzdem habe ich das Gefühl, dass sie irgendwann an der Tür klingelt und ich ihr ausgelassenes Lachen noch einmal hören darf. Ich seufze, und Frederik legt sogleich seinen Arm um meine Schulter. Er sagt nichts, hält mich einfach nur fest. Nachdem ich die Lilien auf das Grab gestellt und den Grabstein von Schmutz gereinigt habe, machen wir uns wieder auf den Heimweg. „Ich kann es manchmal immer noch nicht glauben, dass sie nicht mehr wiederkommt", sage ich zu Frederik. „Ich verstehe, was du meinst. Als mein Vater gestorben ist, dachte ich auch, dass eine Welt für mich zusammenbricht. Dabei war er so krank, und es ging ihm seit Monaten schlecht. Es war eine Erlösung für ihn. Außerdem weiß ich, dass es ihm da, wo er jetzt ist, viel besser geht und er glücklich ist. Aber es war alles so endgültig. Es fiel mir verdammt schwer loszulassen." Plötzlich fröstle ich. Daher ziehe ich meine Jacke enger um mich und vergrabe meine Hände in den Taschen. Frederik bemerkt das und nimmt mich in die Arme. Sofort wird mir wärmer. Er ist ein Engel. Manchmal glaube ich, meine Mama hat ihn mir geschickt.

Kapitel 35

Mein Vater und seine Familie treffen pünktlich am nächsten Tag zum Mittagessen ein. Frederik und ich haben gemeinsam ein Gulasch gekocht. Dazu gibt es bayerische Semmelknödel. Frederik ist ein wahrer Meisterkoch. Das hat er wahrscheinlich von seiner Mutter geerbt. Ich hätte nicht gewusst, wie man Knödel macht. Woher auch, ich habe sie ja auch noch nie gegessen. Alle, mich eingeschlossen, sind begeistert von Frederiks Kochkünsten. Am Nachmittag spielen wir gemeinsam „Das Nilpferd in der Achterbahn", das die Kinder mitgebracht haben, da es ziemlich stark regnet und eine Unternehmung draußen keinen Spaß versprechen würde. Nach einer deftigen Brotzeit am Abend dürfen die Kinder „Die Schöne und das Biest" anschauen. Da ich diesen Film zuletzt in meiner Kindheit gesehen habe, verdonnere ich die ganze Familie zum Filmabend. Es ist eine willkommene Ablenkung. Aber immer wieder schweifen meine Gedanken ab. Immer wieder denke ich daran, wie glücklich ich mich heute vor einem Jahr gefühlt habe. Wie sie mich genau vor einem Jahr mit dem Urlaub überrascht hat. Wie wir ganz euphorisch unsere Sachen gepackt haben. Heute vor einem Jahr war noch alles in Ordnung. Beim Gedanken daran zieht sich in meiner Brust alles zusammen, und mein Herz krampft schmerzhaft. Frederik spürt wie immer meine Abwesenheit und zieht mich an sich. „Alles in Ordnung, Honey?", flüstert er mir ins Ohr. Ich nicke dankbar und versuche zu lächeln. Nach dem Film bringen Frederik und ich Laura und Tim ins Bett. Wir haben den beiden eine kleine Höhle gebaut. Maria hatte noch zwei Gästematratzen übrig, die haben wir in Mamas Schlafzimmer gelegt und einen Himmel aus Decken darüber gehängt. Die Kinder sind begeistert und kuscheln sich, nachdem ihre Stofftiere auch ihren Platz gefunden haben, gemeinsam in ihr Schlafgemach. Nach dem traditionellen

Gutenachtgebet und einem Küsschen für jeden löschen Frederik und ich das Licht. Auch mein Vater und Katharina ziehen sich nach einem kleinen Absacker zurück. Frederik und ich bereiten unsere Schlafstätte im Wohnzimmer vor.

In dieser Nacht schlafe ich trotz liebevoller Umarmung von Frederik sehr schlecht. Immer wieder träume ich von dem Unfall und der Zeit danach. Schweißgebadet schrecke ich mehrfach hoch. Gegen fünf Uhr stehe ich auf und gehe unter die Dusche, um die bösen Geister der Nacht zu vertreiben. Nachdem ich mich erst eiskalt abgeduscht habe, lasse ich nun heißes Wasser auf mich niederprasseln. Mit geschlossenen Augen versuche ich, die Träume wegzuwaschen. Aber immer wieder habe ich die Bilder vor Augen. Ein Schluchzen entfährt mir, und ich kann die Tränen nicht mehr zurückhalten. Plötzlich spüre ich eine Hand auf meinem Arm und öffne die Augen. Frederik steht mit fragendem und mitleidvollem Blick vor mir. Langsam zieht er sich aus und steigt zu mir in die Dusche. Liebevoll nimmt er mich in den Arm, und ich lasse meinen Gefühlen freien Lauf. Nach einigen Minuten hört das Zucken meiner Schultern auf. Frederik sagt nichts. Er steht einfach nur da und umarmt mich, während das Wasser unaufhaltsam auf uns niederprasselt. Ich weiß nicht, wie lange wir so dastehen. Irgendwann löse ich mich aus seiner Umarmung und schaue ihn dankbar an. Fragend blickt er mir ins Gesicht, als wolle er sagen: „Geht's wieder?" Ich nicke, und Frederik stellt das Wasser aus. Nachdem er aus der Wanne gestiegen ist, reicht er mir seine Hand und hilft mir heraus. Fürsorglich hüllt er mich in ein Handtuch und rubbelt mich trocken. Als er fertig ist, blickt er mir tief in die Augen. „Ich liebe dich Emma." Als ich das höre, muss ich gleich wieder weinen. „So schlimm?" Ich schüttle heftig mit dem Kopf. „Nein", presse ich hervor. „Das hat nur noch nie jemand zu mir gesagt." Ungläubig zieht Frederik die rechte Augenbraue hoch. „Ich liebe dich auch", sage ich und versuche dabei zu lächeln. Da ich an Schlaf in meiner momentanen Verfassung sowieso nicht denken kann, ziehe ich mich an und laufe zu Fuß zum Bäcker. Es ist bereits halb sieben, als ich dort ankomme. Der Duft von frischgebackenen Brötchen,

Teilchen und Brezeln erfüllt den Verkaufsraum. Wundersamer Weise herrscht hier um diese Uhrzeit Hochbetrieb. Ich reihe mich in die Schlange ein. So habe ich wenigstens genügend Zeit, mir in Ruhe zu überlegen, was ich gerne hätte. Ich finde, es gibt nichts Schlimmeres, als wenn man sofort drankommt und noch gar nicht so recht weiß, was man eigentlich möchte und die Verkäuferin einen so auffordernd und irgendwie drängend anschaut. Da fühle ich mich immer leicht unter Druck gesetzt. Zehn Minuten später verlasse ich die Bäckerei mit zwei großen Tüten voller verschiedenster Brötchen, Croissants und Brezeln. Isabella und Maria habe ich erst für acht Uhr zum Frühstück eingeladen. Also lasse ich mir Zeit beim nach Hause laufen. Gegen sieben betrete ich allerdings bereits die Wohnung. Hier herrscht Totenstille. Frederik hat sich bestimmt noch mal hingelegt, und die anderen schlafen mit Sicherheit auch noch. Also schleiche ich in die Küche, um keinen zu wecken und schließe die Tür hinter mir. Emsig fange ich an, den Tisch zu decken, Kaffee und Tee zu kochen. Frischen Orangensaft zu pressen und die Brötchen in einem Korb zu drapieren. Außerdem richte ich Wurst und Käse, Obst, Marmelade und Honig auf Tellern und in Schälchen an. Ich bin so in meine Arbeit vertieft, dass ich gar nicht bemerke, wie sich die Tür zum Wohnzimmer öffnet und die ganze Meute, angelockt vom Kaffee- und Brötchenduft in die Küche schleicht. „Wahnsinn", ruft Tim laut. „Schau mal Papa, das sieht ja viel toller aus als in dem Hotel, wo wir letztes Jahr waren." Erschrocken fahre ich herum. „Ihr seid ja schon wach", rufe ich. „Es ist ja auch schon gleich acht Uhr, und du hast gesagt, um punkt acht Uhr gibt es Frühstück", sagt Papa. In diesem Moment klingelt es an der Tür. „Ich mach das schon", sagt Frederik im Hinausgehen. „Leider bin ich noch nicht ganz fertig. Ich wollte noch schnell Eier kochen. Wie hättet ihr sie denn gerne? Gekocht, gerührt oder als Spiegelei?" Katharina lässt ihren Blick über das Frühstücksbuffet schweifen. Entgeistert äußert sie: „Ich glaube, wir brauchen gar keine Eier mehr oder? Es gibt doch schon mehr als genug. Du hast dir ja eine Mühe gegeben. Das ist unglaublich lieb von dir." „Ach", sage ich mit wegwerfender Geste. „Ich konnte nicht schlafen, und da war das eine willkommene Ablenkung. Setzt euch doch." Nachdem Frederik mit Maria und Isabella im Schlepptau die Küche wieder betreten hat, umarmen mich meine beiden Freundinnen liebevoll und nehmen dann ebenfalls an der Tafel Platz. Irgendwie herrscht eine gedrückte Stimmung am Tisch. Oder bilde ich mir das nur ein? Liegt es vielleicht nur an mir? Mein Herz ist heute so schwer, als wäre heute nicht der Jahrestag, sondern der Tag der Beerdigung. Ich blicke in die Runde. Jeder ist mit seinem Frühstück beschäftigt. Keiner sagt ein Wort. Ich räuspere mich. Alle blicken von ihren Tellern auf und schauen mich erwartungsvoll an. Laura lächelt mich mit ihrem Zahnlückenlächeln an und fragt: „Ja?" Das schmilzt ein bisschen den Eispanzer, der sich um meine Brust gelegt hat. „Magst du mir vielleicht die Nutella und ein Croissant geben?" „Na klar." Freudestrahlend reicht sie mir beides. Ab da ist die Stimmung aufgelockert. Frederik, der neben mir sitzt, drückt meine Hand und flüstert mir ins Ohr: „Ist alles in Ordnung? Geht es dir besser?" Ich nicke. Aber so wirklich besser geht es mir nicht. Ich versuche einfach, nicht an das Unausweichliche zu denken, auch wenn mir das ziemlich schwer fällt.

Wir haben ausgemacht, dass wir am frühen Nachmittag zum Grab von meiner Mutter fahren. Davor will ich mit Isabella und Maria bei Theresa, der Blumenhändlerin Isabellas Vertrauens, vorbeifahren. Isabella hat für mich letzte Woche ein schönes Blumenbouquet mit verschiedenen, pastellfarbenen Rosen und eines mit verschiedenfarbigen Lilien bestellt. Dort angekommen bewundern wir die Gestecke. Sie sind wirklich traumhaft schön geworden. So wie ich es mir vorgestellt habe. Vorsichtig laden Isabella und ich mit Hilfe von Theresa die Gestecke in den Kofferraum von meinem BMW. Mit Papa und den anderen haben wir abgesprochen, dass wir uns um zwei am Friedhof treffen. Nachdem wir die Blumen im Auto verstaut und Theresa bezahlt haben, setze ich mich hinters Lenkrad. Isabella nimmt neben mir Platz, und Maria setzt sich hinter mich. Während der Fahrt ist es sehr still. Keiner sagt ein Wort. Ein seltener Fall bei uns dreien. Ein paar Minuten später fahre ich schweren Herzens auf den Parkplatz des Friedhofs. Frederik, mein Papa, Katharina und die Kinder sind bereits da und warten auf uns. Plötzlich überrollen mich wieder die Erinnerungen an den Unfall und die Beerdigung, und ich klammere mich ans Lenkrad. Heiße Tränen bahnen sich ihren Weg und quellen langsam über. Isabella legt sanft ihre Hand auf meine Schulter, um mich zu trösten. Aber ihre Geste führt nur dazu, dass alle Dämme brechen und ich zu schluchzen beginne. Maria und Isabella blicken sich hilfesuchend an. Sie sagen aber weiterhin nichts. Auch Maria hat nun ihre Hand von hinten auf meine andere Schulter gelegt. Plötzlich öffnet jemand die Fahrertür. Ich blicke durch meinen Tränenschleier und erkenne, dass Frederik vor mir steht. Seine Augen wirken traurig und gleichzeitig mitfühlend. Vorsichtig zieht er mich aus dem Auto und nimmt mich in den Arm. „Wir schaffen das, mein Schatz!", flüstert er mir ins Ohr. Seine Nähe beruhigt mich, und ich höre auf zu schluchzen. Auch meine Familie hat sich jetzt um mich herum versammelt. Die Kinder schauen betreten. Sie wissen bestimmt nicht, was sie damit anfangen sollen. Wie auch, sie haben ja meine Mama gar nicht gekannt. Immer noch sagt keiner ein Wort. Sie sind alle nur da für mich und das ist genau das, was ich im Moment brauche. Einige Minuten verstreichen, bis meine Tränen vollends versiegt sind. „Geht's wieder?", fragt Frederik und wischt mit seinem Daumen die letzten Tränenspuren von meinem Gesicht, um mich dann auf meine Stirn zu küssen. Schniefend nicke ich. Maria und Isabella holen die Blumen aus meinem Auto, und wir machen uns auf den Weg zu Mamas Grab. Zum Glück hat der Regen heute Morgen aufgehört. Langsam lichtet sich auch der Wolkenschleier. Mit auf den Boden geheftetem Blick folge ich meiner Familie und meinen Freunden. Frederik hat den Arm um mich gelegt. Es tut so gut, seine Nähe zu spüren. Als wir beim Grab ankommen, ruft Tim plötzlich laut „Boah. Schaut euch das mal an." Erschrocken blicke ich auf, weil ich das Schlimmste vermute. Dass jemand das Grab geschändet hat oder so was. Aber das Gegenteil ist der Fall. Vor uns erstreckt sich ein Blumenmeer. Das Grab meiner Mutter wurde über und über mit hunderten Rosen,

Lilien, Nelken, Callas und vielen anderen Blumen geschmückt. Ich falle fast in Ohnmacht, als ich das sehe. Wer war das? Völlig entgeistert schauen mich die anderen an. „Ich habe nichts damit zu tun." Abwehrend hebe ich die Hände und starre mit offenem Mund auf das Grab. Nach einer Schreckenssekunde wende ich mich fragend in die Runde. „Aber wer sollte so viele Blumen auf das Grab stellen? Oder habt ihr das getan?" Alle schütteln den Kopf. „Ich meine, ihre Arbeitskollegen würden doch wenn, dann einen Strauß hinstellen, oder? Aber ob die überhaupt heute hierherkommen? Ich glaube nicht. Mir fällt niemand ein, der das gewesen sein könnte", meint Isabella. Keiner hat eine Idee, von wem die Blumen stammen. Also müssen wir das Ganze erst einmal so hinnehmen. Der Blumenspender hat sich in jedem Fall wahnsinnig viel Mühe gegeben. Isabella und ich versuchen, noch einen Platz für unsere Blumen zu finden, was ziemlich schwierig ist, aber nichts ist unmöglich. Danach stelle ich mich vor das Grab und entfalte einen Zettel, den ich aus meinem Mantel ziehe. „Ich habe ein paar Zeilen geschrieben." Alle stellen sich um das Grab auf und falten die Hände in Gebetshaltung. Mit gesenktem Kopf lauschen sie meiner Stimme.

Liebe Mama, heute ist es schon wieder ein Jahr her, dass wir uns auf den Weg an die Nordsee gemacht haben. In unseren wohlverdienten Urlaub. Wir waren so voller Euphorie, weißt du noch? Und wie wir lauthals im Auto gesungen und uns jedes Mal schräg gelacht haben, wenn uns die anderen Menschen schief anschauten. Ach Mama, ich vermisse dich so wahnsinnig. Ich weiß manchmal wirklich nicht, wie ich ohne dich weiterleben kann. Ich vermisse deine liebliche Stimme, deinen Gesang. Wie du mich in den Arm genommen hast. Deine lustige Art. Ich vermisse, wie die ganze Wohnung geduftet hat, wenn du für mich meine Lieblingscookies gebacken hast. Ich vermisse deine tröstenden Worte, wenn es mir schlecht ging. Ich vermisse unsere DVD-Nachmittage an verregneten Tagen, an denen wir eine alte Kamelle nach der anderen angeschaut und dazu selbst gemachtes Popcorn genascht haben. Ich vermisse unsere jährliche

Currywursttradition. Ich vermisse deinen Duft, dein fröhliches Lachen. Ich vermisse einfach alles. Du hast gesagt, dass es dir dort, wo du jetzt bist, gut geht und dass deine Zeit abgelaufen war, das möchte ich auch so gern glauben, aber es fällt mir so unglaublich schwer loszulassen. Mama, ich möchte mich bei dir bedanken, dass du mir so viele tolle Menschen geschickt hast, die mir jeden Tag helfen, wieder aufzustehen und fröhlich zu sein, mein Leben weiterzuleben und nicht immerzu an den schrecklichen Unfall zu denken. Ich bin mir sicher, dass du sie mir geschickt hast und ich bin dir so dankbar. Schade, dass sie dich nicht kennenlernen können. Und schau, Papa ist auch mit seiner Familie da. Wir verstehen uns wieder richtig gut. Ist das nicht toll?" Ich deute in Papas Richtung und erkenne, dass er sichtlich gerührt ist. „So, was soll ich noch sagen? Ich liebe dich Mama, und ich werde dich immer lieben, und ich werde dich nie vergessen. Du warst und bist mein Engel, meine Heldin, mein Ein und Alles. Danke, dass ich so eine tolle Zeit mit dir hatte. Ich habe jede Sekunde mit dir genossen."

Ich öffne das Medaillon, das ich während meiner Ansprache in meinen Händen gehalten habe und küsse das Bild von meiner Mama. Danach schaufle ich das Weihwasserbecken von den Blumen frei und weihe das Grab. Daraufhin trete ich zurück. Aus dem Augenwinkel kann ich erkennen, dass mein Papa Tränen in den Augen hat. Ich gehe zu ihm, und wir nehmen uns in den Arm. Nach und nach tritt einer nach dem anderen an das Grab und weiht dieses. Wir bleiben noch ein paar Minuten schweigend stehen. Frederik umarmt mich von hinten und hält mich fest. Aber es geht mir schon viel besser. Als wir uns zum Gehen wenden, schreitet plötzlich ein Mann mittleren Alters, in Begleitung einer Frau, auf uns zu. Fragend schaue ich die anderen an. Vielleicht kennt irgendwer die beiden. Aber ich schaue in ebenfalls fragende Gesichter. Der Mann läuft zielstrebig auf mich zu und bleibt vor mir stehen. Mit trauriger Miene reicht er mir die Hand. Ich bin verwirrt. Wer ist das? Das werde ich wohl gleich erfahren. Er öffnet die Lippen und räuspert sich kurz. „Hallo Frau Koch."

„Hallo", bringe ich mit fragendem Unterton heraus. „Ich heiße Timo Knauer, ich hatte Ihnen vor einem halben Jahr mal einen Brief geschrieben. Haben Sie den bekommen?" Ich fühle mich, als würde mir ein Profiboxer einen Schlag ins Gesicht verpassen. Knock-out in der ersten Runde. Meine Knie werden weich, und meine Beine drohen wegzuknicken. Die Welt um mich herum beginnt sich zu drehen. *Also doch*, schießt es mir durch den Kopf. Die Lilien, die Blumen auf dem Grab, das war er. Ich bin also nicht paranoid. Oh mein Gott. Isabella und Maria sind sofort an meiner Seite und halten mich fest, damit ich nicht umfalle. Mein Vater stellt sich ebenfalls in die Reihe und schaut den Mann, der wie ein Häufchen Elend vor uns steht, wütend an. Frederik steht hinter mir bereit, falls ich umfalle. Herr Knauer senkt den Blick und schaut zunächst betreten auf seine Hände und dann hilfesuchend zu der Frau. Wer sie wohl sein mag? Die Frau nickt ihm aufmunternd zu. Herr Knauer holt tief Luft und wendet sich wieder an mich. Erst jetzt bemerke ich, dass ich die Luft angehalten habe, und atme hörbar aus. Es fällt ihm sichtlich schwer, mit mir zu sprechen. Recht so. Dieses Arschloch. Was bildet er sich eigentlich ein, hier aufzutauchen? Noch dazu am Jahrestag. Das geht einfach gar nicht. Ich habe überhaupt keine Lust, ihn anzuhören. Muss ich das überhaupt? Die Wut brodelt in meinem Bauch. Mein Gesicht glüht. Ich finde wieder meinen festen Stand und balle die Fäuste. Um meine Wut etwas zu kompensieren, atme ich tief ein und aus. Endlich kann er sich überwinden, und stotternd bringt er hervor: „Frau Kkkoch, es tttut mir sooo leid." Ich erkenne, dass seine Hände zittern. Wieder wendet er sich zu der Frau um und blickt sie flehend an. „Sie schaffen das", sagt sie ermutigend. Er nickt und dreht sich wieder zu mir. Erneut atmet er tief ein und aus und fährt dann mit etwas festerer Stimme fort: „Frau Koch. Es tut mir wirklich aus tiefstem Herzen leid, was geschehen ist. Ich kann seitdem nicht mehr schlafen. Ich denke jede Sekunde an den Unfall und verstehe einfach nicht, wieso nicht ich sterben konnte. Ich finde es schrecklich, dass ich Ihre Mutter umgebracht habe. Ich war immer so ein korrekter Mensch. Ich hab mich immer an die Regeln gehalten. Ich kann nicht verstehen, welche Teufel mich geritten haben, dass ich sowas gemacht habe. Aber es gibt keine Entschuldigung für das, was ich getan, was ich angerichtet habe. Ich habe Ihr Leben zerstört. Ich weiß, ich werde das nie wiedergutmachen können." Tränen treten in seine Augen, und die Schultern hängen schwer. Den Blick hat er nun wieder auf seine Hände gerichtet und knetet nervös seine Finger. Er ist ein Häufchen Elend, ein gebrochener Mann, der alles verloren hat. Seine Frau, seinen Job, sein Haus, seine Selbstachtung, seine Freiheit. Das kann einem ja schon fast leid tun. Nein! Dieser Mann hat es verdient zu leiden! Er hat mein Leben zerstört. Hat mir meine Mutter genommen. Er hat einen großen Fehler gemacht! Sowas kann man doch nicht verzeihen! Sowas kann man nicht dulden. Aber wer entscheidet, was man verdient hat und was nicht? Kann ich darüber entscheiden? Da fährt er fort und reißt mich aus meinem Gedankenstrudel. „Ich habe während meines Gefängnisaufenthaltes so oft über Selbstmord nachgedacht, aber das wäre zu einfach, und ich habe es verdient, mit dieser unglaublichen Schuld zu leben. Seit zwei Monaten befinde ich mich in einer psychiatrischen Klinik. Ich hoffe, dass ich meine Albträume und Schuldgefühle irgendwann loswerde. Meine Therapeutin sagt, dass es wichtig ist, Sie um Verzeihung zu bitten. Auf meinen Brief haben Sie nicht geantwortet, das habe ich auch nicht erwartet. Ich weiß nicht, wie ich reagiert hätte, wenn ich in Ihrer Situation wäre. Ich wäre wahrscheinlich wütend und voller Hass. Ich habe gedacht, wenn ich Ihnen ehrlich sage, wie es zu dieser Kurzschlussreaktion und zu dem Unfall kam, könnten Sie mich vielleicht annähernd verstehen. Ach nein. Verstehen ist das falsche Wort. Ich weiß auch nicht. Es ist natürlich durch nichts zu entschuldigen. Ich versuche jeden Tag und jede Nacht, den Grund zu finden, wieso alles so gekommen ist. Bitte Frau Koch. Bitte, bitte verzeihen Sie mir. Ich brauche Ihren Frieden, sonst werde ich niemals zur Ruhe kommen können. Ich wollte Ihnen das nicht antun, bitte glauben Sie mir das." Seine Stimme wird lauter, und er weint jetzt heftiger. Die Frau, ich nehme an sie ist seine Psychologin, tritt nun an seine Seite und legt ihre Hand auf seine Schulter, um ihn zu beruhigen und ihm Mut zu machen.

Ein Kloß macht sich in meinem Hals breit. Ich bin schockiert. Dieser Mann tut mir wirklich leid. Was muss er für Qualen durchleben? Er ist ein gebrochener Mann und ist ganz alleine. Aber er hat meine Mutter umgebracht, er hat es verdient! Mein Kopf lässt Schimpftiraden ab, mein Bauch zeigt Mitgefühl gegenüber diesem Menschen. Wem kann ich nun glauben? Plötzlich habe ich die Stimme meiner Mutter in meinem Kopf. „Mein Schatz, sei nicht so hart zu ihm. Er hat seine Strafe bekommen. Verzeihe ihm, er ist ein guter Mensch, wenn du ihn erst richtig kennenlernen würdest." Aber wie kann ich ihm verzeihen? Ich bin so wütend. Ich hasse diesen Mann. Wäre er in seinem Rausch nicht ins Auto gestiegen, sondern hätte sich ein Taxi gerufen, würde meine Mutter noch leben. Davon bin ich überzeugt. „Nein. Schatz, es war Zeit für mich zu gehen, das habe ich dir doch schon gesagt." Da flammt plötzlich eine Erinnerung vor meinem inneren Auge auf. Leonard und ich waren einmal nach der Physiostunde einen Kaffee trinken, da hat Leonard was Interessantes gesagt. „Emma, nur der, der verzeihen kann, wird ein freier Mensch sein. Solange du mit negativen Gefühlen in dir durch die Welt läufst, wird es dir nie wirklich gut gehen. Auch wenn du denkst, manchen Menschen kann man und sollte man nicht verzeihen. Glaube mir, man kann und man sollte. Du wirst dich so viel leichter fühlen, wenn du die Größe besitzt zu vergeben. Versuche es." Ich habe ihm natürlich nicht geglaubt. Aber was, wenn er recht hat. Soll ich ihm verzeihen? „Höre auf dein Bauchgefühl", sagt da die Stimme meiner Mama. Ich blicke auf. Alle schauen mich erwartungsvoll an. Das wütende Gesicht von meinem Vater hat sich wieder geglättet. Er wirkt eher mitfühlend auf mich. Mitfühlend für mich oder für ihn, das ist die Frage. Ich schließe die Augen und versuche mich zu konzentrieren. „Soll ich ihm verzeihen?", frage ich meinen Bauch. Ein wohlig warmes Gefühl macht sich in meiner Bauchgegend breit. Vor meinem inneren Auge tanzen bunte Lichter. „Ja", sagt meine innere Stimme. Mein Kopf, oder mein Ego, wie man es nennen will, unternimmt noch einmal einen Versuch dagegen zu steuern, aber ich lasse es nicht zu Wort kommen. Ich öffne die Augen und blicke Herrn

Knauer fest an. Nachdem ich noch mal tief Luft geholt habe, um meine Stimme zu festigen, sage ich: „Das, was Sie getan haben, ist unverzeihlich. Sie hätten diesen Fehler nie machen dürfen. Sie haben sich und andere ins Unglück gestürzt. Sie haben mir meine Mutter genommen, die alles für mich bedeutet hat. Wenn Sie wüssten, wie schlecht es mir ging. Wie sehr mich das verletzt hat." „Ich weiß." Er schluchzt. „Ich bin noch nicht fertig." Er nickt eingeschüchtert. „Und doch bin ich bereit, Ihnen zu verzeihen." „Was?" Erstaunt blickt er auf und schaut mich entgeistert an. „Ich vergebe Ihnen. Sie haben genug gelitten. Und diese Last tut uns beiden nicht gut. Ihnen die Schuld nicht und mir der Hass nicht." Isabella klappt der Mund runter und Maria ruft perplex: „Na das habe ich jetzt überhaupt nicht erwartet." „Oh mein Gott. Ich danke Ihnen, ich danke Ihnen. Können Sie das glauben, Frau Niedermeyer?" Überwältigt von seinen Gefühlen schlägt Herr Knauer die Hände vor den Mund. Seine Augen leuchten, und er sieht erleichtert aus. Plötzlich tritt er auf mich zu und versucht mich überschwänglich zu umarmen. „Das geht definitiv zu weit!", rufe ich entsetzt und drücke ihn von mir. „Bei aller Liebe, aber soweit bin ich dann doch noch nicht." Betreten sieht er zu Boden und räuspert sich. Eine imaginäre Falte glattstreichend sagt er: „Das tut mir sehr leid. Da sind wohl die Pferde mit mir durchgegangen. Aber ich wurde von so einem Glücksgefühl überschwemmt, dass ich mich nicht mehr unter Kontrolle hatte. Entschuldigen Sie bitte." Ich nicke. „Das kommt selbstverständlich nicht mehr vor", beteuert er noch einmal. „Ich hoffe, Sie können jetzt ihr Leben neu ordnen und von vorne anfangen", sage ich und reiche ihm meine Hand zum Abschied. „Ich wünsche Ihnen alles Gute." Isabella steht immer noch mit ungläubiger Miene und geöffnetem Mund neben mir und schaut von Herrn Knauer zu mir und wieder zurück. Katharina hat ein Lächeln im Gesicht. Die Kinder verstecken sich hinter meinem Vater, der erleichtert wirkt. Maria sieht sichtlich zufrieden aus. Frederik steht immer noch hinter mir, sodass ich seine Reaktion nicht aus seinem Gesicht ablesen kann. „Lasst uns gehen", sage ich zu meinen Lieben und mache mich auf den Weg zum Parkplatz. Die anderen setzen sich ebenfalls in Bewegung. Ich fühle mich, als wäre ein großer Stein von meinen Schultern gefallen. Leonard hatte recht, es fühlt sich sehr befreiend an zu vergeben. Ich fühle mich ganz leicht und irgendwie glücklich. „Danke", flüstere ich zu meiner Mama. Auch Herr Knauer wirkt auf mich nicht mehr so gebrochen wie zu Anfang. Als wäre auch von seinen Schultern eine große Last abgefallen. Ich denke, jetzt können wir beide unseren Weg weiter gehen. Das ist gut. Frederik zieht mich fest an sich, als wir an meinem Auto ankommen. „Ich bin so stolz auf dich, mein Herz. Das war so stark und mutig von dir. Nicht jeder hätte diese Stärke bewiesen." Ich muss lächeln. „Ohne euch und ohne meine Mutter hätte ich das wahrscheinlich auch nicht. Aber ich fühle mich jetzt besser. Das hätte ich nie gedacht." „Das ist schön." Zärtlich legt er seine Lippen auf meine und küsst mich lang und intensiv. Mir wird ganz schwindlig, und alles kribbelt in mir. In dem Moment lichtet sich der Wolkenhimmel, und die Sonne kämpft sich ihren Weg hindurch. Warme Sonnenstrahlen streicheln meine Haut. „Wollen wir nach Hause fahren?", frage ich in die Runde. Alle nicken zustimmend, und wir verteilen uns auf die Autos. Zuhause angekommen kocht Katharina Kaffee und Tee und Maria holt mit Hilfe von Frederik den von ihr gebackenen Schokoladenkuchen von unten. Wir legen Mamas Lieblings-CD auf und schwelgen in Erinnerungen. Zumindest mein Papa und ich. Wir erzählen von Mama. Die anderen lauschen. Nach dem Kaffee mache ich Popcorn, und wir schauen gemeinsam den Zauberer von Oz. Den Abend lassen wir mit selbstgemachter Currywurst mit Pommes ausklingen. Gegen Mitternacht fallen wir alle todmüde ins Bett. Ich schlafe sofort ein, und diese Nacht quälen mich keine Albträume, im Gegenteil, ich schlafe wie ein Baby.

Kapitel 36

Mit einer heißen Schokolade in der Hand stehe ich am Rand der Schlittschuhbahn und warte auf Frederik. Er wollte uns schnell Schlittschuhe ausleihen. Vor einer halben Stunde verdunkelte sich der Himmel, und es fing an zu schneien. Die Lichter im Central Park sind hell erleuchtet. Im Hintergrund werden Weihnachtslieder gespielt. Einige Kinder hüpfen vergnügt hinter den Schneeflocken her und versuchen, sie mit ihren kleinen Mündern zu fangen. Alle Menschen um mich herum sehen glücklich aus. Auch ich freue mich jedes Mal wie ein kleines Kind über den ersten Schnee. Es ist wunderbar. Die letzten Wochen verliefen recht unspektakulär. Nach dem Todestag meiner Mutter blieben mein Vater, Katharina und die Kinder noch die restliche Woche zu Besuch. Leider hatte ich nur ein paar Tage frei. Dafür wurde ich jeden Abend mit einem leckeren Essen überrascht. Da hätte man sich dran gewöhnen können. Es hat mich dieses Mal sehr traurig gemacht, als es für sie Zeit wurde, wieder nach Hause zu fahren. Schade, dass meine Familie so weit weg wohnen muss. Dafür habe ich versprochen, dieses Jahr über Weihnachten und Silvester nach Mannheim zu kommen. Maria und Frederik wurden von Katharina ebenfalls eingeladen. Isabella und Markus fliegen über die Feiertage nach Mauritius, verspätete Hochzeitsreise hat sie gemeint und gelacht. Gedankenverloren rühre ich in meiner Schokolade und nippe vorsichtig daran. Sie schmeckt einfach himmlisch. Vor ungefähr zwei Wochen hat mir der Postbote an einem Samstagmorgen ein kleines Päckchen gebracht. Verwundert nahm ich es entgegen und hatte keinen blassen Schimmer, wer mir ein Päckchen schicken sollte. Aber als ich den Absender sah, konnte ich nicht anders, als alles andere stehen und liegen zu lassen und das Päckchen aufzureißen. Im Inneren fand ich mehrere Karten von New York und Santa Claus. Außerdem lag eine selbst gebastelte Freiheitsstatue obenauf. Nachdem ich die Karten begutachtet hatte, stieß ich auf einen roten Briefumschlag. Mit vor Aufregung zitternden Händen öffnete ich den Umschlag und entnahm ihm einen ebenfalls auf rotem Papier geschriebenen Brief.

„Meine liebste Emma,

seit deinem Geburtstag weiß ich, dass es schon immer dein größter Wunsch war, in der Weihnachtszeit nach New York zu fliegen. Da du ja eine kleine Finanzspritze zum Geburtstag bekommen hast, möchte ich dir gerne den Rest dazugeben und mit dir gemeinsam diese Reise machen. Ich hoffe, du sagst ja, wobei, es gibt gar keine Widerrede, du musst einfach mit mir fliegen. Denn ich wünsche mir von ganzem Herzen, mit dir diesen Traum zu erfüllen. Noch nie in meinem Leben war mir eine Frau so wichtig, wie du es bist. Noch nie in meinem Leben habe ich mich bei einer Frau so sicher und geliebt gefühlt wie bei dir. Ich vermisse dich schrecklich und freue mich, wenn wir zwei Wochen nur für uns haben. Was sagst du dazu? Am 2. Dezember geht es los. Der Flug startet von Frankfurt aus. Ich würde am Tag zuvor zu dir kommen, und wir fahren dann gemeinsam zum Flughafen. Ich hoffe, du hast gute Nachrichten für mich. Melde dich.

Bis bald Frederik

Überwältigt und mit Tränen in den Augen saß ich auf meinem Sofa und konnte es kaum fassen. Wir fliegen nach New York, wir fliegen nach New York, **wir** fliegen nach New York! Außer mir sprang ich vom Sofa und tänzelte durch die Wohnung, dabei sang ich lauthals „Wir fliegen nach New York, wir fliegen nach New York". Ich muss Maria und Isabella anrufen, sofort. Flink wie ein Wiesel flitzte ich zum Telefon und wählte eine Nummer nach der anderen und lud beide zur sofortigen Kaffeesitzung ein. Eine halbe Stunde später saßen wir im Wohnzimmer mit unseren Kaffeetassen in der Hand, und meine Freundinnen schauten mich erwartungsvoll an. „Ihr werdet es nicht glauben, was heute passiert ist!" Isabella macht noch größere Augen. Maria drängt: „Jetzt sag schon, ich platze noch vor Neugier, du weißt ich bin alt, achte auf meine Gesundheit Kindchen." „Alt. Du spinnst wohl. In der Blüte deines Lebens bist du!" Maria und Isabella prusteten los. „Also gut", gab ich den kichernden Tanten Einhalt und zog die Kiste hervor und überreichte sie ihnen. „Was ist das?", fragte Isabella. „Ein Päckchen von Frederik." Nachdem die beiden das Päckchen durchforstet und den Brief gelesen hatten entfuhr es beiden gleichzeitig „Wow." „Ja, nicht? Ist es nicht fantastisch? Am liebsten würde ich sofort meine Sachen packen. Ich bin so aufgeregt seitdem. Es fühlt sich an, als hätte sich eine Ameisenfamilie ihren Weg durch meinen Körper gebahnt."

Ich blicke zu der Schlange an der Schlittschuhausgabe und entdecke Frederik, der soeben an der Reihe ist. Meine Schokolade habe ich ausgetrunken und mache mich auf die Suche nach einem Mülleimer.

Die zwei Wochen bis zum Abflugdatum vergingen wie im Flug. Als Frederik am 1. Dezember ankam, fiel ich ihm um den Hals und küsste ihn so leidenschaftlich und dankbar für alles, was er für mich bisher getan hatte, dass wir es nicht einmal bis ins Schlafzimmer schafften. Am Abend gingen wir mit unseren Freunden zu Antonio, um unsere Reise zu feiern. Gegen vier Uhr morgens machten wir uns auf den Weg nach Frankfurt am Main. Der Flug zog sich ewig, aber ich nahm eine Schlaftablette, die mir Frederik anbot, und habe einen Großteil des Fluges an Frederiks Schulter gelehnt verschlafen. Ich muss sagen, die ganze Schlaferei hatte auch ihr Gutes, ich hatte keinen Jetlag. Die letzten Tage haben wir uns einiges in New York angesehen, und gestern waren wir dann auf der Freiheitsstatue. Echt beeindruckend.

Nachdem ich meinen Plastikbecher entsorgt habe, laufe ich zurück zu unserem Treffpunkt. Frederik steht schon da und hält nach mir Ausschau. Als er mich sieht, erkenne ich deutliche Erleichterung in seinem Gesicht. „Da bist du ja", sagt er und lächelt, als er mir die Schlittschuhe hinhält. „Dachte schon, du bist mit einem reichen New Yorker durchgebrannt." Neckend stippt er mir in die Seite und küsst mich dann zärtlich auf die Stirn. „Wie könnte ich", antworte ich nur und ziehe ihn an mich, um ihn richtig zu küssen. Frederik hilft mir beim Schnüren der Schlittschuhe, damit ich richtigen Halt habe. Danach zieht er seine über, und wir hangeln uns vor zur Eisfläche. Ich setze einen Fuß auf das Eis und rutsche sofort weg. Na, das wird ein Spaß. Das letzte Mal, dass ich auf Schlittschuhen stand, ist sicher zwanzig Jahre her. Aber nach ein paar unsicheren Wegrutschern klappt es schon ganz gut. Frederik fährt natürlich wieder super. Was kann dieser Mann eigentlich nicht gut? Er legt von hinten seine Hände an meine Hüfte und fährt mit mir, bis ich mir meiner Sache wieder ganz sicher bin. Als Kind konnte ich sogar eine Pirouette drehen und auf einem Bein fahren. Ob ich es riskieren sollte? Vielleicht fahre ich erst einmal ein paar Runden, bis ich wieder ganz sicher bin. Außerdem gefällt es mir, in den Armen von Frederik zu fahren. Er ist so stark und gibt mir Halt. Welche Frau würde das nicht mögen? Hm. Es ist himmlisch. Die ganze Atmosphäre. Der Schnee, die Lichter, die Musik, das Kindergelächter, die Liebespaare, die Eisbahn, im Hintergrund der Central Park und mittendrin Frederik und ich. Ich bleibe stehen und drehe mich zu ihm um, um ihm die Arme um den Hals zu legen und ihn zu küssen. Der Kuss wird so intensiv, dass ich das Gefühl habe, vom Boden abzuheben. Alles um mich herum verschwindet, und es gibt nur noch Frederik und mich. Noch nie habe ich einen Mann so sehr geliebt wie ihn. Nach einer gefühlten Ewigkeit löst er sich von mir und zieht mich zum Rand der Eisbahn. Erwartungsvoll blicke ich ihn an. Er räuspert sich und nimmt meine Hände in seine. Was jetzt wohl kommt? „Emma. Ich liebe dich von ganzem Herzen, und glaube mir, du bist die erste Frau, zu der ich das sage. Noch nie habe ich so etwas für jemanden empfunden, was ich für dich empfinde. Wenn wir uns küssen, habe ich das Gefühl, mein Körper explodiert gleich, wenn du nicht bei mir bist, fehlt etwas in meinem Leben. Du bist ein Teil von mir, nur mit dir kann ich glücklich sein. Ich möchte dich nie wieder missen. Ich bin so unendlich dankbar, dass wir uns kennengelernt haben. Du bringst mich zum Lachen, du tröstest mich, wenn ich traurig bin, ich fühle mich geborgen und geliebt. Ich fühle mich vollkommen, wenn ich bei dir bin. Da ich das Gefühl habe, dass wir füreinander bestimmt sind und ich es satt habe, dass wir uns so selten sehen, werde ich demnächst an das Klinikum in Detmold wechseln. Ich hoffe, dass wir uns noch besser kennenlernen und viel Zeit zusammen verbringen können. Mit meinem Chef in München ist schon alles besprochen. Im Januar kann ich in Detmold anfangen. Wie findest du das?" Mir wird leicht schwummerig. Noch nie, wirklich noch nie hat mir jemand so eine Liebeserklärung gemacht. Ich habe Tränen in den Augen und kann es nicht fassen. Er will alles in München aufgeben. Für mich! Ich bin so überglücklich. Fassungslos, dass mir so etwas passiert, starre ich ihn an. Sag was Emma, du musst was darauf erwidern. Steh doch nicht so dumm da. Schimpft meine innere Stimme. „Ich …", meine Stimme bricht weg. Schnell räuspere ich mich und setze erneut an. „Ich, ich weiß nicht, was sich sagen soll. Ich liebe dich. Ohne dich und meine Freundinnen hätte ich die letzten Monate nicht so gut überstanden. Du hast mir Kraft gegeben. Mir Mut geschenkt. Mich in den Arm genommen, wenn ich wieder total am Boden war. Dass du zu mir nach Detmold ziehst, ist das größte Geschenk, dass du du mir je machen konntest!" Sichtlich erleichtert, zieht er mich an sich. „Und ich dachte schon …" Ich ziehe die Augenbrauen hoch. „Was dachtest du?" „Naja, nachdem du so lange nur dagestanden hast, mit weit aufgerissenen Augen und … naja, ich dachte, dass du vielleicht doch nicht so für mich empfindest, wie ich das für dich tue." „Du spinnst doch, wie kannst du so was nur denken! Ganz ehrlich? Mein erster Gedanke war … ist der verrückt, jetzt macht er dir nach der kurzen Zeit einen Heiratsantrag." Ich muss kichern, und Frederik wirft den Kopf in den Nacken und lacht laut los. „Nein, das wäre eindeutig etwas zu früh." Ich drehe eine Pirouette um ihn, hey ich kann es noch und packe ihn an der Hand. „Weißt du was? Ich bin der glücklichste Mensch auf der Welt!" Er lacht. „Darf ich mich dem Kreis der Auserwählten anschließen, denn ich bin auch der glücklichste Mensch der Welt!" Ich nicke und wir tanzen Hand in Hand zu „All I want for Christmas" von Mariah Carey.

Epilog

Die Tage über Weihnachten und Silvester bei meiner Familie waren wunderbar. Frederik verbrachte jedoch lediglich Heiligabend mit uns, weil er mal wieder für jemanden den Dienst übernehmen musste. Es stimmte mich etwas traurig, aber am wichtigsten Tag war er ja dabei. Maria wehrte zunächst ab, mit uns die ganze Woche zu verbringen, weil sie sich nicht dazwischen drängen wollte. Aber Katharina hat vehement darauf bestanden, dass sie mitkommt, und so stimmte Maria dann doch zu. Sie war im Übrigen total aus dem Häuschen, als Frederik und ich ihr eröffneten, dass er ab Januar wieder in Detmold wohnen würde. Frederik und ich haben darüber gesprochen, ob er sich besser eine eigene Wohnung suchen sollte, da wir ja noch nicht lange ein Paar sind. Aber am Ende kam ich zu dem Entschluss, dass es rausgeschmissenes Geld wäre, in getrennten Wohnungen zu wohnen, wo wir doch sowieso die meiste Zeit gemeinsam verbringen werden. Nun zieht er zu mir. Meine Wohnung ist groß genug. Allerdings bestand er darauf, mir eine kleine Miete zu zahlen. Und jeder bekommt sein eigenes Zimmer. Wenn ich so zurückblicke und mir das letzte Jahr so anschaue, bin ich wirklich überrascht, wie viel sich in meinem Leben getan hat. Noch vor einem Jahr war ich ein Häufchen Elend, das sich in Selbstmitleid gesuhlt hat und dachte, dass sie den Tod ihrer Mutter nie überleben würde. Ich dachte tatsächlich, dass mein Leben ohne meine Mutter keinen Sinn mehr hätte. Wenn ich heute daran denke, dass ich mehrmals den Gedanken hegte, ebenfalls zu sterben, läuft mir ein kalter Schauer über den Rücken. Blicke ich zurück, sehe ich zwar ein Jahr voller Traurigkeit und Wut, aber vor allem sehe ich ein Jahr voller Freundschaft, Liebe und Freude. Es sind so wundervolle Menschen in mein Leben getreten, die ich von Herzen Liebe und die immer für mich da sind, die mich aufgebaut haben und mir immer Halt geben, wenn mich die Trauer doch mal wieder übermannt. Durch sie habe ich wieder die Freude am Leben entdeckt. Dafür bin ich sehr dankbar. Und nach allem, was in meinem Leben so passiert ist, weiß ich nun, egal wie schlimm es einen trifft, egal wie hart der Schicksalsschlag auch sein mag, es entwickelt sich immer etwas Neues, Positives. Ein neuer Weg tut sich auf. Man trifft neue Menschen, lernt neue Eigenschaften an sich kennen und wächst mit der Aufgabe und der Situation. Man wird weiser und stärker. Weiterzumachen und nicht aufzugeben gibt einem Mut und Kraft, und man wird mit Liebe und Freude belohnt.

Die Autorin

Lisa Eberherr wurde 1984 in Coburg geboren und verbrachte ihre Kindheit und Jugend in Oberbayern. Nach ihrer Ausbildung zur Polizeibeamtin zog es die junge Frau zurück in ihre Geburtsstadt. Eines Tages flüsterte eine innere Stimme ihr zu: „Schreib ein Buch!“ Daraus entstanden ist nun ihr Roman „Wie das Glück mich fand“. In ihrer Freizeit malt die Autorin in verschiedenen Techniken, näht für ihr Kind und ihre Freunde und liest gerne. Den körperlichen und geistigen Ausgleich findet die gelernte Yogalehrerin in der Natur, beim Meditieren und im Yoga.

Zeitfracht Medien GmbH
Ferdinand-Jühlke-Straße 7
99095 Erfurt, Deutschland
produktsicherheit@kolibri360.de